채우는 삶을 위해
비움을 시작합니다

채우는 삶을 위해
비움을 시작합니다

초판 1쇄 발행　2025년 7월 30일

지 은 이　　김서연, 이초아, 홍은실
펴 낸 이　　한승수
펴 낸 곳　　문예춘추사

편　　 집　　구본영, 김이슬
디 자 인　　박소윤
마 케 팅　　박건원, 김홍주

등록번호　　제300-1994-16
등록일자　　1994년 1월 24일

주　　 소　　서울특별시 마포구 동교로 27길 53, 309호
전　　 화　　02 338 0084
팩　　 스　　02 338 0087
메　　 일　　moonchusa@naver.com

I S B N　　978-89-7604-739-7　13590

* 이 책에 대한 번역·출판·판매 등의 모든 권한은 문예춘추사에 있습니다.
　간단한 서평을 제외하고는 문예춘추사의 서면 허락 없이 이 책의 내용을
　인용·촬영·녹음·재편집하거나 전자문서 등으로 변환할 수 없습니다.
* 책값은 뒤표지에 있습니다.
* 잘못된 책은 구입처에서 교환해 드립니다.

| 김서연
| 이초아
| 홍은실

채우는 삶을 위해

비움을 시작합니다

비우고 채우고
균형 잡아 완성한

3인 3색
미니멀라이프

"새로운 삶은 작은 변화 이후에
비로소 시작된다"

문예춘추사

프롤로그

✲ ✲ 돈, 시간, 건강 그리고 미니멀 ✲ ✲

한때는 '미니멀라이프'가 무엇인지 단어 설명부터 해야 하는 때가 있었는데, 이제는 모르는 사람이 없을 정도로 많은 사람들에게 알려져 있다. 간단한 검색만으로도 미니멀라이프에 관련된 글과 영상은 쉽게 찾을 수 있다.

이 책을 쓴 이유도 바로 여기에 있다. 미니멀라이프 관련 정보가 넘쳐 나지만 제대로 실천하고 나아가는 사람은 흔치 않기 때문이다. 유행에 따라 미니멀라이프에 도전했다가 중간에 멈춘 사람들을 너무나 많이 봤다. 어쩌면 멈춘 게 아니라 작은 변화만으로 만족했을지 모른다. 혹시 미니멀라이프를 시작은 했으나 그저 작은 변화에 그친 독자들이 있다면, 이 책을 통해 다시 한번 미니멀라이프를 만나고 이번에는 끝까지 지속해 보면 좋겠다. 진짜 새로운 삶은 작은 변화 이후에 비로소 시작되기 때문이다.

미니멀라이프와 미니멀 인테리어는 비슷하지만 다르다. 미니멀라이프는 습관, 소유물, 정신적 잡동사니를 포함한 라이프스타일의 모든 측면을 단순화하는 데 중점을 두고 더 큰 의도와 목적을 가지고 사는 생활 습관에 초점이 맞춰져 있다. 미니멀 인테리어는 주로 가구와 장식을 최소화하여 기능과 시각적 단순함을 강조해 아름답고 깔끔한 공간을 만드는 것을 목표로 한다. 말 그대로 미니멀라이프는 '라이프'에 가깝고, 미니멀 인테리어는 '공간의 미학'에 가깝다.

SNS를 보면 잡지에 나올 만큼 예쁘고 깔끔한 집들이 있다. 비우면 자연스럽게 채우고 싶은 게 사람의 심리다 보니 이왕 비우고 채울 거 더 좋은 것, 더 예쁜 것, 더 비싼 것으로 채우고 싶은 마음이 들기도 한다. 이 마음이 잘못된 건 아니다. 비움이란 과정을 통해 깨달음을 얻고 새로운 채움에 있어 건강한 브레이크가 생겼을 거라 믿기 때문이다. 그러나 본질을 잊지 않았으면 좋겠다. 우리의 시작은 '인테리어'가 아니라 '라이프'였다는 사실 말이다. 미니멀라이프를 추구하다 물욕이 더 커졌다는 사람들의 경우 '라이프'에 다시금 집중했으면 좋겠다. 그럼 다시 건강한 미니멀라이프의 중심을 잡게 될 것이다.

건강한 미니멀라이프는, 물건을 비운 이후에 비로소 드러난다. 비움은 시작에 불과하다. 비워 낸 나의 공간과 시간, 인간관계 등 삶의 다양한 영역에서 어떻게 채워 나갈 것인지에 따라 미니멀라이프를 통한 삶의 확장과 선순환이 달라지기 때문이다. 더 나아가 지속 가능한 미니멀라이프로 삶의 균형을 찾길 바란다.

이 책을 쓴 저자들이 미니멀라이프로 살아 온 세월은 셋이 합쳐 32년이다. 9년 차부터 12년 차까지 꽤 긴 시간 동안 꾸준히 실천하며 자신만의 노하우와 가치관까지 정립했다. 긍정적인 변화들에 대한 나눔을 활발히 해 오며 미니멀라이프라는 카테고리에서는 이름도 알려졌다. 단언컨대 이들은 미니멀라이프에 진심이다.

그런 세 사람이 모여 이제는 미니멀라이프 그 이후, 각자의 변화된 삶을 나누고자 한다. 미니멀라이프라는 시작은 같았지만, 세월이 가며 각자의 관심사에 따라 전문성을 띠게 되었다. '돈', '시간', '건강'이라는 여러 분야에 대해 말하고 있지만 결국 시작은 똑같은 미니멀라이프였고 가고자 하는 큰 방향도 같다.

다양한 삶의 영역에서 균형을 이루며 성장하고 있는 이들의 이야기에 귀 기울여 보자. 같으면서도 다른, 다르면서도 같은 세 사람의 이야기가 이제 갓 미니멀라이프를 시작하는 사람들에게 좋은 이정표가 되어 주고, 오랜 시간 미니멀라이프를 실천하고 있는 사람들에게는 신선한 자극과 동기 부여가 되어 줄 것이다.

✳ 차례 ✳

프롤로그　돈, 시간, 건강 그리고 미니멀　　　　　　　✳ 005

1부　　　　　　불필요 비움

돈

우리 집 한 달 소비? 나도 몰라	✳ 014
경제적 자살 상태의 우리 집	✳ 016
물건을 정리하듯 돈도 정리하자	✳ 020
재테크보다 중요한 이것	✳ 022
미니멀라이프와 돈의 관계	✳ 025
'할 수 있을까?'가 아니라 '할 수 있다!'	✳ 030

시간

물건 비우기	✳ 033
일정 비우기	✳ 038
반복 업무 비우기	✳ 043
시간 관리 비우기	✳ 051
'대충' 비우기	✳ 056

건강	
정리와 몸의 상관관계	* 063
어느 날 몸이 불행하다고 말했다	* 067
일상 해독으로 시작된 건강	* 077

2부 원하는 채움

돈	
지갑을 정리하자	* 094
계좌를 정리하자	* 096
냉장고를 정리하자	* 099
소비를 정리하자	* 104
나만의 용돈을 꼭 만들자	* 128

시간

미루지 않습니다. 어차피 해야 하니까요 · 134

돈으로 시간을 살 것 · 141

J는 P처럼, P는 J처럼 살 것 · 146

시간 관리를 넘어 인생 관리로 · 151

시간도 보너스가 있다 · 156

건강

-20kg, 건강해진 식사의 기적 · 163

감량과 동시에 유지하는 법 · 176

3부 더 나은 균형

돈

가정도 회사다 · 188

살림 경영가가 되어야 하는 이유 · 190

줄이는 것만이 답이 아니다 · 192

돈 관리는 습관이다 · 196

| 금융 자산 10억을 향해! | * 202 |

시간

시간의 단순함을 위하여	* 207
의도적인 조용한 순간	* 217
시계 너머의 미니멀리스트 생활	* 226

건강

몸과 마음의 균형	* 231
소화력의 균형	* 232
에너지 균형	* 233
목표의 균형	* 235
감정의 균형	* 242
몸도 마음도 기승전 장이다	* 249
폭식증에서 경단녀 졸업까지	* 251
'넘버원'보다 '온리원'	* 253
단순한 식사로 완성한 미니멀라이프	* 254

에필로그 완벽함을 버리면   * 258

1부

불필요 비움

이초아

** 우리 집 한 달 소비? 나도 몰라 **

당신은 한 달에 얼마나 쓰는가? 지금 생활을 유지하기 위해서는 한 달에 최소 얼마 정도의 비용이 필요한가? 이 질문에 10초 안에 대답할 수 있는가? 아마 돈 관리를 잘하고 있는 사람이라면 항목별로 구분까지 해서 척척 대답할 수 있을 것이다. 나도 지금은 10초 안에 대답할 수 있지만, 과거에는 그러지 못했다.

남편 월급이 정확히 얼마인지도, 우리 부부가 한 달 동안 어디에 얼마를 쓰는지도 제대로 파악하지 못했다. 물론 매달 월급 명세서와 카드 내역서를 보긴 했지만, 그때뿐이었다. 반성과 피드백이 있어야 발전이 있었을 텐데, '아, 이번 달엔 이만큼 썼구나. 좀 많이 쓴 것 같아' 하고는 바로 덮으니 늘 제자리였다. 돈 관리를 전혀 하지 않으니 이번 달 월급이 많으면 많은 대로, 적으면 적은 대로 다 썼다. 심지어 적을 때는 신용카드로 당겨쓰며 소비 생활을 유지했으니 월급은 늘 부족했다.

아이가 없으니 사고 싶은 게 있으면 고민 없이 샀고, 아이 없을 때 이곳저곳 다녀야 한다며 여행도 자주 다녔다. 외식과 야식 횟수는 세어 볼 필요도 없이 잦았다. 요리를 해 보겠다고 식재료를 구매했는데, 단품보다는 묶음 가격이 더 저렴해서 대용량으로 샀다가 소진하지 못하면 유통기한을 넘기거나 음식물이 썩어서 버리는 일도 있었다. 그런 경험을 했는데도 마트에 가면 또다시 1+1 상품을 사고, 조금이라도 더 저렴한 대용량 제품들을 카트에 담으며 알뜰하게 소비했다며 만족해하곤 했다.

결혼하고 처음 생긴 우리만의 공간을 꾸민다는 생각에 '예쁜 쓰레기'라 불리는, 예쁘긴 하지만 쓸모는 별로 없는 소품을 사는 데도 돈을 많이 썼고, 들어가기만 하면 늘 지갑을 열게 되는 생활용품숍이나 소품숍 구경도 참 좋아했다.

그렇게 남지도 않는 것들에 돈을 쓰고 난 뒤 남편과 카드 명세서를 보면서 "이거 누가 쓴 거야? 우리가 이만큼 썼다고?" 하며 잠깐 놀라고는 끝! 반성도 잠시, 다시 똑같은 생활로 돌아갔다.

지금도 그때를 떠올려 보면 한 달에 얼마나 썼는지 기억이 나질 않는다. 그저 매달 나오던 신용카드 값이 점점 늘어나 어느새 한 달 치 월급만큼 되어 있었다는 것만 기억날 뿐이다.

훗날 재테크 공부를 하면서 알게 된 것 중 하나는, 돈 관리를 잘하는 사람들은 몇백 원, 몇십 원 단위까지는 아니더라도, 본인과 가족이 대략 한 달에 150만 원을 쓰는지 300만 원을 쓰는지 정도는 늘 머릿속에 인지하고 있다는 사실이다. 그런데 나는 이 대략적인 금액도 모를 정도였으니 정말 돈 관리에 무지했던 것이다. 부끄럽지만 이게 우리 부부의 과거였다.

✱ ✱ 경제적 자살 상태의 우리 집 ✱ ✱

그러다 첫째 아이가 생겼다. 임신 소식을 전하며 축하받고 행복할 겨를도 잠시, 출산 예정일을 앞두고 부랴부랴 인터넷에서 출산용품 리스트를 다운받았는데, 유모차, 카시트, 젖병 소독기, 아기띠…. 거기에 출산비와 산후조리원, 산후도우미 비용 등 대충 계산해도 500만 원이 훌쩍 넘었다. 첫아이라 가장 좋은 것으로, 전부 새 용품으로 준비한다면 1,000만 원도 모자라 보였다.

물론 지금은 아이 셋을 키우며 출산용품 리스트에 적힌 것들이 모두 필요하지 않다는 것도, 중고로 사거나 물려받으면 그만큼 돈이 들지 않는다는 것도 안다. 하지만 그때는 리스트에 적힌 것들이 다 필요한 줄 알았기에, 문득 외벌이 월급으로 아이를 키운다는 것에 대한 경제적인 두려움이 생겨났다.

'출산 비용도 많이 들지만 양육비도 엄청나다던데, 우리 괜찮을까?' '다들 아이 낳고 잘살고 있으니, 우리도 어떻게든 되겠지?' 이런 두려움이 생길 때 제일 좋은 방법은 필요한 금액을 쭉 적어 보고, 그만한 돈이 준비되어 있는지, 정기적으로 드는 비용이라면 우리 집 수입에서 매달 얼마씩 육아비로 책정할지, 아동수당이나 양육수당으로 충당이 가능한지 계산해 보면 된다.

  그런데 위에 언급한 대로 나는 한 달 수입과 지출에 대한 경제 개념이 무지한 상태였기에 계산해 볼 생각은커녕 어떻게 하면 저 돈을 마련하고 쓸 수 있을지에만 집중했다. 큰 그림을 보지 못하고 당장 눈앞에 직면한 문제에만 신경을 쓴 것이다.

  수입은 그대로인데 쓸 생각만 하다 보니 답은 하나뿐이었다. 바로 저축액을 줄이는 것이었다. 누군가 나에게 지금 이 질문을 한다면, 당연히 '절약'이라고 말할 것이다. 그러나 당시의 나는 돈 못 모으는 사람들의 전형적인 유형이었기에 '절약'이라는 답은 생각도 못 했다. 왜 절약해서 그 돈을 육아비로 쓴다는 생각은 하지 않고 저축액을 줄일 생각부터 했는지 안타깝지만, 지금 와서 후회해 봤자 지나간 일일 뿐이다.

  당신은 이런 상황에서 어떤 답부터 떠올리겠는가? '절약'부터 생각했다면 과거의 나보다 나은 것이니 안도해도 좋다. 그러나 신용카드나 마이너스 통장부터 떠올렸다면, 소비 문제에서 심각성을 느낄 필요가 있다. 저축액을 줄이는 정도를 넘어 빚을 지면서까지 소비를 할 생각이었기 때문이다.

  그래도 방법은 있다. 언제든 늦었다고 생각했을 때가 가장 빠른 법이니까. 나 또한 과거와 달리 지금은 소비 마인드부터 소비 습관까지 모든 것이 변화되었다. 따라서 이제부터 알려 줄 돈 정리 방법들이 과거의 나처럼 돈 정리를 못해 경제적인 어려움을 겪고 있는 사람들에게 현실적인 도움이 될 것이라 자신한다. 그러니 잘 믿고 따라와

주길 바란다.

당시 우리 집은 월급이 들어오면 늘 100만 원씩 강제 저축을 했었다. 내 집 마련을 위함이었다. 지출 금액에 대한 기준은 없었지만 다행히 저축은 수입의 높고 낮음을 떠나 강제적으로 꼬박꼬박 했었다.

지금 돌이켜 보면 그거라도 해서 정말 다행이었다. 건드릴 저축액조차 없었다면… 정말 상상도 하고 싶지 않다. 요즘은 아이가 태어나면 육아수당과 아동수당, 지역에 따라 출생수당도 나오니, 출산을 앞두고 나처럼 지레 겁먹고 저축액부터 건드리는 사람은 부디 없길 바란다.

어쨌든 첫째 아이 출산과 동시에 100만 원 저축액 중 30만 원짜리 적금을 포기하며, 우리 집 저축액은 월 70만 원으로 줄어들었다. 그리고 나의 소비는 적금으로 넣던 월 30만 원, 새로 받게 된 육아수당 월 20만 원까지 해서 총 50만 원이나 씀씀이가 커졌다.

조금 더 저렴하게 사겠다며 핫딜 알림을 맞춰 놓고 늘 휴대폰을 들여다보았고, 맘카페에서 중고거래도 참 많이 했다. 첫아이를 키우는 대부분의 부모들이 그렇겠지만, 우리 집도 국민 아기띠, 국민 장난감 등 '국민'이 들어간 육아 아이템들은 모두 한 번씩 거쳐 갔다.

그러다 둘째 아이를 임신했다. 둘째도 아들이란 소식에 먼저 아이를 키운 선배맘들이 아이가 둘인 집은 뭐든 두 개씩 사야 싸우지 않는다는 이야기를 해 줬다. 게다가 조금 더 크면 아들들은 먹는 게 장난이 아니라서 식비가 엄청 든다는 얘기도 전해 주었다.

지금도 7~8만 원 상당의 변신 로봇 장난감을 손을 덜덜 떨면서 사

주는데, 이걸 두 개씩 사면 15만 원? 내 옷 하나도 10만 원이 넘어가면 비싸다고 내려놓는데, 장난감에 그 돈을 써야 한다고? 여러 조언을 들으며 덜컥 겁이 난 나는 또다시 저축액을 줄이기로 했다. 저축액 70만 원에서 20만 원 정도 줄이면 50만 원인가?

그런데 다행히도 이번엔 50만 원 뒤에 물음표가 따라왔다. 50만 원을 1년 동안 저축하면 600만 원, 5년 동안 저축하면 3,000만 원이다. 이걸로 과연 내 집을 마련할 수 있을까? 3,000만 원이 적은 돈은 아니지만, 내 집을 마련하기 위해서는 턱도 없이 부족한 금액이었다.

이렇게 나는 결혼하고 둘째 아이를 임신하고서야 처음으로 우리 집 재정 상태를 돌아보았고, 지금과 같은 소비 패턴으로 살면 안 된다는 것을 깨달았다. 조금 더 빨리 깨달았다면 돈을 더 많이 모을 수 있었겠지만, 그때라도 깨달은 걸 감사하게 생각한다.

짐 론이 쓴 《드림리스트》라는 책을 보면, '경제적 자살'이라는 표현이 나온다. 우리가 버는 돈(수입)보다 쓰는 돈(지출)이 더 많은 상태를 가리켜 경제적 자살로 향하고 있다고 표현한 것이다.

> **경제적 자살**
> 지출 > 수익

'자살'이란 단어도 굉장히 자극적인데, 경제적 자살이라니! 이 무시무시한 단어가 바로 우리 집 상황이었다. 첫째 아이를 출산하면서부터 저축액이 줄어들기 시작했고, 신용카드도 쓰고 있었기에 지금이 상태가 이어지다가는 아이들이 커 가면서 지출이 늘어날 건 불 보듯 뻔했다. 식비와 교육비가 늘어나는 시기가 오고, 양가 부모님 노후까지 도움을 드려야 하는 때가 온다면 아마 저축액을 줄이는 정도로는 감당이 안 될 것이다. 늘 빚과 함께 허덕이며 살아야 하겠지.

그 생각을 하자 머리를 한 대 맞은 것 같았다. '경제적 자살'은 다른 누구도 아닌, 바로 우리 집 이야기였다. 이 깨달음이 바로 우리 집 재정 관리의 터닝 포인트가 되었다.

혹시 매달 저축액이 줄어드는 게 느껴지는가? 신용카드나 마이너스 통장 없이는 단 한 달도 버티기가 힘든가? 그렇다면 당신의 집도 경제적 자살 상태로 가고 있는 것이다. 부디 이 책을 통해 한 살이라도 젊을 때, 아이들이 조금이라도 어릴 때 바로잡기를 바란다. 1부에서는 마인드 세팅을, 2부에서는 돈을 정리할 수 있는 구체적인 방법들을 알려 주겠다.

＊＊ 물건을 정리하듯 돈도 정리하자 ＊＊

미니멀라이프를 시작하고 몇 달이 지났다. 재정 상태에 대한 깨달음도 원인이었지만, 근본적인 소비 습관에 관심을 갖게 된 데에는 미니멀라이프 영향이 매우 컸다. 많은 물건을 비우면서 그동안의 소비에 대한 반성을 할 수 있었기 때문이다.

사 놓고 쓰지도 않는 예쁜 쓰레기들과 이미 있는데 또 산 물건들을 정리하며 그동안 불필요한 소비를 많이 했다는 사실을 깨달았다. 말이 좋아서 불필요한 소비지 한마디로 낭비였다.

나의 미니멀라이프 입문서 도미니크 로로의 《심플하게 산다》를 보면 '쓸모도 없는 물건을 계속 보관하고 있는 것, 오히려 그게 낭비다'라는 말이 나온다.

이 글을 읽기 전까지 나는 완전 반대로 생각하고 있었다. 사용하지 않는 물건을 보관하는 것은 낭비가 아닌, 절약이라고 말이다. 언젠가는 필요할 테고, 그때 사면 분명 돈이 들 텐데 버리는 게 낭비 아닌가? 지금 당장 사용하지 않더라도 가지고 있으면 그때 소비를 아낄 수 있기 때문에 물건을 쟁이는 게 절약 아닌가? 이렇게 생각하며 창고방 하나를 만들어 물건을 차곡차곡 모아 갔다. 그러나 나의 예상과 달리 창고방만 떠올리면 답답한 마음이 들었고, 그 스트레스로 집에 있는 시간이 싫어지고, 자꾸만 약속을 만들어 밖으로 나갔다. 그리고 외출은 늘 소비로 이어졌다.

그런 삶에서 벗어나고 싶다는 생각을 하던 와중 《심플하게 산다》 책을 만나 미니멀라이프를 시작하게 되었고, 위 문장을 통해 물건과 낭비(=돈)는 연결되어 있다는 사실을 깨달았다.

일본 작가이자 재무 컨설턴트로 활동하고 있는 요코야마 미츠아키의 책 《부자는 아니어도 돈 걱정 없이 사는 법》에도 비슷한 문장이 나온다.

> 물건이란 '돈이 겉모습을 바꾼 상태'에 불과하다. 즉, '물건=돈'이다.

만약에 '물건=돈'이라는 인식이 뚜렷하다면 여기저기 함부로 굴리거나 냉장고 깊숙한 곳에서 썩을 때까지 내버려두지는 않을 것이다.

이 책에서도 물건과 돈이 연결되어 있다고 설명한다. 그래서 나도 경제적 자살 상태로 가고 있는 우리 집 경제를 바로잡기 위해 돈을 정리하기 시작했다. 보통 돈이 필요하면 일자리를 찾아보거나 가볍게 시작할 수 있는 소액 투자를 알아보는데, 나는 특이하게 '돈 정리'라는 것을 먼저 시작했다. 특이하다는 표현을 쓴 것은 대부분의 사람들이 돈이 더 필요하다고 느낄 때 돈 정리를 생각하기보다는, 먼저 재테크를 시작한 주변 사람들에게 의견을 구하거나 돈이 되는 일의 정보부터 물어보기 때문이다.

당시 나는 미니멀라이프를 실천하며 점점 변해 가는 집이 좋아지고 있었고, 어디에 무슨 물건이 있는지 파악하게 되니 조금씩 씀씀이에도 변화가 생기던 시점이었다. 가계부는 안 썼지만 카드값이 줄어드는 게 느껴졌다. 그래서 돈도 물건처럼 정리할 수 있지 않을까 싶어 수입을 늘리거나 투자를 알아보기보다는 먼저 돈을 정리하게 된 것이다.

＊＊ 재테크보다 중요한 이것 ＊＊

돈 정리부터 시작한 나의 결정은 완전히 성공적이었다! 둘째 아이를 임신하며 한 달 저축액을 50만 원으로 줄일까 말까 고민했던 우리 집이, 현재는 아이가 세 명으로 늘어났는데도 매월 200만 원 이상을 저축하고 있기 때문이다. 게다가 내 집 마련에도 성공했다(여기서 눈물 한 번 흘리고 가자!).

그사이에 남편이 승진하고 조금씩 연봉이 올라간 것도 맞지만, 아이 셋을 키우는 금액에는 비할 수 없다. 보통 연봉이 높아지면 씀씀이도 그에 맞춰 커진다고 한다. 따라서 소비 습관이 제대로 잡혀 있지 않은 상태에서는 수입이 늘어난다고 저축까지 늘어나긴 어렵다. 오히려 씀씀이가 커져 빚이 더 늘어날 가능성이 높다.

생각해 보라. 보너스를 받자마자 여행부터 계획하진 않았는가? 꼭 목돈이 생길 시점에 가전이나 가구가 고장 나서 구매할 일이 생기지는 않았는가? 그도 아니라면 '열심히 일했으니 이 정도는 사도 되겠지' 하며 스스로에게 보상을 주지는 않았는가?

다른 사람이 아닌, 과거의 내 얘기다. 적금 만기가 다가올 때면 신기하게도 어떻게 알고 목돈 들어갈 일들이 생기는 건지. 아마 공감하는 사람들이 있을 것이다.

지금도 종종 생각한다. 그 당시 내가 돈이 없다고 빠르게 돈을 벌 수 있는 방법을 찾아보거나 투자할 생각부터 했다면 지금쯤 어떻게 됐을까? 물론 운이 좋아서 돈을 벌 수도 있었겠지만, 그렇게 벌었다고 해도 그 돈이 지금까지 내 옆에 남아 있었을까? 아마 운을 실력이라고 착각하며 그 돈으로 다시 무언가를 사고, 마음에 들지 않는다며 버리는 과정을 반복하고 있었을 확률이 높다. 또는 그렇게라도 벌었으면 다행이지만, 반대로 손해를 보고 땅을 치며 후회하고 있을지도 모르는 일이다.

그래서 나는 투자로서의 재테크를 하기 전에 정리로서의 재테크, 바로 '돈 정리'가 우선이 되어야 한다고 믿는다. 내가 직접 경험했고, 지금까지 나의 강의를 들은 수강생들도 그 효과를 인정해 줬기 때문이다. 특히 10주 동안 집중적으로 공간 정리와 돈 정리를 배우는 '살림경영 클래스'를 함께한 수강생들은 클래스가 끝나도 계속해서 '생활비가 줄었어요!' '생각보다 빨리 목표했던 종잣돈이 모였어요' 등의 반가운 소식을 전해 주고 있다.

과연 돈 정리는 특정 소수에게만 필요한 것일까? 원래부터 숫자에 강하고, 돈 관리에 관심이 있는 사람만 할 수 있는 것일까? 너무 어렵게 생각하며 겁먹지 않아도 된다. 돈 정리는 내 돈을 잃을지, 두 배로 벌 수 있을지 조마조마하며 작은 확률에 승부를 거는 투자가 아니다. 정리를 하는 동안에도 내 돈은 사라지지 않고 계속 그 자리에 있다. 오히려 정리를 하면서 흩어져 있던 돈들이 한곳에 모이고 눈에 보이면서 돈이 늘어났다는 심리적 안정감까지 들 것이다.

돈 정리를 하는 구체적인 방법은 2부에서 자세히 살펴보자. 간단하게 할 수 있는 지갑 정리부터 계좌, 냉장고, 소비, 나만의 용돈 관리까지. 배워서 바로 적용할 수 있는 현실적이고 구체적인 방법들을 소개하겠다.

과거는 돌이킬 수 없지만, 오늘부터 마음을 단단히 먹고 내 행동을 바꾸면 미래는 얼마든지 달라질 수 있다. 이 과정이 습관이 되면 자연스럽게 불필요한 소비가 줄어들며, 절약한 돈이 저축으로 흘러가게 될 것이다.

✶ ✶ 미니멀라이프와 돈의 관계 ✶ ✶

돈 정리 과정은 미니멀라이프와도 많이 닮았다. 전작인 《하나를 비우니 모든 게 달라졌다》에 썼던 내용을 공유하겠다.

> 물건도, 돈도 정리를 하려면 먼저 내가 가진 양을 파악해야 한다. 그다음에 필요 없는 물건과 남길 물건을 구분한다. 이 과정이 불필요한 소비와 꼭 필요한 소비를 구분하는 과정과 닮았다. 남기기로 결정한 물건을 어느 자리에 어떻게 수납할지, 남은 돈을 어디에 소비하고 저축할지 결정하는 과정까지도 똑 닮았다.

물건 정리와 돈 정리를 함께하면 따로따로 실천할 때보다 더 높은 시너지를 얻을 수 있다.

첫째, 사 놓고 사용하지 않았던 물건들, 중복 구매했던 물건들을 파악하며 소비에 대한 반성을 할 수 있다. 예를 들어 나에겐 소스류가 그렇다. 굴소스, 바비큐소스처럼 자주 사용하지도 않으면서 어쩌다 한 번 하는 요리를 위해 사는 소스들이 있다. 얼마 사용하지도 못하고 유통기한이 지나서 결국 버리게 되는 과정을 반복하며 반성을 많이 했고, 더는 구매하지 않고 있다. 꼭 필요하다고 생각할 때는 조금 비싸더라도 기한 안에 전부 사용할 수 있는 가장 작은 용량의 소스를 구매한다.

둘째, 무엇을 버리고 무엇을 남길까 고민하는 과정에서 나의 취향을 알게 된다. 컵을 예로 들면, 유리컵을 좋아하는 사람이 있는가 하면, 플라스틱 컵을 선호하는 사람도 있다. 손잡이가 있는 컵이 편한 사람이 있는 반면, 손잡이를 불편하게 여기는 사람도 있다. 주방 한 구석에 있는 컵만 봐도 취향이라는 게 드러나는데, 매일 입는 옷이며 신발은 어떠할까. 아마 즐겨 입는 옷만 입고, 자주 신는 신발만 신을 확률이 높다. 그런 사람이라면 1년 이상 사용하지 않은 옷이나 신발을 비워 보자. 이 과정에서 나의 취향을 알게 되고, 앞으로 어떻게 소비해야 하는지도 깨달을 수 있을 것이다.

셋째, 재고 파악이 되어 추후 발생할 불필요한 소비를 막을 수 있다. 집 안을 전체적으로 둘러보며 물건 정리를 하다 보면, 잃어버렸던 물건을 발견하기도 하고, 흩어져 있던 물건을 찾기도 한다. 그러면서 재고 파악이 자연스럽게 이루어진다.

마지막으로, '이게 꼭 필요할까?' '샀다가 또다시 쓰레기가 되지 않을까?' 하는 생각이 들며 이후 소비에 신중해진다. 물건을 많이 비우면, 자연스럽게 다음 소비를 생각하게 된다. 특히 물건을 비우는 과정이 만만치 않기 때문에 샀다가 잠깐 쓰고 다시 버리게 될 것 같은 물건이라면, 기존에 있는 것으로 대체할 수 없는지 먼저 생각해 보게 된다. 그러다 보면 아예 사고 싶은 마음이 사라지기도 한다.

> **물건 정리와 돈 정리를 함께하면 좋은 점**
>
> - 사 놓고 사용하지 않았던 물건들, 중복 구매했던 물건들을 파악하며 소비에 대한 반성을 할 수 있다.
> - 무엇을 버리고 무엇을 남길까 고민하는 과정에서 나의 취향을 알게 된다.
> - 재고 파악이 되어 추후 발생할 불필요한 소비를 막을 수 있다.
> - '이게 꼭 필요할까?' '샀다가 또다시 쓰레기가 되지 않을까?' 하는 생각이 들며 이후 소비에 신중해진다.

억지로 소비욕을 참으려고 하면 무척 힘든데, 물건 정리를 하면 자연스럽게 소비욕이 조절되고 절약이 이루어지므로 매우 긍정적인 효과라고 생각한다.

심리학 용어 중에 '자기 인식'이라는 말이 있다. 내가 내 물건을 하나하나 확인하며, '이걸 많이 샀구나, 이 물건은 있는 줄도 모르고 또 샀네?'를 느끼면 반성이 된다. 그러나 다른 사람들이 "너 이거 또 샀어? 왜 이렇게 많이 샀어?"라고 말하면 괜히 내 잘못을 지적받는 것 같아 기분이 상한다. 돈도 마찬가지다. 스스로 정리를 하며 '여기서 많이 썼구나. 이건 안 써도 되는 돈이었는데 썼네?'라고 느끼면 반성이 되지만, 다른 사람이 내 소비 습관에 대해 이러쿵저러쿵 말하면 기분만 나빠진다.

로버트 기요사키의 《부자 아빠 가난한 아빠》에서도 '자기 인식'이 제일 중요하다고 언급하고 있다. 저자의 아버지는 '검의 힘, 보석의 힘, 거울의 힘' 총 3가지 힘에 대해 이야기하는데, 그중 자기 인식을 상징하는 '거울의 힘'이 가장 소중하다고 말한다.

남들이 모두 한다는 이유로 아무 생각 없이 따라 하거나 구매하지 말고, '이게 진짜 맞는 건가?' '내가 원하는 건 뭐지?' '우리 집에 꼭 필요한 건가?'라고 스스로에게 계속 질문해야 한다. 그렇게 내가 원하는 것을 정확히 아는 것이 금전적 문제를 해결하고 부자로 가는 길이다. 이렇듯 미니멀라이프는 돈과 깊이 연관되어 있다.

아래 비움 체크리스트를 참고하여 물건 정리부터 해 보자. 다시 한번 강조하지만, 물건 정리와 돈 정리를 함께하면 시너지가 높기 때문에 꼭 두 가지를 같이 해 보면 좋겠다. 정 하나씩 하고 싶다면, 먼저 집 안에서 생각만 해도 답답한 공간, 가장 정리하고 싶고 신경 쓰이는 공간의 물건부터 정리한 후에 돈 정리를 이어서 해 보길 추천한다.

비움 체크리스트		
구분	내용	체크
시작	내가 바라는 이상적인 집, 그 안에 있는 나와 가족을 상상하고, 그림이나 글로 표현해 보기	
현관	신발	
	우산	
	야외용품	
	외출용품	
욕실	욕실 수납장/수건/여성용품	
	소모품(치약, 칫솔, 샴푸 등)	
	청소도구	
	욕실 선반 위	

주방	비닐 봉투, 쓰레기 봉투, 쇼핑백	
	차, 커피	
	컵, 물병, 텀블러	
	그릇, 접시류	
	반찬 용기	
	일회용품	
	조리 도구, 식사 도구	
	냄비, 프라이팬	
	주방 가전 및 기타	
거실	TV장, 거실 서랍장	
	구급약품	
	가전 사용설명서	
화장대	화장품, 샘플	
	액세서리	
의류	속옷, 양말, 스타킹	
	거는 옷, 개는 옷	
	가방	
	잡화(모자, 스카프, 벨트 등)	
	이불	
아이방	장난감(고장 난, 더 이상 놀지 않는), 교구, 인형	
	아이 속옷, 양말, 액세서리	
	거는 옷, 개는 옷	
	작아진 옷, 계절 옷	

아이방	책, 학습지, 참고서 등
	문구류, 아이 작품
	아이 책상 등 개인 공간
베란다	세탁 용품
	비품(화장지, 세제, 기타 소모품)
	청소도구, 청소용품
	공구함, 전선, 멀티탭
	계절 가전
기타	책
	문구류, 기타 서류
	취미 용품
	추억의 물건
마무리	그동안 못했던 곳, 꼭 하고 싶었던 곳

✶ ✶ '할 수 있을까?'가 아니라 '할 수 있다!' ✶ ✶

앞의 이야기를 읽으면서 '정말 정리만으로도 우리 집이 변화될 수 있을까? 내가 할 수 있을까?'라는 생각이 드는가? 어떤 변화든 마음의 확신이 중요하다.

"올해부터는 운동을 열심히 할 거야"라고 말하면서도 마음속으로는 '운동 가기 진짜 싫다 자신이 없어'라고 생각한다면, 결국 행동은 생각을 따라가게 된다. 연초에는 열심히 운동을 나가다가 날씨가 안 좋거나 몸 컨디션이 조금이라도 안 좋아지면 그런 핑계들로 운동을 점점 멀리하게 되고, 결국 포기하고 만다. 매년 새해 계획에는 운동이 들어가지만, 내 마음속에서는 진심으로 운동을 원하지 않는다. 건강의 중요성도 알겠고, 운동의 필요성도 느끼지만, 실패와 포기가 반복되는 이유는 그 때문이다.

그렇다면 어떻게 해야 할까? 무엇보다 마음속으로 의심을 가지면 안 된다. 작은 의심일지라도 본인은 느낄 수 있을 것이다. 자꾸만 확신이 없고 자신이 없다면, 목표치를 낮추고 내가 할 수 있는 만큼의 목표를 잡아 보자. "내일부터 운동을 열심히 해야지"가 아니라 "운동이든, 식단이든, 생각이든 매일 내 몸이 건강해지는 선택을 해야지"라고 목표에 살짝 여유를 주는 것이다.

정리도 마찬가지다. "내일부터 정리해야지"라는 말을 하면서도 속으로는 '내가 할 수 있을까? 아무것도 안 하고 쉬고 싶다'라는 생각이 든다면, "자리에서 일어날 때 쓰레기를 들고 일어나는 것부터 연습해야지"처럼 목표를 낮게 잡아 동기부여를 해 보자.

나는 어떤 일을 할 때 '과연 내가 할 수 있을까? 자신이 없는데'라는 생각이 들면, 얼른 그 마음과 마주한다. '이게 내가 진짜로 원하는 건가? 아니면 상황에 떠밀려서 해야 하는 일이라고 생각하는 걸까?' '어떤 부분 때문에 자신감이 없다고 생각하는 걸까?' 계속 자신에게 질문하며 원인을 찾으려고 노력한다.

마음속 깊은 곳에 있던 두려운 마음, 게으른 마음, 피하고 싶었던 마음을 마주한 뒤에는 생각을 변화시켜야 하는 일인지, 행동을 변화시켜야 하는 일인지 나름의 판단을 내려 보고, '어떻게 하면 해낼 수 있을까? 어떻게 하면 자신감을 높일 수 있을까?' 생각한다. '내가 할 수 있을까?'가 아니라 '어떻게 해낼 수 있을까?'에 집중하는 것이다. '할 수 있을까?'가 아니라, '할 수 있다'는 전제하에 방법을 찾는다.

  이 글을 읽으며, 이번 기회에 우리 집의 돈 정리를 꼭 해 보고 싶다 마음먹은 사람들이 있을 것이다. 조금이라도 자신이 없거나 내가 할 수 있을지 의심이 든다면, 왜 그런 생각이 드는지 마음속 깊은 곳에 질문을 던져 보자. 원인을 찾고, 어떻게 할 수 있을지를 생각해 보자. 목표치를 낮추거나 목표 달성 기간을 길게 잡아도 괜찮다. 일단은 마음이 열리고, 할 수 있다는 자신감이 생기는 것이 중요하기 때문이다. 당신은 할 수 있다! 그리고 해야만 한다. 이제는 변화되어야 하니까. 그만큼 간절하니까!

시간

홍은실

✱ ✱ 물건 비우기 ✱ ✱

중요한 시험을 앞두고 계획을 세우다 보니 공부할 시간이 빠듯하다는 것을 알았다. 나는 이미 두 아이의 엄마였고 집안일이 본업인 전업주부였다. 그렇다고 포기할 공부는 아니었다. 내 생의 마지막 도전일지도 몰랐다. 무조건 시간을 마련해야 한다. 이렇게 간절한 목표가 생기다 보니 평소에는 생각하지 못한 시선으로 삶을 돌아보게 되었고, 삶에서 하루라는 시간과 공간을 다양한 층위에서 바라보게 되었다.

평소에는 그렇게 시간이 간절하지 않았다. 물론 아이들 없이 혼자만의 소중한 시간을 누리고 싶다고 늘 간절히 말하긴 했지만, 막상 시간이 주어지면 쓸데없이 흘려보내기 일쑤였다. 그렇다고 내가 게으른 것도 아니다. 남편은 늘 내게 "좀 쉬어!"라고 할 정도로 부지런히 몸을 움직였다. 낮이고 밤이고 주중이고 주말이고 집안일은 쉴 틈이 없었다. 돌아서면 밥때이고 돌아서면 빨래와 설거지, 거기에 먼지까지 쌓였다. 그러니 당연히 쌓인 일들부터 처리하는 게 맞지 않을까? (후에 알게 되었지만 쌓인 일들부터 처리하면 시간을 규모 있게 관리하기는 어렵다)

목표가 생기고 꿈을 이루기 위해 공부 시간을 확보하려고 궁리하다 보니 미처 몰랐던 사실을 발견하게 되었다. 우리 집에는 물건이 너무 많다는 것을. 그래서 집안일이 많았다는 것을 여태까지는 왜 몰랐을까? 물건이 줄어들면 물건을 정리하는 시간이 줄어든다는 것을! 너무나 당연한 이치 아닌가? 그런데 왜 나는 이 당연한 사실을 모른 채 8년이나 허비해 왔단 말인가. 속상했지만 그렇게 한탄하며 넋 놓고 있을 시간도 없었다. 공부할 시간을 확보하기 위해서는 물건을 줄여야 했다.

미니멀라이프라는 단어는 오래전부터 있었다. 분명 한 번쯤은 들어봤을 텐데 나에겐 스치는 단어였을 뿐이다. 공부를 시작하기로 결정한 이후 비로소 나와 상관있는 단어가 되었다. 잘은 모르겠지만 물건을 줄이면 되겠지…. 내가 처음 만났던 미니멀라이프는 딱 이 정도였다. 미니멀라이프를 한다고 하면 대부분 책 한 권쯤은 읽고 시작하던데, 부끄러운 이야기지만 난 결혼생활을 시작하며 책과는 거리가 먼 삶을 살았다. 책을 찾아봐야 한다는 생각은 조금도 하지 못했다. 그렇게 아무 준비도 없이, 내 마음대로 미니멀라이프는 시작되었다.

책을 읽고도 실행하지 않으면 삶에 아무런 변화가 없었을 텐데, 그래도 칭찬할 만한 것은 책 한 권 읽지 않은 내가 행동하기 시작했다는 것이다. 당장 불필요한 물건부터 비우기 시작했다. 지금 생각해 보면 진짜 쓰레기 같은 불필요한 물건 위주로 비웠던 것 같다. 많이 비우지도 않았다. 서랍 한 칸, 상부장 한 칸, 하부장 한 칸. 매일 조금씩 비워 낼 수 있는 물건들을 비워 나갔다. 태어나서 한 번도 '의도'를 가지고 물건을 버려 본 적이 없었는데, '의도'를 가지고 버리기 시작하니 생각보다 쉽게 비워 낼 수 있었다. 그만큼 불필요한 물건들을 쌓아 두고 살았던 것이겠지.

일 년 동안 지속했던 공부 기간 동안 비움을 멈추지 않았다. 물론 비움에만 집중하지도 않았다. 언젠가 완성할 것이라는 생각도 하지 않았다. 나에게 미니멀라이프는 정말 '라이프' 그 자체였다. 그렇게 내 삶에 스며들어 버린 미니멀라이프를 '생존 미니멀'이라고 이름 붙였다. 진짜 생존을 위해 시작한 미니멀라이프였기 때문이다.

살던 집은 구축 22평 아파트였는데 베란다가 3개, 큰 창고가 2개나 있었다. 그 덕에 34평 집에서 12평이나 줄여서 이사를 와도 물건을 다 넣을 수 있었다. 이사 올 때는 창고가 있음에 감사했지만 미니멀라이프를 알고선 쌓일 공간이 많다는 것이 문제임을 알게 되었다. 모든 물건들이 테트리스처럼 쌓여 있던 창고와 베란다는 일 년이 지나 어떻게 되었을까? 그렇다. 다행히도 아무런 반전 없이 간결한 공간으로 변해 있었다! 꼭 필요한 물건들이 알맞게 남아 있었고 빈 공간이 생겨났다. 그 이후 31평 현재 살고 있는 집으로 이사를 했는데, 지금 우리 집의 단점이자 장점은 창고도 없고 팬트리도 없다는 것이다. 물론 팬트리는 있는 게 좋을 것 같지만, 단점을 장점으로 여기며 이사했다. '물건을 둘 공간이 없으니 얼마나 좋아. 물건이 쌓일 수가 없잖아!' 이건 진짜다.

꾸준하게 물건을 비워 내었던 일 년의 시간이 지나고는 그때처럼 매일 비워 내지도, 공간을 수시로 체크하지도 않는다. 그럼에도 공간은 물건으로 잠식되지 않고, 알맞은 공간에 알맞은 물건들이 배치되어 있으며, 여유 있는 빈 벽과 빈 공간들이 존재한다. 의식적인 비움을 하고 나서부터는 '시스템'이란 것이 생겼다. 공간 관리도 시간 관리도 '루틴화'되어 이젠 더 이상 불필요한 것으로 인해 나의 공간을 빼앗기지 않으며, 불필요한 물건과 일정들로 인해 나의 시간을 빼앗기지 않는다.

이제는 정말로 원하는 공부를 마음껏 하고 있고 생산적인 일들로 나의 하루를 채워 나가고 있다. 이 모든 시작은 '의식적'인 '바라봄'에 있었다. 사람들은 각자에게 간절한 영역이 있다. 그저 바라기만 하는 것이 아니라 간절한 영역을 이루기로 결정하고 행동하기 시작하면 답이 보이기 시작한다. 아니, 방법이 보이기 시작한다. 공부 시간 확보를 위한 방법으로 미니멀라이프라는 최고의 도구를 만날 줄은 꿈에도 몰랐다. 그렇게 만난 미니멀라이프가 벌써 두 번째 책 출간으로 이어질 줄은 더더욱 몰랐다.

물건을 줄여 보자. 물건의 수와 가용할 수 있는 시간은 반비례한다. 의식적으로 우리의 공간과 시간을 바라보자. 물건이 많은지 적은지, 일정이 많은지 적은지…. 그렇게 다양한 영역을 하나씩 살펴보기 시작하면 생각지도 못한 것들을 발견할 수 있다. 결국 우리 모두는 주변을 좋은 것들로 채우길 원한다. 좋은 것으로 채우기 위해서 비우는 것이다. 그것이 물건이든 시간이든 보이지 않는 그 무엇이든! 그러기 위해서는 비움이 필수라는 사실을 알아야 한다. 있는 것에서 더해질 때와 비워 낸 자리에 더해지는 것은 차원이 다른 채움이다.

남들이 주는 것을 다 받지 않아도 된다. 사은품도 거절할 수 있고 선물도 거절할 수 있어야 한다. 거절은 나쁜 것이 아니다. 주는 사람의 손을 거절하기 미안해서 받은 물건이 내게는 필요 없어 결국은 버려질 때, 그때는 지구에도 미안하고 그 물건이 정말 필요했던 사람에게도 미안한 일이라는 것을 깨달았다. 나의 거절은 거절이 아니라 진정으로 필요한 곳으로 흘려보낼 수 있는 기회라고 생각하니 한결 마음이 편했다.

우리는 끊임없이 의식적으로 비워 냄을 택해야 한다. 그래야 진정으로 원하는 채움을 할 수 있기 때문이다. 나는 진정으로 원하는 목표를 이루기 위해 달려갈 시간이 필요했다. 의식적으로 돌아보니 내가 가진 물건이 너무 많았고 물건을 관리하고 정리하는 데 많은 시간을 소비하고 있었음을 알게 되었다. 그래서 물건을 비워 내기 시작했고 꾸준하게 일 년을 지속했다. 그렇게 만들어진 시스템으로 벌써 6년이라는 시간을 미니멀라이프로 살아가고 있다.

여러분도 물건을 줄여 보기를 권한다. 물건의 양을 줄이는 데만 집중하지 말고 질을 높이는 데 집중하기를 바란다. 내가 가진 물건들이 내 취향에 꼭 맞는 것들뿐이라면? 상상만 해도 너무 좋지 않은가?

드라마에서 '부잣집'을 세팅할 때는 물건을 최소로 두고 '가난한 집'을 세팅할 때는 잡다한 물건들을 채운다고 한다. 우리 집은 어떤 모습에 가까운가?

✽ ✽ **일정 비우기** ✽ ✽

　전업주부로 지냈을 때는 공식적인 일정이 많지 않았다. 몇 년이 흘러 지금은 다양한 일을 하고 있다. 온라인 교육 서비스업 대표이자 작가이기도 하고, 그로 인해 외부 강의를 다니고 SNS 운영도 하고 있으니 공식적인 일정이 정말 많아졌다. 그런데 지금의 삶이 그때보다 훨씬 정돈되어 있는 느낌을 받는다.

　하루의 일과나 삶의 전반적인 에너지 밸런스도 더 좋아졌다. 이것은 '전업주부'와 '워킹맘'의 차이는 아니다. 업의 유무라기보다는 어떤 마인드로 하루를 컨트롤하며 사는가와 연결이 된다. 지금 다시 전업주부로 돌아간다면 분명히 과거와는 다른 하루를 살아갈 것이다. 독서를 시작할 것이고 글쓰기와 SNS를 시작할 것이며 하루 종일 집안일만 하지도 않을 것이다.

　물건 관리와 일정 관리는 크게 다르지 않다. 물건은 눈에 보이고 공간을 차지한다면, 일정은 눈에 보이지 않고 시간을 차지한다는 것의 차이다. 그러니 일정도 '비움'이 먼저다. 사람들은 채움에만 급급해 보인다. 수많은 일정들로 하루를 꽉 채워 살기를 원하는 것 같다. 요즘은 '갓생'이라는 단어가 유행이다. 나 또한 갓생을 원하나, 갓생의 의미를 개인마다 재정의할 필요가 있다. 바쁜 것과 열심히 사는 것은 다르다. 열심히 사는 것과 명확하게 사는 것은 또 다르다. 잘못 정의된 갓생은 스스로를 더 힘들게 만든다.

오늘 하루가 갓생이었는지 아니었는지는 취침 전 정확히 알 수 있다. 하루를 마감할 때 만족감과 뿌듯함을 느끼며 편안하게 잠자리에 누울 수 있다면 그날은 갓생에 가까운 날이다. 하지만 슬프게도 대부분 이렇게 하루를 마감하는 일이 드물다.

"나 오늘 뭐 했지?" 하루 종일 바쁘게 종종거리며 다녔는데 정작 내게 남은 것은 없는 기분이다. 이렇게 또 하루가 흘러가 버리는구나 싶다. 그러니 우리는 많은 일정을 소화하는 것이 중요하지 않다. 기억에 남는 한 가지, 내가 만족할 만한 한 가지면 충분하다.

이쯤 되면 일정도 물건과 마찬가지로 '비움'이 먼저라고 하는 내 말에 모두 동의할 것이다. 비움은 잘 채우기 위한 준비이다. 예쁜 아기를 만나기 전에 엄마 아빠가 몸과 마음을 잘 준비하는 것처럼, 귀한 손님이 집에 오시기 전 편안하게 쉴 수 있도록 공간을 정리하고 좋은 침구를 준비하는 것처럼, 한 해를 열심히 살아가기 위해 좋아하는 지역에 가서 편안한 쉼을 갖는 것처럼. 준비하는 삶을 살면 생각보다 더 수월하고 만족스럽게 생활할 수 있다. 그러니 욕심을 비우자. 많은 것을 채우려는 욕심 말이다.

이전과 달리 많은 일정들이 생겼지만 한 번에 이 많은 일들을 벌인 것이 아니다. 하나에 집중하다가 하나에 익숙해지면 또 하나! 그렇게 하나씩 차근차근 더해 갔다. 내가 운영하는 교육 서비스에는 '루틴' 형성에 도움을 주는 프로그램이 있다. 이 수업은 아침 시간에 집중한다. 처음에 이 루틴 수업에 참여하고 1~2주 정도 지나면 모두가 하는 말이 있다. "오후 루틴도 만들까요?"

예상하건대 정돈된 아침 시간으로 인해서 삶의 밀도가 높아지고 여유 시간이 늘어났기 때문일 것이다. 그 여유 시간을 누리는 게 아니라, 또 다른 루틴으로 꽉꽉 채우고 싶어 하는 것이다. 그러면 나도 항상 동일한 대답을 한다. "아니요, 한 달 정도는 여유 시간에 편안히 쉬시고 하고 싶은 일들을 죄책감 없이 해 보세요!"

우리는 채우는 것에 익숙해져 있다. 의식하지 않으면 물건을 계속 채우듯 일정도 마찬가지다. 그러니 더더욱 비움을 의식해야 한다. 우리의 자동적 반응(채움)과 반대의 길(비움)이니 말이다. 우리는 시간을 그저 흘려보내지 않는다. 어떤 행위로 채우며 살아간다. 그래서 시간은 흘러가는 값이 아니라 쌓여 가는 값이다. 그래서 가만히 있으면 '불안'이 올라온다. '나 이렇게 쉬어도 되나?' '뭐라도 해야 하는 거 아니야?' '남들은 다 뭔가를 배우던데?' '새벽 기상을 해야 하나?' 끝없는 생각으로 마음은 번잡하고 쉬어도 쉰 것 같지 않고 어느 것 하나에도 집중하기가 어렵다. 그래서 자기 전에는 '나 오늘 뭔가 많이 하긴 했는데 도대체 뭐 했지?'라고 스스로를 책망한다. 물론 이런 날에도 우리는 대개 많은 일들을 했다.

그러니 처음엔 많이 비워 내자. 일정도, 걱정도, 불안도 모두 비워 보자. 진정으로 원하는 무엇을 채울 수 있도록. 불필요한 물건을 골라 비우듯 불필요한 일정들을 비우는 것이 먼저다. 물건을 비우는 것은 사실 쉽다. 눈에 보이고, 손에 잡히는 것이니까. 눈에 보이지 않는 일정을 비워 내는 것이야말로 한 차원 높은 '비움'이다.

> **일정 비우기 Tip**
>
> 일정을 비울 때 도움이 되는 것은 일정을 적어 보는 것이다. 보이지 않는 것과 싸우려면 보이게 만들어야 한다. 생활비와 싸우려면 가계부를 써야 하고, 시간과 싸우려면 시간 가계부를 써야 한다. 일단 써 보면 보인다. 내가 어떤 일정들로 나의 시간을 채우고 있는지, 내가 어떤 불필요한 일들로 나의 시간을 소비하고 있는지, 진정으로 원하는 일을 하는 데 시간을 확보하고 있는지 비로소 보이기 시작한다.

불필요한 일정들이 파악되었다면 그것부터 비워 내기 시작하면 된다. 아침 시간에 SNS를 소비하고 있었나? 그럼 아침 시간에는 핸드폰을 열지 않는다. 혹은 핸드폰을 집중 모드로 해 두고 내가 소비하고 있었던 앱들을 가려 둔다. 그렇게 의식적으로 일정을 비우며 시간을 만들어 낼 수 있다.

가족들과 저녁 시간에 함께하고 싶은데 통 시간이 나질 않는가? 그럴 땐 저녁 시간에 무엇을 하며 시간을 채우고 있는지 체크해 본다. 불필요한 일정이라면 비운다. 꼭 필요한 일정이라면 우선순위에 따라 다른 시간을 배치하고 가족과 함께하는 시간으로 만들 수 있다.

물건을 제자리에 두듯 일정도 제자리에 두면 된다. 눈에 보이느냐 보이지 않느냐의 차이일 뿐 다루는 방법과 방식은 모두 동일하다. '불필요한 것들은 비워 내기' '제자리에 두기'. 삶은 생각보다 심플하다. 내가 복잡하게 만들 뿐.

이쯤에서 아마 질문이 하나 떠올랐을 것이다. '일정의 제자리가 어디인가요?' 이 질문에 대한 대답은 각자가 내려야 한다. 물건 배치도 사용하는 사람의 마음, 성향, 동선, 신체 조건에 따라 집집마다 다르듯, 일정도 마찬가지다. 키가 작은 사람은 하부장을 적극 이용해야 하고 키가 큰 사람은 상대적으로 상부장을 더 활용하면 좋다. 허리를 굽히는 것도 힘든 일이니까. 어떤 사람은 장소에 따라 물건을 보관한다. 어떤 사람은 재고 물건은 따로 관리한다. 어떤 사람은 위생이 중요하다고 신발장 앞에는 절대 마스크를 보관하지 않지만 어떤 사람들은 또 그렇지 않다. 결국은 각자의 기준이 중요하고 각자의 결정이 정답이다.

그렇다면 일정도 마찬가지 아닐까? 누군가에게 답을 구하지 않아도 괜찮다. A라는 일정이 꼭 오전에 들어가야 하고 B라는 일정은 꼭 오후에 있어야 하는 법칙은 없다. 어떤 사람은 워킹맘이고 어떤 사람은 전업맘이다. 워킹맘이라도 일하는 종류에 따라 일정 관리의 모습은 다양할 것이다. 3교대 하는 간호사와 일이 일정하지 않은 프리랜서의 하루 모습은 다를 것이고 따라서 일정 관리도 달라져야 한다.

그러니 다른 사람의 정답을 구하지 않아도 괜찮다. 세상의 정답을 찾는데 시간과 비용을 쓸 필요 없다. 누군가의 인정도 필요 없다. 내가 편하고 내가 좋으면 충분하다. 나를 믿어 주자.

이번 기회로 일정을 채우려는 노력보다는 일정을 비워 볼 결정을 해 보길 권한다. 채우는 것은 언제든지, 심지어 지금 당장이라도 할 수 있는 일이다. 쉼도 용기이다. 달려가는 것도 멈추는 것도 내가 기준이 되어 내게 가장 좋은 시간대를 결정해 보자. 진정으로 원하는 일정을 채우기 위해서 불필요한 일정을 추려 내고 빈 공간과 같은 빈 시간을 만들어 보자. 비로소 번잡하지 않고 간결한 시간 관리가 시작될 것이다. 이 책을 읽은 오늘 밤, "와! 오늘 하루 완벽했어!"라고 외칠 수 있는 하루가 되길 바라 본다.

✱ ✱ 반복 업무 비우기 ✱ ✱

아이가 어릴 땐 왜 그렇게 우울하고 자존감이 낮았었는지, 불만과 불평이 많았었는지, 지금 와서 돌아보니 알겠다. 쉬지 않고 열심히 일해서였다. 특히 성과가 나지 않는 영역만을 열심히 했기 때문이다. 가사와 육아라는 것은 당장에 성과가 보이기 힘든 영역이다. 그러니 열심히 해도 인정을 받거나 성취감을 느끼긴 어렵고, 삶의 만족도는 떨어지고, 이와 함께 자존감이 낮아지기도 한다.

그럴 땐 성과가 보이는 일도 병행하면 좋다. 가사를 줄이고 성과를 낼 수 있는 일에 시간을 더 사용할 수도 있다. 그 당시의 나는 성과 내는 삶도 몰랐고 할 수 있는 일만 열심히 하는 것이 마음 편했다. 해 보지 않은 일을 시도하는 것을 피했다. 용기가 없어서 그저 내일의 나에게 나를 맡겼다. 대책 없이 '어떻게든 되겠지' '지금보다는 나아지겠지' 그렇게 생각하면서도 사실은 알고 있었다. 나아질 일은 없다고. 그래서 우울했고 자존감은 더 낮아졌고 만족감이 없는 생활의 불만을 남편에게 토해 냈다.

지금은 주 1회 가사도움을 받고 있다. 주말 하루 외에는 주중 살림은 지속될 예정이다. 나는 살림을 좋아하고 잘하는 사람이다. 처음부터 잘했던 것은 아니지만 나의 '업'이라 생각하고 조금 더 효율 있게 할 수 있는 방법이 없을지 궁리하다 보니 점점 잘하게 되었다. 하지만 살림으로 성과를 내는 사람이 아니라 다른 '업'이 있기에 반복되는 살림 업무는 위임하고 내가 꼭 투입되어야 하는 일에 더 많은 시간을 사용하려고 한다.

요즘은 가사에 도움이 되는 똑똑한 가전들이 많다. 빨래 너는 시간을 줄여 주는 건조기, 아침 시간 아이들의 루틴을 봐줄 시간을 확보해 주는 로봇청소기. 퇴근 후 남편의 설거지 시간을 줄여 주는 식기세척기.

가전제품 구매를 유도하는 것이 아니다. 우리의 시간이 그만큼 소중하다는 뜻이다. 현대인들은 과거에 비해 더 많은 시간을 누리고 있다는 것은 사실이다. 조선 시대 냇가에서 빨래하는 여인들을 생각해 보라. 식구들은 많고 그 많은 빨래를 일일이 손으로…. 거기에 냇가까지 들고 가서 반복 업무를 해야만 했다. 그에 비하면 지금 우리는 엄청난 에너지와 시간을 아끼고 있는 셈이다. 가사에 혁명을 가져다준 최초의 전자제품은 '세탁기'일 것이다.

사실 가전제품은 반복되는 일을 덜어 내는 수많은 방법 중 하나일 뿐이다. 우리가 정말 고민해야 할 건, 그 일을 덜어 낸 자리에 무엇을 채울 것인가다. 하루하루가 귀한 나의 '시간'이니까. 내게 주어진 시간 동안 원하는 것을 얼마나 하고 있는지를 생각해 보면 답이 나온다. "오늘 하루 당신이 하고 싶은 일을 얼마나 하셨나요?" 이 질문에 대한 답을 '시간' 값으로 해 보자. 하루 중 몇 시간 동안 원하는 일을 했는가? 한 시간? 30분? 10분?

"출퇴근 시간만 왕복 3시간이에요! 8시간 근무하고 집에 돌아오니 저녁 8시인데 하고 싶은 일 할 시간도 체력도 없습니다" 맞다. 우리는 시간이 없다. 시간이 없는 만큼 나를 위해 쓸 에너지도 없다. 그러니 더더욱 반복적인 업무는 줄여 나가야 한다.

결국은 방법을 찾고 시스템을 만들고 적용하는 방식으로 발전하는 사람이 있고, 한탄과 안된다는 부정적인 시선으로 아무것도 하지 않는 사람이 있다. 어떤 사람이 되기를 선택할 것인가? 그 선택의 책임은 본인에게 있고 오늘의 선택으로 내일을 살아가게 된다.

두 아이를 키우는 전업주부가 꿈을 가지고 공부를 하기로 했다. 아무리 생각해도 어려운 길이다. 공부만 하는 청년들도 1~2년 공부해서는 붙기 힘들다고 한다. '그렇게 어려운 걸 과연 내가 할 수 있을까?'라고 생각했으면 아무것도 시작하지 못했을 것이다. 하지 못할 이유는 수만 가지이지만 될 이유 하나 붙잡고 할 수 있는 일들을 찾기로 한 것이다.

없는 시간을 만들어 내기 위한 노력을 하기 시작했다. 처음은 물건의 양을 줄여 나가는 것이었다. 거창한 일이 아니었다. 어쩌면 공부와는 별개인 활동으로 보일 수도 있다. 그러나 할 수 있는 일을 찾고 행동하기 시작했다는 것이 중요하다. 결론적으로 시험은 소수점 차이로 떨어졌다. 결국 원하는 꿈을 이루지 못했으니 실패일까?

그때 미니멀라이프를 시작했기에 나는 작가가 되고 강사가 되었다. '행동'해 보는 '용기'의 경험으로 지금의 교육 서비스업 회사를 창업했으며 SNS로 다양한 활동들을 하고 있다. 그때 만난 미니멀라이프는 내게 시간의 주인이 될 수 있게 해 주었으며, 공간을 정리해 주었고, 생각지도 못한 '재정 미니멀'까지 이루게 해 주었다.

월급은 스쳐 지나갈 뿐 내 돈이 내 돈이 아닌 채로 살아 왔던 주부였는데(자랑은 아니다) 미니멀라이프를 만나고 월급은 내가 온전히 가용할 수 있는 '돈'이 되었다. 처음 목표한 꿈을 이루지는 못했지만 더 귀한 것을 얻었다. 공간과 시간과 재정의 주인이 되는 경험을 했다. 이전과는 다른 차원의 삶으로 넘어온 느낌이다.

공간과 시간, 재정 중 사람마다 더 집중하고 관리하는 영역은 다를 것이다. 내게는 가장 소중한 부분이 '시간'이다. 그래서 운영하는 교육 서비스업의 핵심은 '루틴'이다. 슬기롭게! 간결하게! 꾸준하게! 나의 SNS 프로필에 적혀 있는 세 가지 형용사이다. 내가 지향하는 삶의 방향을 잘 드러내어 준다. 일을 슬기롭게 하면 효율성이 높아지고, 간결하게 하면 시간이 아껴지고, 꾸준하게 하면 폭발적인 성장이 일어난다. 결국 '시간'이 제일 귀하다고 생각하는 나의 철학으로 인해 이 책에서도 시간 파트를 맡아서 글을 쓰고 있다.

'반복적인 업무'란 뭘까? 주부라면 가사가 있을 것이고, 직장인이라면 기록 정리나 업무 회의 등 반복되는 업무들은 셀 수 없을 만큼 많다. 지금 당장 오른쪽 표에 반복 업무를 3가지 이상 적어 보자. 나중에 찾지 말고 지금 당장 찾아 보자.

반복적인 업무	
집	직장
❶	❶
❷	❷
❸	❸
반복적인 업무를 축소 혹은 삭제할 수 있는 방법	
집	직장
❶	❶
❷	❷
❸	❸

우리 모두에게는 반복적인 업무가 있다. 특히 관리적인 일들이 그런 경우다. 관리적인 일 처리 능력은 생산적인 일의 효율성에 직접적으로 영향을 미치기 때문에 일을 밀리지 않게 하는 것이 중요하다. 예를 들어 주부에게는 늘 반복되는 집안일이 있다. (종류는 많아서 생략한다) 누군가의 도움을 받을 수 있다면, 그건 더 나은 집중을 위한 좋은 투자일 수 있다. 하지만 그렇지 않더라도 괜찮다. 직접 해야 할 상황이라면, 중요한 건 일을 쌓아 두지 않고 나만의 방식으로 제때 돌보는 것이다.

SNS에 종종 언급하는 문장이 있다. "하지 않아도 되는 일은 미뤄두고, 꼭 해야 하는 일은 지체하지 말고, 반복되는 일은 과감히 줄이자."

결국에 내가 해야 하는 일이라면 굳이 나를 더 힘겹게 만들 필요가 있을까? 일을 왜 미루는가? 나를 괴롭히기 위해서 일부러 그러는 것이 아니라면 미래의 나를 돕기 위해 현재의 불편함을 기꺼이 감당하자. 결국 미래에도 그 일은 내 것이다. 내가 좋아하는 말 중 하나는 '나를 돕는 사람 또한 나'라는 것이다. 남도 도우며 살아가는데 나 자신도 돕지 못하고 살아간다면 나의 하루가 평온할 리 없다.

나를 돕는 일은 '일'에만 해당되는 것은 아니다. '기분'도 포함이다. 미룬 일을 한꺼번에 처리하면서 기쁘고 즐거운 사람은 없다. 버겁고 힘들다. 그러니 기분도 꽝이다. 그런데 생각해 보면 나의 결정에 따른 결과일 뿐이다. 쉽게 말해 지금 내가 느끼는 이 기분도 결국 내가 만든 셈이다. 이 사실을 깨닫고 나면 조금 충격을 받겠지만 나름 효과가 좋다. 아이들에게는 숙제 미루지 말라고, 제때 씻어야 한다고 잔소리하면서 왜 나는 내 할 일을 제때 하지 않는 것인가?

SNS 속 우리 집 모습을 보면 사람들은 내가 하루 종일 집안일만 하는 줄 안다. 늘 정돈되어 있고 깔끔하니 '저런 집에 살고 싶어!'라고 느끼는 것 같다. 그런데 나는 집안일에 최소한의 시간을 사용한다. 아이들이 등교하는 시간이면 집안일은 다 끝나 있다. 아이들이 하교하는 오후 4시가 될 때까지는 '집안일 금지 시간'이다.

빨래는 주로 저녁에 끝내 놓지만, 때로는 아침에 할 때도 있고, 미처 정리를 하지 못해 '빨래산'이 쌓일 때도 있다. 이럴 때 빨래산은 부부 침대 위에 던져 둔다. 성격상 일이 밀리면 극도의 스트레스를 받는 편이지만, 빨래산을 부부 침대 위에 던져 둘 때만큼은 전혀 죄책감이나 불편함이 없다. 일을 미룬 것이 아니라 물건을 제자리에 두 듯 일정도 제자리에 두는 행위이기 때문이다. 집에서 일하는 나의 업무 시간은 오전 9시~오후 4시. 이 시간 동안에는 어떤 관리적인 일도 하지 않는다. 빨래가 밀려 산을 이루었어도, 점심 먹고 설거지가 쌓여 있어도 절대 하지 않는다. 그 대신, 지금 내게 더 중요한 일을 선택한다.

자, 이제는 반복 업무를 줄여야 한다는 생각에 동의가 되었으리라. 반복 업무를 줄이기 위해서는 각자의 방법을 찾되, 가장 알맞은 시간을 정해 두고 그때그때 하는 것이 가장 좋은 방법임을 기억했으면 좋겠다. 미루지 않는 습관을 만들면 반복 업무도 조금은 수월하게 할 수 있을 것이다.

반복 업무 중 또 하나의 예를 들어 보겠다. 이번엔 기록 관리다. 기록이란 필요시에 찾아보기 위해 보관하는 것인데, 좋이든 디지털 자료든 간에 이 기록들을 제대로 관리하지 않으면 결국 쓰레기일 뿐이다. 찾아보려고 하는데 어디 있는지 알 길이 없다면? 그 기록을 남기기 위해 쓴 나의 시간과 노력은 헛수고다.

나의 경우 수업 관련 자료들을 '노션(Notion)'(프로젝트 관리 및 기록 소프트웨어. 조직 효율성과 생산성 향상을 위해 마감일, 목표 및 과제를 조정하도록 설계되었다)이라는 앱에 기록하고 보관하고 있다. 노션이 좋아 자주 쓰다 보니 이제는 강의까지 하게 되었는데, 반복적인 업무를 줄이는 데 도움을 주는 최고의 기록 보관소이다. 교육 프로그램이 열릴 때마다 반복적으로 해야 하는 말들과 정보들이 있다. 그 정보들을 노션에 기록해 두고 링크만 전달하면 수강생도 나도 편하게 자료를 주고받을 수 있으니 시간을 아낄 수 있다.

노션을 만나기 전엔 출장이나 여행을 갈 때마다 챙길 준비물을 종이에 적곤 했다. 이제는 노션에 출장/여행 준비물 페이지를 만들어 두고 일정이 있을 때마다 핸드폰으로 페이지를 열어 확인하고 체크한다. 매번 종이에 썼다가 일정이 끝나면 버리는 일은 반복하지 않는다.

이렇게 한 번의 제대로 된 기록과 시스템으로 우리의 소중한 시간을 지킬 수 있다. 비단 노션뿐일까. 노력하는 마음이면 내게 맞는 정답은 무조건 찾아낼 수 있다. 여러분들의 귀한 시간을 더 이상 반복 업무에 내어 주지 말자.

딱 이 세 가지만 기억하면 좋겠다. 모든 것을 하지 않을 결정, 도구를 이용할 결정, 위임할 결정. 주어진 일 중에서 하지 않아도 되는 일은 없는지 점검하고, 필요하다면 도구를 이용해 시스템을 만들고, 가능하다면 위임하는 것도 고려해 보자. 세 가지를 모두 고려했음에도 결국 내가 해야만 하는 반복 업무라면 제발 미루지 말고 제때 '해치우자'. 이거면 우리도 시간 부자 될 수 있다.

✱ ✱ 시간 관리 비우기 ✱ ✱

    시간 관리를 잘해 보고 싶었다. 연말연시가 되면 괜히 쓰지도 않는 다이어리도 구매해 보고 연말에는 작은 목표부터 거창한 목표까지 세워 보았다. 해마다 빠지지 않는 목표는 매일 운동하기나 책 읽기 같은 거였다. 종종 과하게 새벽 기상을 해 보겠다며 하루 일과를 새벽 시간부터 나열해 적어 두기도 했다.

    그래서 했냐고? 몇 번 운동장을 뛴 기억도 있고 책을 펼친 기억은 있긴 하다. 작심삼일을 지킨 것은 몇 번이나 될까? 불과 6년 전 나의 모습이다. 지금 이런 이야기를 하면 "리나 님이요? 믿을 수가 없어요!"라고 하시는 분들이 많다. 하지만 정말이다. 그러니 희망을 가졌으면 좋겠다. 이런 사람도 꾸준함을 장착하여 '루틴 디렉터'라는 이름으로 브랜딩을 했으니 말이다.

    지금 나의 강점을 물어본다면 단번에 대답할 수 있다. '꾸준함'이라고. '시스템으로 살아가는 것'이라고. 지금도 지속적으로 받는 질문이 '많은 일을 하면서도 삶이 정돈되어 있는 비결?'이다. 남들 눈에도 그렇게 보이는가 보다. 비결은 단순하다. '루틴 생활'이다.

시간을 잘 관리하려면 시간을 관리하려는 마음부터 비워야 한다. 좋은 것으로 채우기 위해서는 '비움'부터! 시간 관리를 위해서 시간 관리하려는 욕심을 비워 보자. 뭐든지 욕심이 생기면 힘이 들어가고 힘이 들어가면 지속하기 힘들다. 편안하고 간편하고 쉬워야 지속할 수 있다. 그래서 나는 무엇보다 간결함을 중요하게 생각한다.

시간 관리를 하려면 '보이는 값'으로 만드는 것이 중요하다. 그래서 스케줄러가 큰 도움이 된다. 연말연시에 새롭게 목표를 세워 보는 것 또한 중요하다. 작은 목표부터 거창한 목표까지, 어느 것 하나 소중하지 않은 목표는 없다. 문제는 목표의 크고 작음이 아니라 '행동'으로 옮길 수 있는지 여부이다. 과거의 내가 연말연시마다 쓸모없는 일을 한 것이 아니었음에도 결국은 쓸모없게 되어 버린 것은 계획만 세우고 행동하지 않았기 때문이다.

매일 운동하고, 매일 책을 읽고, 매일 SNS를 하고, 매일 일한다. 이 단순한 문장을 현실로 만들기까지 3년이 걸렸다. 처음 시작은 하루 30분 독서였다. 그런 다음 새벽 기상에 도전했고, 이어서 SNS 글쓰기, 그리고 나서 겨우 운동이 루틴으로 자리 잡았다. 하루 30분 독서가 주는 기쁨과 힘을 느끼고 하나씩 천천히 나만의 루틴 생활을 완성해 갔다. 루틴 생활의 출발점이었던 30분 독서의 힘을 전하고자 이후 독서 수업을 만들어 수강생들과 함께했다. 이름하여 '#비타30'이다. '#비행기 모드 #타이머 활용 #30분 독서'의 줄임말로 내가 만든 독서

시스템이다.

나는 매일의 힘을 안다. 꾸준함의 힘을 너무나 잘 안다. 매일 독서는커녕 일 년에 책 한 권도 읽지 않던 사람이 매일 30분 독서하면서 일주일에 책 한 권을 완독하고 한 달에 4권의 책을 읽을 수 있었다. 그런 시간들이 쌓여 어느새 글 쓰는 작가가 되었고 내 이름 석 자 박힌 책이 벌써 두 권째 나올 예정이니 놀랄 일이다.

시간은 흘러가지 않는다. 시간은 쌓인다. 좋은 습관으로 시간을 쌓을 수도 있고 원하지 않는 모습으로 시간을 쌓을 수도 있다. 이 또한 나의 선택이다. 저절로 되는 것은 없다. 지금 당장의 편안함을 선택하며 내가 원하는 모습과 멀어지는 선택을 할 수도 있고, 조금 불편해도 내가 원하는 모습에 가까이 가기 위해 좋은 습관 하나를 장착하는 데 노력을 기울일 수도 있다.

문제는 한꺼번에 너무 많은 루틴을 만들려고 한다는 것이다. 수많은 수강생들을 만나며 대부분 사람들의 공통적인 고민과 문제점을 알게 되었다. '너무 많이 하려는 욕심'에 투두리스트 항목이 넘쳐 난다는 것! 당연히 다 처리하지 못하고 그로 인해 자책을 하는 패턴. 하지 않아서 문제가 아니었다. 너무 많이 하려고 해서, 너무 열정적이라 문제였다.

"그 많은 루틴을 업무하며 다 할 수 있나요?"

"아니요! 못 할 걸 알지만 그래도 다 적습니다. 그래야 반이라도 할 것 같아서요."

목표를 크게 잡는 것은 많은 목표를 잡는 것과는 다르다. 많은 일을 해야만 그날 하루를 꽉 채워 사는 것이 아님을 앞서서 살펴보았다. 한 가지만 해도 충분하다. 처음은 더더욱 그렇다. 새롭게 좋은 습관 하나를 장착하려는 그때만큼은 한 가지에 집중하면 좋겠다.

많은 일정을 적어 두고 절반 정도를 해냈을 때 우리는 두 가지의 반응 중 하나를 선택할 수 있다. "내가 의도한 대로 반이라도 해낸 하루구나! 고생했다!" 또는 "나는 늘 이런 식이야. 오늘도 반밖에 못했구나…" 루틴 디렉터로서 나의 조언은 처음부터 적어 두는 일정의 개수를 줄이자는 거지만, 그게 잘 되지 않는다면 첫 번째의 반응을 택하는 연습이라도 하면 좋겠다.

가장 쉬운 연습은 자녀를 대하듯 나 자신을 대하는 것이다. "넌 왜 늘 그 모양이니! 그것밖에 못하니?"라고 다그치는 부모님과 "우리 딸(아들) 오늘도 고생 많았네! 이 많은 것들 중에 반이나 해냈구나! 애썼어!"라고 말해 주는 부모님. 어떤 말을 들은 아이들이 다음에 더 잘해낼 수 있을까? 정답은 알고 있는데 우리는 오답지를 택하는 실수를 하며 산다.

나 자신에게 만족하지 못하면, 세상도 괜히 거슬리고 사람들에게도 너그러워지지 못한다. 그럴수록 '나'는 보지 못하고, 대신 다른 사람 일에 자꾸 눈이 간다. 예전의 내가 딱 그랬다.

성경에 보면 이런 표현이 나온다. '어찌하여 형제의 눈 속에 있는 티는 보고 네 눈 속에 있는 들보는 깨닫지 못하느냐' 엄마의 삶에 여유가 없고 기분 관리가 되지 않으면 아이들에게 하지 않아도 될 잔소리까지 하게 된다.

나의 경우, 매일 독서를 하면서 가족들을 대하는 마음에 여유가 생겼다. 새벽 기상을 하면서는 우리 가정의 아침 분위기가 달라졌다. 가정의 문화가 바뀌었다. 나 하나 바뀌었을 뿐이다. 내가 나를 바라보는 시선 하나 달라졌을 뿐인데 가정에는 평화가 찾아왔다.

시간 관리보다 '기분 관리'를 하면 어떨까? 단 한 가지라도 좋으니 내가 원하는 일을 온전하게 해내는 경험을 매일매일 쌓아 가는 거다. 이 경험이 꾸준함으로 쌓이면 '난 이것밖에 안 되는 사람이야…'라는 시선이 '난 반이라도 해낸 사람이야!'가 되는 마법이 일어나리라 확신한다. 나를 향해 다정한 시선이 장착되면 나의 일과를 조금 더 친절하고 다정하게 보낼 수 있는 힘이 길러진다. 나에게 먼저 다정한 사람이 자녀들에게도 가족들에게도 너그러워질 수 있다.

결국 시간 관리를 하고자 하는 것은 인생을 관리하고자 함이 아닐까? 근시안적으로 바라보기보다 조금 더 멀리 내다보면 좋겠다. 저 멀리, 산도 하늘도 바라보며 바람에 살랑이는 나무도 한번 보자. 나를 다그치며 하루를 보내기엔 세상이 너무나 아름답고 옆에 있는 아이들은 너무나 사랑스럽다. 기분 관리를 통해 나에게 주어진 이 근사한 보물들을 놓치지 않고 꽉 잡을 수 있다. 무엇보다 나를 위해 하려고 하는 시간 관리가 정작 나를 힘들게 하고 있지 않은지 점검할 필요가 있다. 무엇을 위한 시간 관리인지 생각해 보자. 내가 바라는 바가 무엇인지를 명확하게 알게 되면 선택해야 하는 것들은 심플해진다.

시간 관리라는 강박을 비우자. 많은 일정을 채우려는 목표도 비우

자. 그저 흘러가는 대로 살겠다는 무책임함도 비우자. 작은 목표도 거창한 목표도, 작성하는 스케줄러도 내게 도움이 되지 않는다면 과감하게 비우자. 시간 관리보다 먼저 다정한 시선으로 스스로에게 따뜻하게 말해 주자. "너 참 잘하고 있어! 점점 더 나아질 거야!"

✳︎ ✳︎ '대충' 비우기 ✳︎ ✳︎

우리 집은 늘 깨끗한 편이다. 정리 정돈이 잘 되어 있고 언제든 손님이 와도 당황하지 않을 정도의 컨디션을 유지하기에 손님 초대를 어렵게 생각하지 않는다. 한번은 SNS에 '나는 손님이 오시기 전이 아니라, 가시고 나면 청소를 한다'고 적었더니 많은 분들이 놀라셨다. 당연히 손님이 오기 전에 집을 치우고 청소를 한다고 생각했는데, 생각해 보지 못한 발상이라고 했다.

이 발상의 전환은 내게는 당연한 순서였다. 사람들이 왔다 갔으니 집 안에 먼지와 오염이 늘지 않을까? 그러니 손님이 가고 난 후 청소를 하는 것이다. 물론 손님이 올 때 반짝 집을 치울 수 있다. 그런데 왜인지 손님을 위한 집 같다! 나는 지저분한 집에서 살다가, 정작 손님은 깨끗한 집에서 맞이하다니. 손님을 위한 집이 아니라 평소 나를 위한 집으로 살면 좋겠다는 생각을 했다. 평소의 상태가 나쁘지 않으면 앞뒤로 청소하지 않을 수 있어 참 좋다.

보통은 이사를 앞두고 집을 본격적으로 비우기 시작한다. 물건이 줄어들면 이사 비용이 줄어드는 것도 있고 새로 이사 간 집 정리도 편해지니 참 좋은 변화다. 하지만 한편으로는 안타까운 마음도 든다. 왜 이사 갈 때인가? 평소 생활할 때 간결하고 깔끔하게 살면 더 많은 공간과 시간을 누리며 살 텐데. "아이고 누가 그걸 모르나요! 안 돼서 그렇지!" "매일 집을 치우며 사는 게 그리 쉽나요" 맞다. 어렵다. 귀찮고 하기 싫은 일일 수 있다. 그런데 처음만 그렇다. 집 돌보기 루틴이 자리 잡고 나면 정리하지 않고 하루를 시작하는 것이 어색하게 느껴질 것이다. 처음에는 사람이 습관을 만들지만, 후에는 습관이 삶을 끌고 간다고 하지 않던가.

이런저런 노력을 해 봤지만 결국 감당이 되지 않으면 정리 업체의 도움을 받기도 한다. 이 또한 좋은 방법이다. 비용을 들여 싹 정리한 후에 유지하는 방법도 슬기롭다! 그런데 문제는 그 값비싼 비용을 들였음에도 몇 달이 지나면 처음 상태로 돌아가는 경우도 꽤 있다는 것이다. 왜 그럴까? 정리 습관이 없기 때문이다.

전문가의 도움을 받아 비우고 알맞은 장소에 배치했으나, 정작 알맞은 장소에 바로 두는 습관이 없어서 유지가 힘들다. 많이 비워 냈는데 습관대로 많이 채우고 있다. 누워서 쇼핑 앱을 본다. 장바구니에 담고 클릭 한 번이면 문 앞으로 배송이 된다. 그렇게 옛 습관에 따라 원래의 모습을 찾는 데 오랜 시간이 걸리지 않는다. 그만큼 습관이 무섭다. 그래서 처음은 누구나 어렵다. 살던 관성을 버리고 새로운 모습으로 산다는 게 쉽다면 세상에 뭐가 문제겠는가.

무슨 일을 하든 '시간'이 적게 걸리는 사람이 있다. 나는 집안일 하는 데 많은 시간이 들지 않는다. 손님이 오기 전 청소를 하지 않아도 될 정도의 컨디션을 유지하는데, 아침 시간 30분이면 가능하다. '일 잘한다!'라고 할 때 '잘'의 기준이 뭘까? 내가 생각하는 '일잘러'의 정의는 같은 일을 하는데 시간이 더 적게 걸리는 사람이다. 같은 결과 값을 낸다면 속도가 빠른 사람이 일 잘하는 사람이 아닐까?

그런데 처음부터 일을 잘하는 사람이 있을까? 결혼을 하기 전 밥을 한 번도 해 보지 않은 사람이 나다. 딸 손에 물 묻히는 걸 싫어하셨던 친정 아빠 덕분에, 우리 자매는 엄마가 집을 비웠을 때도 밥을 하거나 상을 차려 본 적이 단 한 번도 없었다. 반찬은커녕, 밥 짓는 법조차 몰랐다. 그런 내가 지금은? 밥을 하면서 동시에 반찬 세 가지쯤은 거뜬히 만든다. 신혼 시절엔 찌개 하나 끓이려면 요리책을 펼치고, 친정 엄마에게 전화를 걸어 이것저것 묻다 보면 40분은 훌쩍 지나 있었고, 그러고 나면 온몸의 기운이 다 빠져나간 것처럼 느껴지기도 했다. 하지만 지금 나는, 살림과 간단한 요리, 식단표 작성까지 공유하는 사람이 되었다.

일잘러가 되기 위해서는 어떻게 하면 되는 걸까? 모두가 살림을 잘하고 싶다고 하면서 살림에 시간을 투자하기는 싫어한다. 살을 빼고 싶다고 하면서 먹던 대로 먹는다. 일을 잘하고 싶다고 하면서 우리는 어떤 노력을 하고 있을까? 무엇을 하든 제일 처음은 '언행일치'를 하는 것. 내가 원하는 모습을 만들기 위해서는 어떤 행동을 해야 하는지를 명확히 파악하고 그 행동을 하나씩 해 나가면 된다. 그저 바라기만 해서는 바라는 모습은 평생 만날 수 없다는 것을 기억하자.

예능 프로그램 〈유 퀴즈 온 더 블럭〉에 수능 문제 출제 위원으로 오래 일하신 교수님이 출연한 적 있다. 유재석이 물었다. 어떻게 하면 그렇게 잘할 수 있냐고. 교수님의 답변은 심플했다. "잘하려고 하는 생각이면 됩니다" 너무 내 생각과 같은 대답이라 깜짝 놀랐다.

나는 늘 생각했다. 살림을 잘하려는 생각만 있으면 잘하게 된다고. 전업주부로 살면서 어떻게 하면 살림을 조금 더 편하게 할지, 어떻게 하면 더 빠른 시간에 마무리할 수 있을지를 늘 궁리했다. 그랬더니 나만의 방식들이 생겨났다. 어떻게 식재료를 구매하면 좋은지, 식재료를 어떤 식으로 보관하면 좋은지, 요리 시간을 단축시키기 위해 어떤 식으로 재료 준비를 해 두면 좋은지. '어떻게 하면 요리를 더 빨리 할 수 있을까?' '어떻게 하면 살림을 더 편하게 할 수 있을까?' 하는 질문이 지금의 나를 있게 했다.

'대충 하자'의 정신을 참 좋아한다. 그래야 시작이 쉽고 지속할 수 있기 때문이다. 그래서 식단표를 짤 때도 하루 세 끼를 짜지 않고 하루 하나의 주메뉴만 적어도 충분하다고 외치며 지속 가능한 아웃라인을 만들어 〈슬엄생 식단표〉를 자체 제작했다. 우리가 영양사도 아닌데 영양학적으로 완벽하게 챙겨 먹이자고 시작하면 1~2주 써 보다가 지쳐서 그만하게 된다. 그러나 우리에게 중요한 것은 집밥 하는 데 에너지를 덜 쓰는 것! 메뉴 고민만 덜어도 배달의 유혹이 참아지니 주말에 잠시 짬 내어 하루 1개의 주메뉴만이라도 가이드 삼아 적어 놓자는 것이다. 그래야 지속 가능하고, 지속 가능해야 힘이 생긴다.

그런데 이번 챕터의 제목은 '대충' 비우기이다. 정확히 말하면 '대충 하는 것'을 비우자는 말이다. 앞뒤가 다르지 않은가? 대충 하라는 건지, 말라는 건지 헷갈릴 수도 있다.

시작은 대충 하되 태도는 대충이면 안 된다. 가볍게, 쉽게, 지속 가능하게 하되 어떻게 하면 더 잘할 수 있을까를 계속 궁리하라는 말이다. 사람마다 잘하는 것과 못하는 것이 있다. 요리에 재능이 없는 사람도 있다. 그런데 대부분 요리를 못하는 이유는 요리하는 데 시간을 쓰지 않기 때문이고, 요리를 더 잘해 보려는 생각이 없기 때문이다. 대충 오늘만 때우자는 태도로는 절대 요리를 잘할 수가 없다.

다시 한번 말하지만 하고 싶지 않거나 내가 빠져도 되는 영역이라면 외부의 도움을 받는 것을 추천한다. 모두가 집안일을 잘하고 요리를 잘해야 한다고 생각하지 않는다. 다만, 결국은 내가 해야 하는 일임에도 불구하고 매일매일 '나는 요리를 못해!' '오늘만 때우자'라는 태도로 일관하고 있다면 생각과 태도를 바꿔 보자는 거다.

요리만의 문제일까? 요리는 하나의 예시일 뿐이다. 내가 속한 직장에서 하는 업무도 이와 동일하다. '아, 왜 나만 시키는 거야' '내가 이런 것까지 해야 해?' '오늘만 잘 넘기자' 등의 태도로 일관한다면 10년을 해도 20년이 지나도 제자리걸음일 거라고 생각한다. 1만 시간의 법칙은 틀렸다. 의식적인 연습 없이 하루하루 때우는 태도의 1만 시간은 아무 소용이 없다. 10만 시간이라도 전문가가 되기는커녕 변화도 이루어 낼 수 없을 것이다. 그러니 우리는 '대충' 하는 태도를 비워야 한다. 그래야 최종적으로 우리가 원하는 '시간'도 얻을 수 있다.

계속 이야기하지만, 내가 좋은 컨디션의 집을 유지하는 데 쓰는 시간은 오전 30분이면 된다. (물론 저녁은 저녁 루틴이 있다) 그런데 처음부터 30분이었을까? 물건을 줄이며 이렇게 가능하도록 환경을 세팅하는 데 최소 1년이 걸렸다. 매일 하는 일들의 순서까지 일정하게 하고 늘 동일하게 더 '잘'해 보려고 생각하니 같은 일을 하는 데 시간이 점점 줄어들어 30분이라는 결과를 얻어 낼 수 있었다.

그렇다면 집안일 30분 컷이 나의 자랑일까? 천만에! 집안일 30분 외의 나머지 시간이 나의 자랑이다. 지금처럼 오전 시간에 몰입해서 책을 쓸 시간이 있고 내가 원하는 운동을 마음껏 할 수 있는 시간이 있으니 그것이 내 자랑이다.

대충 하는 태도를 비우고 더 잘하려는 생각을 장착했다면 다음 단계는 무엇일까? 더 잘할 수 있도록 방법을 알려 주는 책들을 읽는 것이다. 책이 아니라면 강의나 수업에 참여할 수도 있다. 나의 의지가 약하다면 커뮤니티에 참여해서 같은 뜻을 가진 사람들과 함께 노력하는 시간을 의식적으로 가지면 도움이 된다. 그렇게 배우고 행동하며 점점 더 발전한다. 나를 위해 온전히 사용할 시간이 늘어나게 된다.

"연애를 책으로 배웠어요!"라는 말을 듣고 비웃었는가? 그러나 연애를 책으로라도 배우려고 하는 사람의 태도는 결코 우스운 것이 아니다. 나는 "살림을 책으로 배웠어요!" 하는 분께 박수 보내고 싶다. 책이란 저자의 모든 노하우를 뽑아 모아 둔 것이다. 삶으로만 배운다면 오래 걸릴 시간을 책으로 단축시킬 수 있으니 책으로 모든 것을 배우지 않을 이유가 없다.

　마지막으로 일잘러를 꿈꾸는 사람들에게 하고 싶은 말은 '조급함'도 비우자는 것이다. 하루아침에 요리가 짜잔 하고 늘지 않을 것이고, 업무에서 실수도 할 수 있고, 더디게만 변하는 내가 답답하게 느껴질 수 있다. 지금 당장 변화하길 바라는 도둑 심보를 버려야 한다.

　물건을 비울 때도 마찬가지다. 비움을 시작한 지 하루이틀 만에 몇 년, 몇 십 년을 쌓아 온 공간이 변할 리가! 공간의 변화도 더딘 것이 당연한데 우리 습관이 하루아침에 변할 리는 더더욱 없다. 눈에 보이는 아웃풋을 기대하기에 우리는 너무 적은 노력과 적은 시간을 투자했을 뿐이다. 기억하자. 조급함을 비우고 오늘 해야 할 고민과 행동을 하면, 그 시간이 쌓여 '뒤돌아보니 이렇게 많이 성장했구나. 이렇게 많이 변했구나' 하는 날이 분명히 올 것이다.

건강

김서연

✳ ✳ 정리와 몸의 상관관계 ✳ ✳

"어떻게 하면 서연 님처럼 살 수 있을까요?" 벌써 10년 차 미니멀리스트. 우리 집을 보면 다들 묻는다. 거실엔 소파 하나만 두어 말소리가 천장을 울리고, 모든 물건은 누가 봐도 알 수 있게 라벨링이 되어 있다. 아이의 책과 장난감은 그 시기에 꼭 필요한 만큼만 두고 바지런히 발달 단계에 맞춰 바꾸어 준다. 신발장, 드레스 룸, 싱크대, 팬트리 모두 3분의 1만 채웠다. 우리 집에 있는 물건이 한눈에 들어온다. 로봇청소기가 자유롭게 활보한다. 넓어진 공간만큼 청소가 편해졌고 공간만큼 여유가 생겼다. 예전의 나는 "엄마 나랑 놀자"는 말이 싫었다. 아이에게 "잠깐만"이라는 단어를 달고 살았다. 쌓여 있는 살림과 물건들은 바쁜 나를 더욱 정신없게 만들었다. 삶이란 단어의 의미를 생각할 어떤 여유도 없었다. 그러던 내가 180도 달라진 건 10년 전 여름부터였다.

2014년, 갑작스럽게 언니를 암으로 잃고 난 후 시작한 미니멀라이프는 나를 바꾸기 시작했다. 보름 만에 갑자기 세상을 떠난 언니. 동네 병원을 다녀도 두통과 기침이 멈추지 않아 검사나 해 볼까 하고 대학병원에 갔다고 했다. 그저 몸이 많이 지친 상태인 줄 알았던 언니에게 믿을 수 없는 말기 암 진단이 내려졌다. 분명 어제까지도 출근했었는데. 그러고 보니 언젠가부터 언니는 알 수 없이 속이 답답하다며 탄산음료를 수시로 마시고, 입맛이 없다며 간편하게 먹을 수 있는 음식만을 택하곤 했다.

암 환자라는 이름표가 붙자마자 언니 상태는 급속도로 나빠졌다. 이미 암세포가 폐로 전이되어 손쓸 수 없는 상태라고 했다. 항암도 의미가 없었다. 앉지도 눕지도 서지도 못한 채 꼬박 보름을 진통제로 버티다, 뜨거운 한여름의 어느 날, 언니는 하늘나라로 떠났다. 한 달도 채 되지 않아 일어난 이 모든 일들을 나는 도저히 믿을 수가 없었다. 남은 가족들은 상실을 받아들이기도 전에 정리에 시간을 써야 했다. 무슨 정신으로 장례를 치렀는지 그 시간이 여전히 뿌옇게 기억된다. 제정신이 아니었지만, 마지막으로 남은 유품 정리까지 끝내야 모든 할 일을 마칠 수 있었다.

언니의 방에는 쓰지도 못한 채 쌓인 새 물건들이 많았다. 바빠서 사기만 하고 미처 쓰지는 못한 듯했다. 가을을 위해 산 새 옷도 입지 못하고 여름 어느 날에 가 버린 언니. 마지막에 떠날 때 가지고 갈 수 있는 건 오직 기억뿐이란 말이 뼈저리게 느껴졌다. 주인을 잃은 물건들을 정리하면서 겨우겨우 언니와 찍은 사진 몇 장과 소품 두어 개를 신중하게 골랐다. 이걸 어떻게 보관할까. 어디에 둘까.

그렇게 고민하다 어떤 생각에 이르렀다. 만약 내가 세상을 떠난다면 우리 가족의 모습은 어떨까. 문득 내 물건을 정리하는 남편과 아이의 모습이 그려졌다. 그들은 내 물건 정리에 얼마나 오랜 시간과 에너지를 써야 할까. 충분한 애도를 할 여유조차 없을 것 같았다. 당장 정리를 하러 집에 가고 싶었다.

그렇게 언니를 떠나보내고 세운 나의 정리 기준은 '지금'이었다. 이제부터 미래도 과거도 아닌 지금 현재를 살아가기로 마음먹었다. 예전엔 정리를 하겠다고 마음먹으면 이런 대화가 반복되었다. "잠깐만, 이거 언젠가 쓸 거 같은데?" "그치, 그럴 것 같지?" 결정은 또 미뤄지고 슬그머니 다시 집어넣는 일이 반복되었던 날들.

비움과 남김의 기준을 현재에 두니 정리도 수월했다. "비울까, 말까?"가 아니라 "1년 안에 필요한 거야? 지금 쓰는 물건이야?"로 질문을 바꾸니 답도 명쾌하게 돌아왔다. 멈칫하며 망설여질 때 다시 한 번 스스로에게 말했다. "언젠가 말고 지금 말이야" 1년 이내에 사용한 적이 없거나 사용할 예정 시기가 분명하지 않으면 과감히 비웠다. 생각보다 많은 물건이 비워졌다. 아, 내가 이렇게 많은 과거와 미래의 불안을 끌어안고 있었나. 대부분 '언젠가' '만약에'를 위한 물건들이었다. 그 언젠가 필요할지도 몰라서 쌓아 둔 물건을 제외하니 현재를 위한 물건은 고작 전체 3분의 1뿐이었다.

> **취향**: 하고 싶은 마음이 생기는 방향. 또는 그런 경향.
> 출처: 표준국어대사전

정리할수록 나의 취향이 선명해졌다. 어떤 물건을 주로 쓰는지, 어떤 시간을 가장 많이 보내고 있는지가 보였다. 가장 많은 공간을 차지하는 책 앞에 서서 나는 배움으로 행복해지는 사람인 걸 알았다.

나는 깔끔하고 단정한 분위기를 좋아한다. 좋은 향을 맡을 때 모든 걱정이 사라지고 안정이 된다. 앞으론 우리 집에 있는 모든 물건은 단 하나라도 나의 취향을 말해 주길 바랐다. 그동안의 나는 과거와 미래에 얽매여 끌어안고 애쓰는 사람이란 것도 정리를 통해 알게 되었다. 그러니 현재를 살 에너지가 없을 만도 했다. 가장 잘 쉴 수 있는 집을 만드는 건, 곧 나를 보살피는 일이기도 했다.

그 이후 10년, 지금은 물욕이 없느냐면 전혀 그렇지 않다. 나는 여전히 적정 용량을 찾아가는 여정 중이다. 잦은 소비보다는 가끔의 좋은 소비가 더 감사하고 행복하다는 것을 알 뿐이다. 물건을 가지면 관리하기 위한 에너지와 시간이 소모된다는 걸 알아서 더 신중할 뿐이다.

많은 사람들이 내게 무엇부터 비워야 하냐고 묻는다. 그럼 나는 망설임 없이 반문한다. 그 공간에 당신은 무엇을 남기고 싶으냐고. 어떤 물건을 비우는 것보다 중요한 건 어떤 것이 필요한지 분명하게 아는 일이다. 나의 '취향'을 아는 것이다. 미니멀라이프에는 정답이 없다. 물건 개수도 집의 크기도 중요하지 않다. 내 삶에 꼭 맞는 적정 용량을 스스로 찾아가는 기간을 여유롭게 가지길 바란다. 소유보다는 자존(自存)하는 삶을 살아 가면 좋겠다. 그렇게 나를 알아 가면 좋겠다. 집의 모든 물건들이 나의 취향을 이구동성으로 외치면 좋겠다.

그런 내가 마지막까지 쉽게 정리하지 못했던 단 한 가지가 있었다.

바로 몸. 정리정돈을 잘하게 되었다고 해서 몸까지 건강한 것은 아니었다. 물건을 정리하면서 공간은 여유로워졌지만 내 몸은 여전히 가볍지 않았다.

✳ ✳ 어느 날 몸이 불행하다고 말했다 ✳ ✳

다이어트를 비우기 시작했다

출산 후에는 딱 아이 몸무게만큼만 빠진다는데, 나는 임신 중 30kg이 쪘음에도 출산 후에 빠진 건 고작 5kg 정도였다. 점점 빠르게 먹을 수 있는 음식에만 손이 갔다. 매일 육퇴를 한 밤에는 스트레스를 풀겠노라며 나를 위한 '자체 보상 수여식'을 열었다. 하루 종일 간식으로 때우다가, 퇴근한 남편과 함께 맥주와 배달 안주를 달리는 나날들이었다.

당시 주로 먹던 식단

- **아침**: 공복 모닝 커피
- **점심**: 라면, 간단한 빵
- **간식**: 떡, 과일이나 과자
- **저녁**: 8~9시쯤 늦은 저녁 식사, 매운 배달 음식에 곁들인 술

"아이가 어린이집만 가면 다 뺄 수 있어" 하던 기개는 어디로 갔는

지 등원하고 긴장이 탁 풀리는 시간엔 갑자기 허기가 진다. 공복 커피엔 역시 빵이지. 늦은 오후 점심은 라면. 후식으로 달달하고 차가운 커피 한 잔 더 마셔 준다.

그러다 다이어트를 결심하는 날이면 단백질부터 주문했다. 그렇게 대체식품들을 먹으며 굶는 식단을 하니, 참다가 더 심한 폭식으로 터졌다. 그나마 겨우겨우 조금씩 빠진 체중이 훨씬 더 많이 오르기 일쑤였다.

주말엔 휴대폰을 하다 새벽에 자는 날이 허다했다. 자는 시간이 아깝다고 생각했다. 다음 날 아침엔 늘 후회를 반복했다. 그러던 어느 날 몸이 불행하다고 말하기 시작했다. 365일 물 먹은 이불을 두른 사람처럼 늘 무거웠다. 공복 커피를 마셔야만 정신이 들었다. 어깨는 늘 뻐근하고 아침에 일어나 발바닥을 디딜 때면 미간이 찌푸려졌다. 환절기에는 눈이 벌겋게 붓고 피부에 오돌토돌한 부분들도 보였다. 갑작스레 식은땀이 나고 혈당이 떨어지는 느낌에 눈앞이 핑 돌았다.

몸이 이러니 마음의 상태도 좋을 리가 없었다. 초저녁만 되어도 에너지가 부족했다. 매일 불편감이 차곡차곡 쌓이고 있었다. 대체 내가 왜 이러지, 하면서도 어디서부터 바꿔야 할지 몰랐다. 확실한 건 몸이 강한 신호를 보내고 있었다는 것이다.

주방에서 멀어지면

주방에서 멀어지면 건강에서 멀어진다는 말이 있다. 그때의 나를 생각해 보면 무릎을 탁! 치게 되는 말이다. 아이의 식사만 열심히 차려 주면서 내 식사는 대충 때우기 일쑤였으니까. 요즘은 그때의 나처럼 주방에서 멀어지기가 얼마나 편리한가. 버튼 하나, 손가락 하나면 배달음식이 집 앞으로 오고, 온갖 맛집들이 넘쳐 난다. 번거롭게 재료를 고르고 일일이 채소를 다듬는 수고를 아껴서 더욱더 바쁘게 살기 참 좋은 시대다.

 몸의 불편감을 지속적으로 느끼던 어느 날, 나는 당시 운영하던 온라인 공간정리 컨설팅의 고객에게 '한살림'의 물품들을 선물받았다. 집 근처에서 보긴 했는데 도통 관심은 없던 곳이었다. 자신의 아이를 위해 살뜰히 집밥을 하던 그녀는 많이 아프고 나서 먹는 것부터 바꾸기 시작했다고 한다. 귀가 솔깃했다.

 온라인으로 검색해 조합원에 가입하고 아침 일찍 매장으로 향했다. 내가 몰랐던 세상이 펼쳐져 있었다. 나이 지긋하신 어머님들뿐만 아니라 나와 비슷한 또래 엄마들이 문도 열기 전에 줄을 서 있는 것이 아닌가. 신기한 오픈런이었다. 그녀들이 장바구니에 빠르게 담는 제품들을 흘깃 보면서 어깨너머로 구경하는 것도 재미있었다.

 여기엔 타임세일도 멤버십카드도 없다. 하지만 의심하지 않아도 된다는 안심(安心)이 있었다. 중금속과 방사능 검사를 꾸준히 한다는 것과 Non-GMO인 것도 좋았다. 제품 뒷면을 볼 때 칼로리가 아닌 원재료 명을 보기 시작한 것도 이때부터였다. 항상 모르는 단어들로 가득했던 인스턴트 포장지 뒷면과 달리 이렇게 간결하고 명쾌할 수가!

 '유기농은 비싼 거 아니야?' 하던 나의 편견도 함께 사라졌다. 어떤 품목들은 오히려 마트보다 저렴했다. 농가와 미리 계약을 맺고 안정적인 공급을 하기 때문이란다. 천천히 제철채소와 제품을 고르고 고운 빛깔로 채워진 장바구니를 보니 기분이 좋아졌다. 〈이달의 소식지〉 안에서 정성을 다해 재배하는 과정을 직접 보니 당근이 갑자기 달리 보인다. 너도 누군가의 소중한 자식 같은 존재였구나. 유기농으로 길러 내기 위한 과정이 이렇게나 쉽지 않구나.

유기농 제품들이 내 식탁에 오기까지 많은 수고로움이 있다는 걸 모르고 살았다. 의심 가득한 마음으로 채소를 박박 닦아 내거나 껍질이 벗겨져 나오는 간편 채소를 사던 지난날과 다르게, 오늘은 스윽스윽 설렁설렁, 몸에 좋다는 껍질까지 같이 먹어 보련다. 약간은 서툴러도 손질에 집중하는 시간이 좋았다. 색소가 아닌 자연의 색감에 감탄하고, 철마다 각각의 영양소를 품고 나오는 그 야무짐이 기특했다.

나중엔 자연의 신비로움에 감사함이 흘렀다. 비우는 건 누구보다 잘했지만 잘 채우지는 못했던 냉장고엔 건강한 계란과 육류, 색색의 제철채소, 과일로 채워졌다. 쓴맛, 단맛, 짠맛, 매운맛… 같은 초록색이지만 각각의 채소에는 다양한 맛이 있다. 양념이 화려하지 않아도, 가짓수가 많지 않아도 제철 식재료는 그 자체로 맛을 뽐낸다. 식탁을 화려하게 가득 차려 채워야만 꼭 잘 먹는 게 아닐 수도 있다. 가짓수가 적어도 소화가 잘되고 기분 좋게 먹는다면 그것 역시 '잘' 먹은 한 끼일지도 모른다. '잘'의 기준은 저마다 다르니까.

'무엇을' 먹을 것인가 만큼 중요한 건 '어떻게' 먹을 것인가이다. 보기에 좋은 요리라고 해서 모두의 입에 맛있는 음식은 아니다. 맛있는 음식의 본질은 먹는 사람의 입맛에 달린 게 아닐까? 누가 먹느냐. 요리의 진짜 본질은 그것일지도 모른다. 먹는 사람에 대한 이해가 필요하다. 나는 '좋은 재료+간편함+맛족감(내가 만든 단어로 맛+만족감의 합성어이다)'에 집중했다. 요리 실력이 없는 나도 정말 쉽게 만들 수 있는 한 그릇 레시피를 SNS에 공유하기 시작했다. 작은 공감이 쌓이더니 점점 함께해 주시는 분들이 많아졌다. 배달과 외식이 줄어드니 식비까지 아끼게 되었다는 이야기를 해 주셨다. 집밥을 넘어 살림까지 바꾸는 한 그릇의 힘이었다.

다이어트는 식욕을 참고 주방에서 멀어지는 것이 아니라 내 손으로 준비하는 한 끼의 진짜 음식으로부터 시작한다. 자연스러운 수고로움이 쌓이면 애써 굶지 않아도 몸이 가벼워진다. 한 가지 특정 식단만을 고집하지 않고 다양한 식재료와 제철채소들을 먹으면 그해 연말엔 참으로 꽉 찬 느낌을 받게 될 것이다. 그러고 보면 진정한 한정판은 제철 식재료가 아닐까? 딱 그 시기에만 만날 수 있는 리미티드 에디션.

그러니 나는 입춘 한 달 전부터 냉이와 쑥을 기다린다. 씹는 맛이 매력인 돌나물에는 비타민C가 많고, 겨울 지나 기지개를 펴는 몸에는 사포닌이 함유된 두릅이 도움된다. 칼슘, 철분, 비타민 B군도 많아 나른해지는 봄에 제격이다. 곰취·참취 등 취나물은 베타카로틴과 비타민C가 많아 봄 초입에서 자칫 떨어지기 쉬운 면역력을 높이고 항산화를 돕는다. 달래 특유의 알싸한 맛을 내는 성분인 알린(Alliin)은 강한 향균작용을 할 뿐만 아니라 혈액순환을 원활하게 하고 소화를 돕는 특징이 있다.

한 그릇 레시피

18kg 감량 시 자주 먹었던 초간단 레시피를 소개한다. 자연스런 클래스의 식사 구성대로 탄수화물 한 가지(백미 밥 기준 100~150g), 단백질 한 가지(100~130g), 익힌 채소 한두 가지로 이루어진다.

● 버섯 들깨 덮밥

① 물 250ml에 미리 다시마 1장을 넣어 우려 둔다.
② 팬에 기름을 두르고 다진 마늘을 1작은술 볶다가 채 썬 양파를 넣어 함께 볶는다.
③ 마늘이 노릇해지면 느타리버섯을 가늘게 찢어 듬뿍 넣고 같이 볶는다.
④ 팬에 ①의 물을 넣어 끓이다가 액젓과 소금으로 간을 한다.
⑤ 들깨가루를 넉넉히 넣어 걸쭉해질 때까지 끓인다.
⑥ 따뜻한 밥(100~150g) 위에 얹는다. 쪽파를 뿌리면 풍미를 더할 수 있다.

● 애호박 얼큰이

① 예열한 팬에 다진 마늘 1작은술과 채 썬 양파를 볶는다.
② 애호박 하나를 깍둑썰기 한 다음 ①과 함께 볶는다.
③ 물 200~250ml에 새우젓 조금, 참치액 2작은술, 고춧가루 1큰술을 넣고 끓인다.
④ 물이 자작해지면 밥(100~150g) 위에 얹고 계란프라이를 올린다.

● 매콤한 가지 낫또 밥

① 가지를 적당히 잘라 전분 가루를 고르게 뿌리고 섞어 준다.
② 예열한 팬에 오일을 넉넉히 둘러 ①을 볶는다.
③ 가지가 살짝 말랑해지면 간장 2큰술, 다진 마늘 1작은술, 비정제원당(설탕) 1~2작은술과 잘게 썬 청양고추를 넣어 조금 더 볶는다.
④ 따뜻한 밥(100~150g) 위에 올린 뒤 낫또를 곁들인다. 낫또를 좋아하지 않는다면 반숙 계란프라이를 추가해도 잘 어울린다.

● 순두부 뜨끈이탕

① 물 250ml에 작은 다시마 한 장 또는 코인 육수를 넣는다. 채 썬 양파, 작게 자른 애호박을 넣어 끓인다.
② 새우젓 조금, 액젓 2작은술로 간을 한다.
③ 애호박을 뭉근하게 끓이다가 순두부를 1봉지 넣어 한소끔 더 끓인다.
④ 계란을 넣은 다음 밥(100g)을 곁들여 먹는다.
⑤ 기호에 따라 청양고추를 추가해도 좋다.

신기하게도 여름엔 빠지는 땀을 채우는 수박, 참외, 복숭아가 제철이다. 보기만 해도 기분 좋아지는 새빨간 완숙 토마토는 미리 따서 익히는 토마토보다 자연스럽게 완숙된 맛이 훨씬 좋다. 추워지면 보이는 달콤한 알배추는 버터에 뭉근히 굽기만 했을 뿐인데 그 어떤 단맛의 조미료보다 달콤하다. 겨울엔 제주 유기농 레몬과 겨울 생강으로 몸이 따뜻해지는 호사를 누린다. 제철음식을 반기다 보면 누구보다 먼저 계절을 느끼며 산다. 어느덧 나이는 세지 않아도 24절기만큼은 잊지 않는 내가 되었다.

지금도 한살림과 오아시스, 나의 거주지인 세종시 농산물직거래장터를 가장 많이 이용한다. 내가 이용하는 것을 보고 한살림에 대해 많이 궁금해하시니 참 반갑다. 내가 SNS를 하는 이유 중 하나다. 잘 비우고 잘 채우고 잘 먹는 것만으로도 삶이 달라진다는 걸 함께 느끼고 싶다. 자라는 것을 먹고, 자라지 않는 것(인스턴트)은 가급적 먹지 않으려 한다. 나의 몸 비움의 첫 번째 수칙이기도 하다.

몸이 먼저 움직일 때까지

내가 수없이 다이어트에 실패했던 이유를 생각해 보면, 누구나 알고 있는 '운동+식욕 참기' 때문이다. 내 몸의 상태와 자세, 가동 범위조차 파악하지 못하고 무작정 운동을 시작했다. 운동 후에는 다들 그렇게 한다고 하니 닭가슴살에 고구마를 매일 먹었다. 심지어 운동을 했다는 만족감에 오늘은 좀 더 먹어도 되겠지 하며 입이 터지기도 했다. 하지만 감량된 날을 돌아보면 진공 포장된 닭가슴살을 전자레인지에 휙 돌려 차가운 생 샐러드와 꾸역꾸역 먹은 날이 아닌, 나를 위해 따뜻한 한 그릇을 차린 날. 운동을 갈까 말까 끌려가는 노동이 아니라, 밥 먹고 5분만 걸어 볼까? 하고 기분 좋은 바람을 느낀 날. 강도 높은 근력 운동으로 몸을 혹사시킨 날이 아니라, 수고한 내 몸을 위해 스트레칭하고 구석구석 로션을 바르며 푹 잔 다음 날이었다. 기분이 좋으니 몸도 가볍게 유지하고 싶어졌다.

나 같은 엄마들은 다이어트가 참 어렵다. 요리하며 간도 봐야 하고, 아이들 간식 주며 나도 한 입 먹어 보고 싶고, 주말은 평일보다 더 바쁘니 허기가 쉽게 찾아든다. 육퇴를 하고 나면 오늘의 지친 하루를 보상받고 싶은 마음이 간절하다. 야식과 맥주가 주는 그 순간은 달콤하지만, 다음 날은 확실히 더부룩한 상태가 되고 입맛이 없다. 대충 커피와 군것질로 때우고 저녁이 되면 다시 거하게 무언가를 먹는다.

생체리듬에서 가장 활동이 많고 대사가 효율적인 낮 시간에는 먹지 않고, 몸이 쉴 준비를 하는 저녁에 오히려 거하게 먹는 것은 장기적으로 소화력을 떨어뜨리는 행위다. 따라오는 가장 큰 문제는 인슐린 저항성이다. 소량이라도 무언가를 지속적으로 먹는다면 우리 몸에서는 인슐린이라는 호르몬이 끊임없이 분비된다. 마치 아이들에게 잔소리를 너무 자주 하면 효과가 전혀 없어지는 것처럼, 너무 잦은 음식물 섭취는 인슐린 호르몬의 저항성을 만든다. 세포가 더 이상 인슐린 호르몬에게 문을 열어 주지 않으면서 대사 기능에 문제가 생기는 것이다.

살이 빠진다는 것은 몸에 저장된 중성지방이 분해되어 지방산으로 전환되고, 이 지방산이 에너지로 사용되거나 호흡이나 수분으로 배출되는 것을 의미하는데, 이 분해 과정이 일어나기 위해선 혈중 인슐린 농도가 충분히 낮아져야 하니 하루 중 음식을 먹지 않는 시간은 꼭 필요하다.

하루 2~3회 식사를 제외한 식간에는 아무리 적은 양이라도 먹지 않고 확실한 공복을 유지해 보자. 또한 취침 전 최소 4~5시간 전까지는 식사를 마치고 가볍게 배가 출출하다는 느낌으로 잠들어 보자. 먼저 밤부터 아침까지의 공복 시간을 최소 12~14시간을 만드는 것부터 연습해 보자. 취침 전 충분히 소화시킨 상태로 숙면해야 몸이 빠르게 회복된다. 끊임없이 먹어서 늘 일을 해야 하는 위장을 쉬게 해 주는 것만으로도 컨디션이 좋아진다.

누군가 가장 좋은 식사는 신선한 공기와 긴 산책이라고 하지 않았던가. 내 몸의 좋은 CEO가 되어 주자. 소화라는 복잡한 일을 줄여 확실한 쉬는 시간을 주자. 실제로 나의 식이지도 클래스 멤버 중 많은 분들이 배가 고프다는 느낌을 받아 본 지가 오래되었다는 걸 깨달았다고 말했다. 그만큼 쉬지 않고 먹어 왔다는 것이다. 충분한 공복 시간은 체지방을 태우기 시작하는 기본 조건이 된다.

그런 날은 일이 훨씬 잘되는 것은 물론 마음도 훨씬 가볍다. 다이어트의 본질은 거기에 있다. 더 중요한 시간을 위해 중요하지 않은 것을 비워 내는 연습, 마음이 먼저든 몸이 먼저든 스스로 움직일 때까지 몸과 마음의 균형을 회복하는 시간. 체중계 숫자를 반짝 움직이는 것보다 내가 평생 유지할 수 있는 일상인지가 훨씬 더 중요하다.

자연스러운 인간의 욕구인 식욕을 참고 대체 가공식품을 먹으면서 노동에 가까운 운동을 하는 것만큼 아까운 시간이 없다. 나 역시 가장 바른 길이 가장 빠른 길이라는 걸 알면서도 참 멀리 돌아왔다. 자연스럽게 20kg 가까이 감량이 된 7개월 동안 나는 단 한순간도 체중계 숫자를 줄여야겠다는 생각을 하지 않았다. 먹는 양을 갑자기 확 줄이거나 더 감량하겠다고 욕심을 내어 무리하게 새로운 운동을 시작하지도 않았다. 그저 매일 내가 먹는 양과 기분을 알아차리고, 매일 걸을 수 있음에 감사했다. 예쁜 색감의 과일과 채소, 비교적 건강한 식재료들을 찾아 고르는 재미를 즐겼다.

매주, 매달 몸이 바뀌기 시작했다. 철마다 나를 괴롭히던 알레르기와 편도후두염, 피부질환이 사라지고 급성 저혈당 반응으로 더 이상 다급하게 사탕을 먹지 않아도 되었다. 기상 후엔 가뿐한 발바닥으로 바닥을 디뎠고 체중은 매달 2~3kg씩 자연스럽게 줄었다. 몸은 더 이상 꽁꽁 잡고 있을 필요가 없다는 듯이 체지방을 홀가분하게 놓아주었다. 식욕이 안정되어 갔다. 다이어트에 뜨거운 열정을 올리던 때와는 오히려 다른 반응이었다. 그저 특정한 다이어트 식단이 아닌 내 몸의 소화와 반응에 귀 기울이며 단순한 식사를 만족스럽게 먹었을 뿐이었다.

나는 더 이상 다이어트를 위한 다이어트를 하지 않는다. 몸을 비운다는 건 단순히 체중계 숫자를 줄이는 것이 아님을 꼭 기억해 주면 좋겠다. 몸도 물건과 시간처럼 역시 잘 비우고 잘 채우는 것까지가 비움이다. 과거엔 늘 다이어트에 실패했지만 다이어트를 비우고 나니 오히려 힘들이지 않게 성공할 수 있었다.

우리 몸은 체온, 혈당, 호르몬 등 생존의 항상성을 위해 부단히 애를 쓴다. 비만도 여러 가지 이유로 대사 체계에 문제가 생기고 균형이 깨지면서 체지방이 필요 이상으로 쌓이는 대사질환이다. 어떤 질병이든 치유의 시작은 내 몸을 만드는 음식이다. 내가 그랬던 것처럼 여러분도 몸이 보내는 신호를 받고 있다면, 천천히 불필요함을 비우는 시간을 가져 보자.

✲ ✲ 일상 해독으로 시작된 건강 ✲ ✲

환경 독소 비우기

건강한 습관을 지닌 뒤에도 나는 여전히 '오늘 점심은 뭐 먹나' 하는 고민을 한다. 이전과 같은 고민이지만 조금은 다른 고민이다. 배달 앱과 간단한 인스턴트 중에서 고민하던 과거와 달리 지금은 냉장고를 먼저 연다. 틈틈이 시간 내서 식재료를 손질해 둔 덕분에 빠르게 볶거나 찌기만 해도 된다. 천천히 그리고 충분히 먹었을 때 자연스럽게 젓가락을 놓는다.

배부르다는 포만감을 느끼지 못하게 만드는 것 중 하나가 바로 초가공식품이다. 설탕 그 자체는 한 수저 이상 먹기 어렵지만 설탕을 더해 초가공된 음식은 배가 불러도 멈추기가 어렵다. 그러니 과식과 비만은 의지력 문제가 아닌 호르몬과 대사의 문제가 되어 필요 이상의 체지방이 쌓이는 상태인 것이다.

우리 몸은 스스로 자체 정화를 하면서 매일 새로운 몸이 된다. 간이 독소를 걸러 쓰레기를 버릴 수 있게 준비하면 탄력 있는 혈관과 충분한 혈액과 담즙들이 배출을 돕는다. 그런데 그 해독력이 떨어지는 경우 내보내지 못한 독소들은 다시 흡수된다. 독소들이 그냥 몸속을 돌아다니면 위험하기 때문에 생존이 가장 최우선인 몸이 그 독소를 다시 흡수해 버리는 것이다. 그렇게 정상적인 대사가 망가지는 경우가 많다. 그래서 독소 배출은 정말 중요하다. 배출을 위해서는 환경호르몬과 중금속의 유입을 최소화하고 체액을 늘려 순환을 원활하게 해 줘야 한다.

나에게 찾아오시는 분들은 주로 요요가 수차례 반복되어 식욕이 불안정하거나 생리불순, 위장질환, 고지혈증, 붓기, 순환장애, 고혈압, 대사 증후군 등의 대사질환으로 식이 관리가 필요하신 분들이다. 잘못된 다이어트를 하다 몸의 신호를 뒤늦게 알아차리고 비로소 건강에 대한 관심을 갖기 시작한 분들은 단순히 먹는 것을 조금 줄이는 것만으로는 감량이 어렵기 때문에 개인적으로 깊은 상담을 통해 이전의 식습관과 생활을 분석해야 한다. 그리고 각자에게 맞는 방법으로 만성 염증을 개선해 나가며 자연스러운 감량을 돕는다.

이런 분들에게 나는 가장 먼저 먹는 지방 종류를 바꿔 보길 권한다. 화학 공정을 통해 자연스럽지 않게 추출한 염증 유발 기름을 줄이는 것이 첫 번째다. 내 몸은 많은 세포로 이루어진 유기체이자 모든 세포 각각이 호흡과 소화기관을 가진 또 하나의 생명체다. 세포 안에서 '발전소' 역할을 하는 미토콘드리아는 섭취한 영양분을 에너지로 합성하는 역할과 세포호흡에 관여한다. 기름을 아무리 많이 넣어도 차에 시동이 걸리지 않으면 달릴 수 없는 것처럼 우리 몸 역시 미토콘드리아가 약해지면 면역력도 약해지고 ATP에너지를 잘 생성하지 못한다. 이런 세포를 보호하기 위해 세포막은 지질로 이루어져 있다. 세포막에 수만 개의 센서가 달려 물질 신호에 반응하고 영양과 산소가 교환된다.

중요한 것은 우리가 어떤 음식을 먹느냐에 따라 이런 세포막의 인지질 구성 성분이 달라진다는 것이다. 그래서 건강한 지방섭취로 세포막을 건강하게 만드는 것이야말로 만성 염증을 줄이는 첫걸음이다. 가끔 콜레스테롤이 높아질까 지방섭취를 꺼리는 분들이 있는데, 콜레스테롤 수치는 지나친 탄수화물과 설탕 섭취로 높아지는 경우가 대부분이다. 불포화지방산에 수소를 첨가해 포화지방처럼 고체화하여 트랜스지방으로 만든 것이 쇼트닝, 마가린이다. 해바라기유, 카놀라유, 옥수수유, 콩기름 등은 그것을 만드는 화학적 정제 과정에서 트랜스지방산으로 변한다. 일반적인 정제유는 다음과 같은 과정을 거쳐 만들어진다.

정제유가 만들어지는 과정

1. 원료를 갈아서 용제를 넣어 기름을 추출한다.
2. 여과한다.
3. 인산염을 넣고 가성소다로 중화한다.
4. 세척한다.
5. 표백제를 넣고 여과한다.
6. 230°C 이상의 고온에서 탈취한다.

이 과정에서 과산화지질이라는 독성 물질이 만들어진다. 콩기름과 옥수수기름은 용매 잔여물도 남는다. 거의 모든 튀긴 음식과 편의점 음식, 가공식품, 대부분의 소스, 대부분의 외식 메뉴가 이러한 기름들로 만들어진다. 이런 기름을 많이 먹으면 세포막이 유연하게 본인의 할 일을 하지 못하고 산화되고 딱딱해져 세포 속으로 영양과 산소가 잘 드나들지 못한다. 또한 오메가6 과잉으로 비율 균형이 깨져서 염증을 유발하며 세포 기능장애를 일으키고 장내 환경도 악화시킨다.

가공식품과 이런 씨앗 추출 기름으로 만들어지는 음식을 점진적으로 비워 내자. 나는 주방 내 모든 지방을 엑스트라버진 올리브유, 아보카도 오일, 건강하게 자란 동물의 지방, 생선, 달걀노른자, 냉압착 생들기름, 목초육의 버터, 기버터, 라드유로 채우고 있다. 주방에서 씨앗 추출 기름, 식용유를 비워 나가는 것이 염증을 줄이는 첫걸음이다.

설탕·액상과당도 다르지 않다. 우리가 설탕·액상과당을 끊기 어려운 이유는 뇌에 중독회로가 만들어졌기 때문이다. 더 빠르게, 더 바쁘게, 더 비교하며 일상의 스트레스를 단맛, 매운맛으로 해결하다 보니 빠른 액상과당의 보상에 익숙해진 것이다.

이렇게 섭취한 설탕은 혈당을 급격하게 올리고 인슐린이 자주, 많이 분비되도록 하여 비만의 원인인 인슐린 저항성을 만든다. 고혈압을 포함한 수많은 대사질환들이 의외로 인슐린 저항성에서 온다. 설탕을 대사하는 과정에서 항스트레스에 도움이 되는 많은 양의 비타민 B군과 미네랄을 소모시키다 보니 다시 스트레스를 받고 다시 설탕을 섭취하는 악순환이 반복되면서 대사 기능에 문제가 생긴다. 살이 찌는 악순환이 반복되는 것이다.

감량을 원한다면, 만성 염증을 줄이고 싶다면, 먼저 주방부터 정리 정돈해 보자. 일반 식용유, 설탕과 액상과당, 가당 소스, 빵, 과자, 아이스크림, 냉동식품, 가당 요거트, 라면·우동 등의 정제 밀가루면, 냉장고 속 오래된 식재료, 오래된 조미료 등을 비워 본다. 언제나 가장 먼저 해야 하는 일은 비움이다. 무엇을 먹는지도 중요하지만 무엇이 빠져나가는지도 그만큼 중요하다. 건강한 다이어트는 체내 독소와 나에게 해로운 물질들을 얼마나 잘 배출하느냐에 달려 있기도 하다. 몸의 노폐물은 땀, 눈물, 소변, 대변으로 잘 배출되어야 하는데 이것에도 역시 음식이 많은 부분에서 도움이 된다.

배출을 돕는 음식을 먹어 간, 신장 같은 해독 공장이 힘차게 일을 하면 배출이 잘된다. 반대로 과한 약물, 식품첨가물 같은 것들을 오랜 기간 먹게 되면 간이 잘 해독하지 못해 배출이 힘들어진다. 많은 분들이 그것들을 줄이려고 하기보다 디톡스라는 이름이 붙은 제품을 먹으며 마음의 짐을 덜어 낸다. 건강보조제품 역시 말 그대로 음식을 잘 먹고 나서 보조적으로 도움이 되는 것이지, 몸의 입장에선 보조제 또한 음식일 뿐이다.

나는 만 4년째 아침에 일어나면 따뜻한 물을 데우고 구운 소금을 반 티스푼 타서 마시며 하루를 시작한다. 밤새 소모된 수분을 채우고 미네랄을 보충한다. 아침 식사는 아이들과 함께 제철과일 한 가지를 가볍게 먹는다. 살아 있는 식재료가 주는 효소를 충족한다. 또는 따뜻하고 부드러운 단백질로 시작하기도 한다. 아침으로 자주 먹던 잼 바른 빵과 우유, 시리얼, 애써 차리려던 밥과 반찬이 식탁에서 사라졌다. 차림이 간편하고 정리가 쉬우니 아침 시간이 여유로워지는 것도 장점이다. 아침 과일의 단맛과 살짝 뿌린 좋은 소금의 짠맛 덕분에 나도 아이들도 간식이 많이 줄었다. 채소와 과일에 들어 있는 파이토케미컬은 발암성 물질을 몸에서 배출하거나 유전자 전이를 억제해 손상된 유전자를 복구하는 효과가 있다. 또한 장내 유익균의 균형을 잡아 주고 다양한 미네랄의 기능이 몸의 대사를 원활하게 만들어 준다. 모두 배출에 도움이 되는 음식들이다. 매 식사에 올리는 제철채소나 십자화과 채소도 모두 유기농 제품을 산다.

최소 하루 한 끼는 직접 좋은 재료로 요리해서 든든하게 먹어 보자. 직장인이라면 도시락을 싸도 좋다. 혹은 미리 준비해 둔 재료로 하루 한 끼를 집에서 간단히 먹어 보자. 영양소가 제대로 갖추어지지 않은 음식을 먹으면서 건강해지고 살이 빠지길 기대하는 것은 욕심이다. 반대로 말하면 음식 종류를 바꿔 주면 건강해지고 살이 빠질 수 있다는 뜻이다.

나 역시 하루가 멀다 하고 먹던 라면과 가공식품이 지금은 전혀 끌리지 않는다는 게 신기할 뿐이다. 나날이 미각도 예민해져서 어느 날부턴 좋아하던 대형 프랜차이즈 베이커리 빵들의 인공적인 단맛이 과하게 느껴져 자연스레 멀리하게 되었다. 먹고 싶은 맛을 억지로 참는 게 아니라 자연에 더 가까운 음식들을 자주 먹을수록 식욕이 충족되며 식탐이 자연스럽게 사라졌다.

배출을 돕는 또 하나의 비법은 10분 이내의 꾸준한 스트레칭이다.

아침저녁으로 짧은 스트레칭만 꾸준히 했을 뿐인데 굽은 어깨와 틀어진 자세가 많이 좋아졌다. 자세를 교정하는 것만으로도 소화에 도움이 되고 순환과 배출에 좋다. 림프관은 지방과 지용성비타민을 몸 전체에 운반하기도 하고 노폐물을 걸러 독성 물질을 몸 밖으로 내보내는데, 림프 순환이 고장 나는 원인 중 하나가 움직임이 현저하게 적은 생활이다. 과거의 나를 포함한 지금의 많은 엄마들 모습이기도 하다. 스트레칭만으로 순환에 도움을 줘서 감량에 효과를 보기도 한다.

일상생활 움직임 외에도 가벼운 스트레칭을 꾸준히 해 보자. 인체의 기본 값은 건강이다. 나쁜 것의 유입을 줄이고 배출을 잘해 주기만 해도 아프지 않은 상태의 기본 값이 자연스럽게 세팅된다.

자연이 주는 자유

다들 멋진 사명감으로 하는 걸 보면 '제로웨이스트(zero waste)'라고 말하기도 부끄럽지만, 친환경적 일상을 살기 시작한 것도 사실 내 몸을 위해서였다. 입과 몸에 닿는 플라스틱을 줄여 나가는 일의 시작은 순전히 나를 배려한 이기심이었다.

나와 아이들은 외출 시에 항상 텀블러(보온병)를 챙긴다. 텀블러는 우리 가족에게 변신로봇 같은 존재다. 텀블러에 과일을 담아 나가면 오래도록 시원하게 먹을 수 있고, 겨울엔 따뜻한 어묵을 텀블러에 포장하면 오래도록 따스운 국물을 마시기에 더없이 좋다.

일회용 생수를 구입하는 대신 집에서 물을 챙겨 나간다. 여름에 수

영장에 갈 땐 일회용 지퍼백 대신 실리콘 지퍼백 안에 자잘한 소지품을 넣어 가니 딱이다. 음식을 테이크아웃 하러 갈 땐 스테인리스 통을 챙겨 가는 것도 잊지 않는다. 다 먹은 용기를 분리수거 하는 것보다 통을 씻는 게 나는 훨씬 편하다. 집 안의 모든 용기는 스테인리스 혹은 유리 용기이다.

종이는 물을 흡수해야 자연스럽다. 하지만 우리가 종이컵이라고 말하는 일회용 테이크아웃 커피 용기는 사실 플라스틱 컵에 가깝다. 방수를 위한 코팅이 되어 있어 뜨거운 물과 닿은 지 10여 분 만에 무려 평균 2만 5,000개의 미세플라스틱 입자가 방출된다.

물론 미세플라스틱이 인간에게 어떤 영향을 끼치는지 정확하게 밝혀진 바는 아직 없다. 하지만 분명한 건 몸은 자연스럽지 않은 것을 경계한다는 사실이다. 혈액, 폐, 탯줄에서까지 검출되는 이 미세플라스틱은 그 작용의 여파를 아직 모르기 때문에 더 주의 깊게 살펴야 한다. 플라스틱을 포함한 산업용 제품들, 다이옥신류 농약, 유기 중금속 같은 내분비교란 물질들은 우리 몸의 신호 전달 물질인 호르몬 시스템에 혼란을 준다.

특히 갑상선 이상은 환경 독소의 경고라고 할 수 있다. 환경 독소가 갑상선에 직접적인 영향을 미친다는 사실이 여러 연구를 통해 밝혀졌다. 갑상선은 우리 몸의 대사를 돕는 역할을 하고 뇌의 해마를 만드는 데 중요한 역할을 한다고 알려졌는데 산업 석유 화학 독소나 염소, 불소, 브롬 등의 오염 물질은 갑상선 호르몬을 제거해 신체 대사와 뇌 기능을 둔화시킨다. 환경 독소에는 다음과 같은 것들이 있다.

환경 독소

- **대기 오염 물질**

- **화학 물질**

  - **살충제 및 제초제**: 농약으로 사용되는 물질로, 잔류성 유기오염 물질이다. 농산물에 남아 사람에게 흡수될 수 있고 장기간 노출되면 신경계나 내분비계에 영향을 줄 수 있다.
  - **비스페놀A(BPA)**: 플라스틱 용기나 캔의 안쪽 코팅에 사용되는 화학 물질로, 호르몬을 교란시킨다.
  - **프탈레이트**: 플라스틱을 부드럽게 만들기 위해 사용되는 물질로, 다양한 생활용품에서 발견된다. 내분비계에 영향을 줄 수 있으며 생식 기능에 문제를 일으킬 수 있다.
  - **폴리염화비페닐(PCBs)**: 전자제품, 페인트, 변압기 등에 사용되며, 현재는 금지되었으나 환경에 여전히 잔존하여 오염을 일으킨다.

- **중금속**

  - **납**: 오래된 페인트, 파이프, 일부 화장품에서 발생할 수 있으며, 신경계에 영향을 줄 수 있고 특히 소아에게 위험하다.
  - **수은**: 주로 해산물, 특히 큰 생선에서 축적된 수은을 통해 인체에 흡수될 수 있으며, 중추신경계에 영향을 줄 수 있다.
  - **비소**: 자연적으로 존재하는 원소로, 특히 지하수나 토양에서 온다. 유기비소와 무기비소 중 무기비소가 더 독성이 강하며, 만성으로 노출 시 신경계 손상, 폐 기능 저하, 심혈관 질환이 증가할 수 있다.
  - **카드뮴**: 흡연, 공장 배출물, 배터리 등에서 발생하며, 신장과 뼈에 손상을 줄 수 있다.

- **실내 오염 물질**

  - **포름알데하이드**: 가구, 바닥재, 건축자재, 청소용품 등에서 방출된다.
  - **휘발성유기화합물(VOCs)**: 페인트, 청소제, 방향제, 가구 등에서 나오는 화학 물질이다.

- **음식 및 음용수**

  - **식품첨가물**: 방부제, 인공색소, 감미료 등
  - **수질 오염 물질**: 수돗물에 존재할 수 있는 염소, 중금속, 미생물 오염 등

- **화장품 및 개인 위생용품**
  - **파라벤**: 방부제로 사용되는 화학 물질로, 내분비계 교란 물질로 작용할 수 있다.
  - **트리클로산**: 장기적인 노출 시 항생제 내성 문제와 호르몬 변화에 영향을 미칠 수 있다.

출처: Journal of Toxicology and Environmental Health

우리 가족의 캠핑도 꼭 필요한 것만 챙겨서 싸고 푸는 일이 노동이 되지 않도록 노력한다. 캠핑 갈 때 미리 손질해 가져간 과일과 채소는 식사를 수월하게 돕는다. 집에서 사용하던 텀블러, 설거지 비누, 올인원 비누도 잊지 않고 챙겨 간다. 목적은 언제나 분명하다. 기왕 자연을 느끼러 왔으니 평소엔 잠깐의 불편함조차 참지 못하는 요즘 아이들에게 조금의 수고로움 정도는 가르치고 싶다. 이런 엄마를 보고 자라면서 아이들도 습관으로 자리 잡으면 커서도 힙하게 스스로 텀블러를 챙겨 다니지 않을까? 상상만 해도 기특하고 사랑스럽다.

먹는 것을 바꾸면서 나는 지구에 조금 더 잘하고 싶어졌다. 먹는 것, 구매하는 것, 버리는 것, 나의 감정과 태도 등. 나의 삶에서 어느 하나도 지구와 연결되지 않은 것이 없다. 나의 이기적인 수고로움이 지구에게도 좋다면 더할 나위 없이 행복한 수고로움이다. 더 오래 자연과 함께하기 위해서 나부터 할 수 있는 만큼 아껴 줘야 한다. 물론 그런 거창한 이유는 두 번째여도 괜찮다. 일단은 나 자신을 위해서 시작해 보자.

학원보다 집밥

엄마는 조금 피곤해도 어디 누울 수가 있나. "엄마, 엄마!" 부르는 소리가 백번도 더 들린다. 잠 못 자면 육아는 물론 살림도 엉망, 컨디션도 엉망이 되고 만다. 그러나 엄마는 아파도 챙겨 줄 사람이 없다. 내 몸 내가 챙겨야 한다. 내가 건강해져서 가장 좋은 점은 조금만 피곤해도 따끔따끔 부어오르던 편도후두염과 소소한 감기몸살이 더 이상 오지 않는 것이다.

겨울이면 이비인후과를 수도 없이 다니던 내가 올겨울 병원에 간 게 딱 한 번뿐이라는 게 여전히 믿어지지 않는다. 바지런히 식재료 정리와 소분을 안 할 수 없다. 알레르기 체질 아이들도 역시 병원 가는 일이 정말 많이 줄었다. 소화기관은 신경을 통해 뇌와 직접적으로 연결되어 서로 상호작용을 한다. 장-뇌가 연결되어 있으니 건강한 식사와 소화는 아이의 발달과 면역에 가장 중요한 두 개 축을 이룬다.

우리 아이들이 가장 힘들어했던 알레르기 비염은 특히 면역 과잉으로 나타나는 현상이다. 면역은 우리 몸을 지키는 좋은 반응이지만 균형이 깨지면 오히려 독이 된다. 이것의 거의 유일한 해결은 음식과 수면이다. 이러니 살림은 건조기나 로봇청소기에 외주를 줄지언정 식사만큼은 외주가 아닌 셀프를 외치는 것이다. 특히 독성 화학 물질들은 지방과 친화력이 있어 체지방에 저장되는데, 지질로 이루어진 뇌세포와 신경계조직은 이러한 독소의 저장 장소가 되어 버린다. 뇌세포와 신경계에 독소들이 찰싹 달라붙어 있다는 말이다.

그래서 아이는 지식이 아닌 음식으로 자란다. 아이는 엄마가 먹인 음식 그 자체가 된다. 외출할 때 물을 챙겨 가면 뽀로로 음료를 살 필요가 없다. 미리 채소 스틱을 썰어 두면 아삭아삭 씹으며 중간중간 당과 수분을 보충할 수 있다. 어릴 때부터 한살림에 장 보러 가는 엄마를 따라다닌 둘째는 아직 우리 동네 마트가 한살림만 있는 줄 안다. 소화과정을 재미있게 만든 책을 엄마와 함께 읽고 지금 먹는 브로콜리가 몸속에서 어떤 일을 하는지 말해 준다. 이런 일상의 반복을 통해 아이는 스스로 먹어야 하는 것과 먹지 않아야 하는 음식을 구분하는 힘이 생긴다. 비록 사춘기가 되어 나의 시야를 벗어나 편의점 음식을 좋아하게 되더라도 그것조차 아이에겐 경험이 될 터이니 제재하지 않는다. 나쁜 것을 경험해야 좋은 것을 느낄 수 있으니까.

세상의 모든 것에는 양면이 있다. 여행이 좋지만 역시 집이 최고야! 하는 것처럼 우리 가족에게 집밥이 그런 존재가 되면 좋겠다. 트래커들이 지친 몸을 추스르고 떠날 수 있게 그 자리에 한결같이 서 있는 베이스캠프처럼, 우리 집도 아이들의 따뜻한 베이스캠프가 되어 주면 된다. 학원보다 집밥이 먼저다.

커피 대신 여행

커피를 줄이는 습관을 들이며 적금에 붙인 이름이다. 커피가 생각날 때마다 커피값 5천 원씩 소소하게 모았는데 어느덧 1년을 모으니 70만 원이 되었다. 마침 특가로 뜬 제주도 왕복항공권을 두 장 사서 아들과 단둘이 짧은 제주도 여행을 훌쩍 떠났다. 터울 많은 동생에게 늘 많은 걸 양보해야 했던 첫째와의 여행은 커피 한 잔의 가치 그 이상이었다. 습관적으로 사는 커피 한 잔과 같은 돈으로 나는 여행을 선택했다. 망설임 없이 다음을 기약하며 새로운 적금을 한다. 커피 대신 두 번째 마카오 여행은 이제 예약을 마쳤고, 커피 대신 유럽도 이뤄 볼 참이다.

우리 몸에는 일주기 리듬이 있다. 이 리듬을 타고 우리 몸의 방향을 결정하는 호르몬이 분비된다. 해가 뜨는 새벽 4~5시쯤 일주기 리듬의 핵심 지표인 코티솔이라는 호르몬이 자연스럽게 분비되며 우리는 잠에서 깬다. 밤에는 자연스레 코티솔 호르몬 분비가 줄어들면서 수면으로 이어진다. 문제는 이 커피를 아침에 마시는 일이 반복될수록 자연스러운 코티솔 호르몬의 리듬을 깨뜨려 대사에 문제가 생긴다는 것.

또 하나의 장기적인 문제점은 뇌의 아데노신(신경물질) 수용체 대신에 카페인이 그 자리에 들어가 아데노신 작용을 막고 교감신경을 작용해 숙면을 방해한다는 것이다. 카페인의 반감기는 6시간 정도. 낮 12시 이후에 마시면 저녁 6시에는 섭취한 카페인의 반이 남고, 밤 12시에는 그것의 반이 여전히 남아 있어 숙면이 어려워질 수 있다는 뜻이다. 나 역시 커피를 줄이고 1~2주가 지나자 밤 10시쯤 자연스럽게 졸리면서 새벽 1시나 새벽 3시에 종종 깨던 일도 확연히 줄었다.

아침에 일어나면 비몽사몽 습관처럼 커피를 마시곤 했다. 커피를 마시지 않으면 머리가 멍한 느낌이었다. 점심 먹고 또 한 잔, 어떤 날은 세 잔까지도 마셨다. 커피를 마시니 무언가를 마신다는 착각에

물은 거의 마시지 않았다. 커피는 생긴 건 액체지만 물과 반대로 잦은 이뇨작용을 일으켜 미네랄과 체액의 양도 줄어들게 만든다. 체액이 줄어드니 세포가 생명 활동을 하기 어려워져 많은 대사질환 가능성이 커진다. 그러니 몸은 내가 먹은 것을 에너지로 쓰지 못해 비만으로 가기 쉽다. 특히 소화도 안 되고 잠도 안 오고 피부도 가렵고 비염이나 안구 건조에 시달리고 있다면 체액을 말리는 커피를 차츰 줄여 보자.

커피를 끊고 나서 가장 먼저 느낀 것은 커피 생각이 너무 많이 난다는 것이다. 다른 생각을 하면서 걷다 정신을 차리면 카페 방향으로 걸어가고 있었다. 아, 카페인 중독이었구나! 싶었다. 커피 없이는 안 되는 사람들, 아침에 일어나기가 힘든 사람들은 코티솔이나 에피네프린 호르몬 분비가 어려운 상태라고 볼 수 있다. 부신에서 분비되는 이 코티솔 호르몬 분비의 균형이 깨지면 질병으로 가기 쉬운 몸 상태가 된다. 그런데 커피가 바로 이 코티솔 호르몬 고갈과 체내 산성화에 주범이기도 하다.

아침에는 물 먹은 솜처럼 피곤하고 일어나기 힘들지만 저녁에 어느 순간 쌩쌩해지는 사람이라면 커피부터 줄여 보자. 커피를 하루 이틀만 안 마셔도 두통이 있다는 분들도 정말 많이 만났는데, 이런 경우 영양과 수분을 충분히 채워 주고 일주일 정도 지나면 한결 괜찮아진다. 커피를 줄이거나 끊은 수강생들에게 아침 컨디션이 다르다는 이야기를 수없이 들었다. 나는 한두 달 정도 완전히 끊어 보고서야 커피가 나에게 그동안 미친 영향을 알게 되었다.

물론, 나도 가끔 커피를 마신다. 가장 마음이 편안한 주말, 아침을 가볍게 먹고 나서 한 잔 정도. 혹은 정말 중요하게 일에 집중해야 하는 날, 그리고 사람들을 만날 때 정말 맛있게 마신다. 좀비처럼 두세 잔 멍하게 마실 때보다 훨씬 더 맛있게 커피를 즐길 수 있게 되었다. "커피 없이 못 살아"가 아니라 이젠 커피가 내게 진정한 기호식품이 되었다. 이제는 커피를 내리는 시간과 향 그 자체를 즐긴다. 더불어 일회용 컵을 쓰지 않는 것이 지구에 도움이 된다니, 텀블러에 담긴 주말 커피는 일석이조의 행복이다.

2부

원하는 채움

이초아

✱ ✱ **지갑을 정리하자** ✱ ✱

돈 정리, 어디서부터 시작해야 할까? 정답은 지갑이다. 내가 돈 정리를 해야겠다는 동기부여를 얻은 이치이 아이의 책《돈 정리의 마법》에서는 '돈이 지나다니는 통로'를 정리하는 것이 중요하다고 말한다. 그중 가장 어질러지기 쉬운 곳이 바로 매일 돈이 드나드는 지갑이다.

그래서 나도 지갑을 꺼내 정리해 봤다. 꼬깃꼬깃 넣어 둔 영수증, 적립카드, 쿠폰, 명함, 쓰지도 않을 거면서 일단 발급받아 둔 신용카드까지. 쓰레기가 가득 나왔다. 지갑 속 모든 물건을 꺼내 쓰레기를 버리고, 꼭 필요한 카드와 지폐 몇 장만 다시 지갑에 넣었다. 그래도 다시 지저분해질 것 같아서 아예 카드와 약간의 돈만 들어가는 작은 지갑으로 바꾸었다. 지갑 정리도 다른 물건을 정리할 때와 똑같이 비우고, 남기고, 수납하면 된다.

이렇게 지갑을 정리하며 내가 느낀 건 '이 작은 지갑 하나도 관리

> **지갑 정리 순서**
>
> 1. 모든 물건을 꺼낸다.
> 2. 비울 물건과 남길 물건을 구분한다.
> 3. 수납한다.

를 못하면서 어떻게 한 가정을 책임지는 그 큰돈을 관리하려고 했을까?'였다. 소비를 하기 위해서가 아닌, 정리를 하기 위해 지갑을 열어 보며 많은 걸 깨달을 수 있었다.

또한 지폐도 잔액을 한눈에 파악할 수 있는 1~2만 원 정도만 들고 다니기로 결정했다. 지폐나 동전이 너무 많으면 돈이 많다는 생각이 들어 헤프게 쓸 확률이 높고, 잔액 파악이 어렵기 때문이다.

《돈 정리의 마법》에서는 지갑을 정리하는 방법으로, 1만 원짜리 지폐 한 장을 지갑의 카드 수납칸에 보이도록 꽂아 두는 방법을 추천했다. 이 돈은 쓰기 위한 게 아니라 낭비를 알아차리기 위한 목적이다. 만약 지갑 속 현금을 다 쓰고 이 1만 원까지 꺼내어 쓰게 된다면 가진 돈 이상으로 쓰고 있다는 낭비 신호가 된다. 1부에서도 말했지만 정리를 할 때는 '자기 인식'이 중요한데, 1만 원을 꽂아 두는 것만으로 그것을 스스로 깨달을 수 있는 신호가 되기 때문에 정말 좋은 방법 같다. 현금 사용이 많은 사람에게 특히 효과적인 방법이다.

두 번째 추천 방법은 지폐를 넣어 두는 순서를 바꾸는 것이다. 보통 1천 원, 5천 원, 1만 원 순서로 작은 돈은 앞쪽에, 큰돈은 뒤쪽으로 정리하여 지갑에 많이 넣어 두는데, 큰돈이 먼저 보이도록 순서를 바꾸면 소비를 줄일 수 있다. 지갑을 열었을 때 5만 원, 1만 원 등 큰 금액이 먼저 보이면 사람들은 1천 원이 보일 때보다 소비를 덜한다고 한다. 1천 원은 쉽게 써도 5만 원은 깨서 써야 한다는 생각이 들어 소비에 제동이 걸리는 것이다.

별거 아닌 지갑 정리라고 생각했는데, 이렇게나 노하우가 다양하다. 무작정 소비를 하기보다는 자기에게 맞는 방법들을 찾아서 하나씩 적용해 보는 것이 중요하다. 지갑을 사용하지 않는 사람들은 가방 정리나 휴대폰에 저장된 결제 어플을 정리하는 것으로 대체해도 좋다. 돈이 오가는 통로라면 어디든, 정리의 대상이 된다.

✳︎ ✳︎ 계좌를 정리하자 ✳︎ ✳︎

지갑을 정리한 다음 내가 한 일은 집에 있는 모든 통장을 꺼내 정리하는 일이었다. 먼저 사용하는 통장과 사용하지 않는 통장을 나누고, 사용하지 않는 통장은 모두 해지했다. 사용하는 통장은 적금 통장과 예금 통장으로 나뉘었고, 저축 통장에는 금리나 만기일, 매월 저축액 등을 포스트잇에 적어 붙여 두었다. 일반 예금 통장에는 생활비, 용돈, 비상금 등 어떤 용도의 통장인지 각각 이름표를 붙였다.

요즘은 종이 통장이 많이 사라졌기 때문에 통장 정리보다는 계좌 정리를 추천한다. 오픈뱅킹의 발달로 금융권 어플 하나만 설치해도 타 금융사에 가입된 계좌까지 전부 확인이 가능하다. 특히 내가 추천하는 건 금융결제원에서 운영하는 '어카운트 인포' 어플이다.

여기에 접속하면 내 명의의 모든 계좌를 검색할 수 있고, 그 자리에서 휴면계좌도 해지할 수 있다. 다른 금융권 어플에서는 간단한 조회나 이체까지만 가능하지만, 휴면계좌 해지는 불가능하기 때문에 '어카운트 인포'를 추천한다. 나도 내 계좌와 남편 계좌를 전부 검색해서 사용하지 않는 계좌를 해지했고, 있는지도 몰랐던 계좌에서 20만 원이 넘는 돈도 찾을 수 있었다.

이렇게 계좌 정리를 한 다음에는 어떤 계좌로 언제 월급이 들어오고, 어떤 계좌로 언제 돈이 나가는지 '우리 집 수입&지출 흐름도'를 그려 보았다.

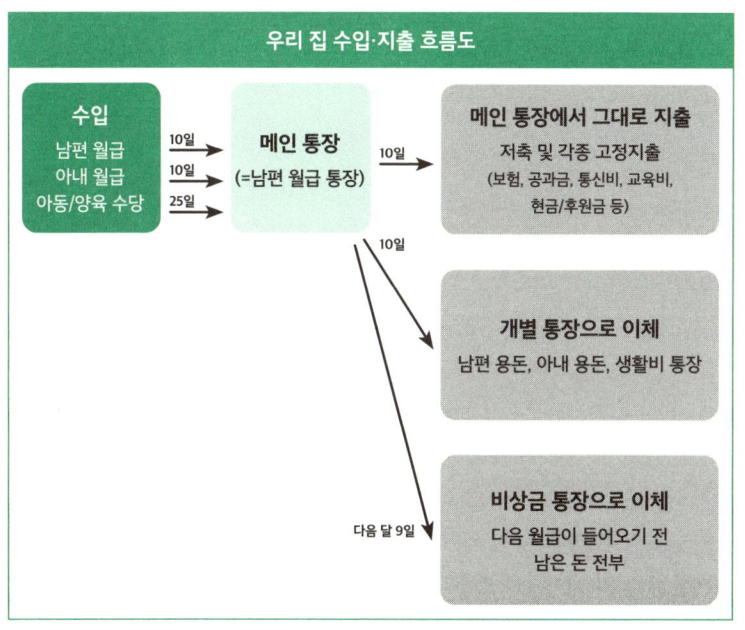

이를 통해 우리 집의 전체적인 돈 흐름과 이체일을 파악할 수 있었다. 이렇게 계좌 정리만 했는데도 돈이 모이는 느낌이 들지 않는가? 수입&지출 흐름도까지 그려 보면, 우리 가정의 돈 흐름이 어디에서 막혀 있던 건지, 그동안 정리되지 못한 부분은 없었는지도 한눈에 파악할 수 있어 좋다.

나 또한 수입&지출 흐름도를 그려 보며 메인 계좌의 자동이체일은 통일했는데, 내 개인 계좌에서 나가는 고정지출은 이체일을 통일하지 않았다는 사실을 발견할 수 있었다. 덕분에 이체일 정리를 할 수 있었고, 막내 보험료도 메인 계좌에서 이체되도록 변경할 수 있었다.

실제로 살림경영 클래스에서 이 과제를 드리면, "사용하지도 않는 계좌가 이렇게 많은 줄 몰랐다" "결제 방법이 너무 다양해서 그동안 돈 관리가 힘들었던 것 같다" "생활비 계좌를 별도로 관리해야 하는 필요성을 느꼈다" 등의 피드백을 많이 받는다. 정리를 해 보는 것만으로도 어떤 부분을 수정해야 할지 스스로 깨닫게 되며, 자연스럽게 돈 정리를 잘하고 싶은 동기부여가 되는 것이다.

책을 잠시 멈추고, 휴대폰을 들어 '어카운트 인포' 어플을 다운받자. 내 명의 계좌를 검색해 하나씩 클릭하면서 계좌 정리를 해 보자. 그다음엔 종이를 한 장 가져와서 수입&지출 흐름도 및 이체일을 정리해 보자. 계좌를 정리하는 것만으로도 돈 관리를 하고 싶은 욕구가 마구 샘솟을 것이다.

✷ ✷ 냉장고를 정리하자 ✷ ✷

내가 가장 중요하게 생각하는 정리가 있다면 단연 냉장고 정리다. 물건 정리와 돈 정리가 만나는 지점, 그게 바로 냉장고라고 생각하기 때문이다. 지갑을 정리하며 '이 작은 지갑도 관리를 못하는데, 어떻게 한 가정을 책임지는 큰돈을 관리하려고 했지?'라는 깨달음을 얻었다면, 냉장고를 정리하면서는 '1평도 안 되는 이 작은 공간도 정리를 못하는데, 어떻게 더 큰 집으로 이사가고 싶다는 생각을 했지?'라는 비슷한 깨달음을 얻었다.

돈을 모을 수 있는지 없는지는 식비를 보면 알 수 있다는 말이 있다. 그 정도로 냉장고 관리 또한 돈과 매우 밀접한 관련이 있다. 냉장고 정리도 기본은 같다. 냉장고를 열어 모든 식재료를 꺼낸 후, 버릴 것과 남길 것으로 구분하고 다시 수납해 주면 끝이다. 이 기회에 냉장고 청소도 같이 하면 일석이조!

> **냉장고에서 꼭 비워야 하는 물건**
> - 유통기한이 지난 식재료
> - 언제 넣어 뒀는지 모르는 식재료
> - 음식 배달 시 받은 필요 이상의 소스
> - 음식량에 비해 너무 큰 반찬 용기는 작은 반찬 용기로 옮겨 주기

여기에 냉장고 정리를 쉽게 도와주는 나만의 팁이 있다면, 첫 번

째는 냉장고를 열었을 때 가장 먼저 눈높이가 닿는 칸에 바구니를 하나 넣어 두는 것이다. 이 바구니는 평소에는 비워 두었다가 자투리 채소나 유통기한 내에 먹어야 하는 두부, 소시지 등이 생기면 보관하는 용도다.

혹시 자투리 채소를 다시 채소 칸에 넣었다가 있는 줄도 모르고 시간이 지나 그대로 버린 적이 있는가? 그렇다면 이 바구니를 꼭 이용해 보길 추천한다. 어떻게 하면 버리는 식재료 없이 잘 활용할 수 있을지 고민한 끝에 나온 팁이기 때문이다.

또 바구니를 이용하면 좋은 점은 '오늘 뭐 먹지? 이번 주에 어떤 요리를 만들지?' 고민이 될 때, 이 바구니에 있는 식재료를 먼저 사용하면 되기에 식단 고민이 줄어든다는 것이다. 바구니 하나를 놓아 두는 것만으로도 버려지는 식재료가 줄어들고, 자연스럽게 식비 절약으로도 이어진다. 당연한 이야기지만, 잘 보이면 잘 먹게 된다.

두 번째 팁은 냉장고 가계부를 적는 것이다. 아무리 정리를 해도 냉장고 안쪽 깊숙이 들어 있거나 한눈에 잘 보이지 않는 칸에 있는 식재료는 놓치기가 쉽다. 돈을 모으기 위해서 가계부를 적으며 소비를 파악하듯, 식비를 절약하기 위해서는 냉장고 가계부를 적는 게 효과적이다.

냉장고 가계부로 가장 많이 활용되는 방법은 종이에 직접 작성하여 냉장고 문에 붙여 두는 것이다. 냉장고를 열지 않아도 안에 뭐가 있는지 알 수 있다는 장점이 있다. 식단도 함께 기입해 두면 요리 준비 시간도 단축된다. 하지만 나는 개인적으로 '핸드폰 메모장'에 기입

냉장고 가계부

● 냉장
- 배추, 오이
- 사과, 배, 귤
- 계란, 버터, 우유
- 낙지 양념, 만두피, 잡채

● 냉동
- 생새우살, 갈치, 삼치, 고등어
- 피자치즈, 닭가슴살, 떡국떡, 떡, 피자, 잡채, 물만두, 간장닭갈비
- 블루베리, 아보카도, 애플망고

● 상온
- 소면, 짜파게티, 햄, 크림수프, 미역, 햇반, 톳, 밥이랑, 김자반, 사골곰탕
- 양파, 고구마

● 식단
- 닭가슴살 스테이크, 잡채밥, 사골만둣국, 갈치조림

하는 것을 더 선호한다. 식재료 수정이 편하고, 외출 중에 갑자기 장을 보더라도 언제든 냉장고 안에 뭐가 있는지 확인할 수 있어 편리하기 때문이다.

세 번째 팁은 냉장고 가계부를 토대로 3~4일치 식단을 작성하는 것이다. 대부분의 사람들이 일주일 식단을 한꺼번에 짜는데, 나는 그걸 한 번 더 쪼개서 3~4일치 식단만 작성하라고 권하고 싶다. 그 이유는 아무리 계획을 세워도 계획대로 이루어지지 않기 때문이다.

분명 식단을 작성할 때는 금요일쯤에 순두부찌개가 먹고 싶었는데, 막상 금요일이 되니 순두부찌개 대신 치킨을 시켜 먹고 싶을 수도 있다. 혹은 전날 해 둔 음식이 많아서 다음 날까지 먹게 될 수도 있다. 이런 상황이 반복되면 식단 계획이 틀어지고, 사 둔 식재료도 활용하지 않아 또다시 남게 된다. 신선도도 그만큼 떨어지게 되는 것이다.

3~4일치 식단을 짜면 이런 예외의 상황에도 대처가 가능해서 좋다. 우리 집도 3~4일치 식단을 계획하지만, 일주일을 넘기는 경우도 있다. 계획보다 덜 먹게 되면 하루이틀 장 보는 게 미뤄지고, 장 보는 게 미뤄질수록 식비도 조금씩 줄어드는 효과가 있다.

장을 꼭 일주일에 한 번만 봐야 한다는 강박에서 벗어나자. 3~4일치 식단을 짜고 부족한 재료는 중간에 한 번 더 보충하면 된다. 또한 장을 보는 것만으로도 물욕이 어느 정도 해소되어 다른 소비를 하지 않게 되는 효과도 있다. 물론 장을 볼 때마다 충동구매 등 소비를 더 하게 되는 사람도 있으니 나에게 맞는 방법과 적절한 횟수를 찾으면 좋겠다.

살림경영 클래스를 수강하신 분 중에 '냉장고 정리'와 '냉장고 파먹기'에 진짜 열심인 수강생이 있었다. 맞벌이 부부에 아이까지 있어 퇴근 후에는 늘 녹초가 되었고, 자연스럽게 배달음식에 의존하게 되었다고 한다. 가계부를 몇 달 동안 써 보니 과다지출 원인은 당연 외식비!

함께 살림경영 클래스를 하면서 '신용카드를 없애고 체크카드로만 생활하겠다'는 목표를 세우셨고, 다른 과제보다 좀 더 신경 써서 냉장고 정리와 냉장고 파먹기를 실천하셨다. 분명 금방 지칠 거라 생각했는데 막상 해 보니 왜인걸, 냉장고에서 식재료가 하나씩 사라지는 것도 즐겁고, 조금씩 식비가 줄어드는 게 느껴지면서 제대로 냉장고 파먹기에 재미가 붙으셨다. 그 결과, 150만 원 가까이 되던 식비 전용 신용카드 사용을 조금씩 줄여, 관리 4개월 만에 신용카드를 잘라 버릴 수 있었다. 그분이 쓴 글을 공유하겠다.

> "곳간이 텅텅 비면 희열이 느껴진다. 잔머리 쓰며 음식 차리는 게 가끔 피곤하지만 그게 의무라고 생각하며 조금은 신경을 써 본다. 나가기 귀찮아서 냉파를 하고, 움직이기 귀찮아서 냉파를 하고, 배달 주문 넣기가 귀찮아서 냉파를 하고… 그랬더니 통장에 조금씩 목돈이 쌓인다. 진짜 흘러 지나가는 돈을 모았을 뿐이다."

이 글을 보면서 '어떻게 배달음식 시키는 게 귀찮을 수 있지?'라는 생각이 드는가? 나는 냉장고 정리가 매우 중요하다고 생각하는 한 사람으로서 수강생의 말에 백번 천번 공감이 갔다. 나 또한 배달음식을 시킬까 고민하다가도 배달 후 일회용기를 씻고 분리배출해야 하는 뒤처리를 생각하면 "그냥 라면 끓여 먹고 말지" 하면서 배달의 유혹을 넘긴 일이 여러 번 있기 때문이다.

신용카드는 미래의 빚을 당겨쓰는 것이라고 했다. 이제는 신용카드 사용을 줄이고 싶지 않은가? 월급날이 되면 신용카드 값이 나가고 '텅장'이 된 계좌를 마주하는 게 아니라, 월급 100%가 고스란히 들어 있는 계좌를 보고 싶지 않은가?

이 모든 변화의 출발점은, 바로 냉장고 정리다! 냉장고를 정리해야 냉장고 가계부도 작성할 수 있고, 식단 계획도 세울 수 있다. 게다가 냉장실에 음식이 가득 차 있으면 냉기가 잘 돌지 않아 전력 손실의 원인이 된다. 냉장실은 60% 이하로 채워야 냉기 순환에 도움이 되어 에너지 효율도 높아진다고 하니 이번 기회에 냉장고 정리를 통해 정리 성취감도 높이고, 식비도 줄여 보자! 지금 당신의 '텅장' 문제, 어쩌면 냉장고 정리로 해결될지도 모른다.

✱ ✱ 소비를 정리하자 ✱ ✱

지금까지 잘 따라왔다면 돈 정리의 기본 세팅이 다 끝났다. 이제는 꾸준히 소비를 기록하면 된다. 소비를 정리하는 방법은 간단하다. 가계부를 쓰는 것이다. 그게 어렵다고? 원래 단순한 게 가장 어렵다. 그 어려운 걸 해내야 진짜 변화가 시작되는 것이다.

가계부를 쓰지 않고는 무엇 때문에 생활비가 부족한 건지, 왜 저축이 늘지 않는 건지 절대 알 수 없다. 학원을 다니더라도 지금 수준을 알아야 레벨이 맞는 반에 들어갈 수 있듯이, 가계부를 써야 현재 우리 가정의 재정 수준을 알 수 있고, 그에 맞는 솔루션도 찾을 수 있다.

소비를 정리하는 이유는 무조건 생활비를 절약하기 위한 목적은 아니다. 우리 집의 적정 생활비를 파악하고 예산 안에서 지출을 통제하기 위해서다. 대부분 생활비 예산을 늘려야 하는 가정보다는 줄여야 하는 집이 더 많기에 '절약'을 이야기할 뿐이지, 우리 목적은 절약이 아닌 '정리'임을 명심하자.

미니멀라이프도 마찬가지다. 무조건 비우고, 무조건 물건을 줄이는 것을 추천하지 않는다. 내가 관리하기 편하고, 사용하기 편한 '적정선'을 찾는 것이 진짜 미니멀라이프다.

일단 지출하는 항목의 카테고리를 먼저 구분하고 하나씩 정리해보자. 나는 아래와 같이 카테고리를 나눠서 사용하고 있다. 이미 사용 중인 가계부가 있다면 기본적으로 정해 둔 카테고리를 기준으로 써도 좋고, 내가 쓰기 편한 대로 조정해도 된다.

지출 항목 카테고리

● **고정지출**
관리비, 전기세 등 공과금, 통신비, 보험료, 교육비(학원비 등), 기부금, 용돈, 회비 등

● **변동지출**
식비(집밥+간식+외식), 생활용품비, 교통유류비, 의류미용비, 병원의료비, 취미활동비, 교육비(교재+문구 등) 등

● **비정기지출**
세금, 경조사비, 휴가비, 명절비, 가전/가구 구입비, 병원의료비(응급) 등

고정지출을 정리하자

고정지출은 줄일 수 있을까, 없을까? 당연히 줄일 수 있다. 보통 고정지출은 자동이체로 설정해 두고 그 이후에는 신경 쓰지 않는 경우가 많은데, 고정시출도 어떻게 정리하느냐에 따라서 줄일 수 있는 항목과 줄이기 힘든 항목을 명확히 구분할 수 있다. 먼저 고정지출을 조정 불가능한 고정지출과 조정 가능한 고정지출로 나누자.

항목	세부 항목	금액	비고
조정 불가능한 고정지출	부채		
	관리비		
	전기요금		
	가스요금		
	수도요금		
	필수 교육비		
합계			

항목	세부 항목	금액	비고
조정 가능한 고정지출	보험료		
	휴대폰 요금		
	TV/인터넷 요금		
	구독료		
	선택 교육비		
	기부금&헌금		
	남편 용돈		
	아내 용돈		
	회비		
	기타		
합계			

'조정 불가능한 고정지출'은 재정 상황과 상관없이 무조건 나가야

하는 금액으로, 빚 상환, 공과금, 필수 교육비 등이 속한다. 빚 상환은 다시 두 가지로 나눌 수 있는데, 바로 좋은 빚과 나쁜 빚이다. 좋은 빚은 주택담보대출, 사업 투자금 등 자산을 늘리는 데 도움이 되는 빚이고, 나쁜 빚은 신용카드, 휴대폰 단말기 할부금 등 가지고 있는 순간부터 자산 가치가 떨어지는, 오직 소비를 위한 빚이다.

좋은 빚이라고 해서 무조건 늘리는 건 추천하지 않는다. 상황에 따라 '금리 인하 요구권'이나 '대환 대출' 등을 이용해 줄일 수 있다면 빚은 줄이는 게 좋다. '금리 인하 요구권'은 은행별로 조건이 다르지만, 취업이나 이직, 승진으로 임금이 올라가거나 신용도가 상승하면 신청이 가능하다. '대환 대출'이란 쉽게 말해 은행을 갈아타는 것으로, 조금 더 이자가 저렴한 금융기관에서 대출받은 뒤 이전 대출금을 갚는 제도다.

대개 좋은 빚은 대출 금리도 낮고 상환 기간도 길기 때문에 신경 쓰지 않는 경우가 많은데, 조금이라도 이자를 덜 내고 낭비되는 돈을 줄이고 싶다면 이런 제도도 있다는 걸 알아 두고 활용하면 좋다.

반대로 나쁜 빚은 대부분 금리가 높기 때문에 하루빨리 갚을수록 좋다. 휴대폰 단말기 할부금의 경우, 보통 24개월 약정이고 휴대폰 요금에 포함되어서 나가기 때문에 신경 쓰지 않는 경우가 많은데, 단말기 할부금 이자가 무려 5.9%나 된다고 한다. 요즘 은행 이자도 5% 넘는 경우를 찾기 힘든 걸 생각하면 이 또한 반드시 줄여야 하는 금액이다.

필수 교육비는 어린이집, 유치원비처럼 기본 교육에 드는 비용이다. 어린이집과 유치원 대신 가정보육을 선택한 사람, 또는 특수 유치원에서 얼마든지 일반이나 병설 유치원으로 옮길 수 있다고 생각하는 사람에게는 이 항목 또한 조정 가능한 고정지출로 분류될 수도 있다. 그러나 더 이상 기관을 옮길 생각이 없고, 지금 다니는 곳이 당연히 아이가 다녀야 하는 기본 교육기관이라고 생각한다면 조정 불가능한 고정지출로 분류해서 관리하면 된다.

이제는 '조정 가능한 고정지출'에 대해 알아보자. 조정 가능한 고정지출은 재정 상황이 어려워지면 언제든지 줄일 수 있는 금액으로, 보험료, 휴대폰 요금, TV/인터넷 요금, 선택 교육비, 부부 용돈, 구독료, 기부금/헌금, 모임 회비 등이 이에 속한다.

이 중 선택 교육비는 학원비나 방문 학습 등의 비용이다. 생활이 여유로울 때는 학원을 2~3곳 보낼 수 있지만, 재정 형편이 어려워지면 한 곳으로 줄일 수도 있다고 생각하기 때문에 선택 교육비로 구분했다.

보험료는 해지 및 중복 보장에 대한 리모델링으로 보험료를 줄일 수 있고, 휴대폰 요금은 알뜰모바일 요금제 선택과 자급제 휴대폰 구입을 통해 매달 나가는 비용을 줄일 수 있다. TV/인터넷 요금 및 부부 용돈, 구독료 또한 재정 형편에 따라 얼마든지 조정 가능한 항목이라고 생각한다.

간혹 '저는 용돈만은 절대 못 줄여요' '휴대폰 요금만큼은 자신이 없어요'라고 하시는 분들이 있는데, 사람에 따라 상황과 기준이 다르므로 조정이 불가능하다고 생각하면 조정 불가능 영역으로 옮기고, 대신 조정 가능한 영역에 있는 것들을 줄이는 노력을 하면 된다.

여기서 중요한 건 줄일 수 없다고 생각하는 항목이 아니라 조정 가능하다고 생각하는 영역에 집중하는 것이다. 제임스 클리어의 책《아주 작은 습관의 힘》에는 "늘 주던 곳에 표를 주고 있다면 늘 얻던 결과를 얻을 뿐이다. 바뀐 게 아무것도 없다면 아무것도 변하지 않는다"라는 문장이 나온다. 고정지출을 줄이고 싶은 간절함이 있다면, '안 돼'라는 생각은 뒤로하고 '할 수 있다'고 생각하자.

나는 무언가에 도전할 때 자꾸만 부정적인 생각이 들고 어렵다는 생각이 들면, '목마른 사람이 우물 판다'는 속담을 생각한다. 그만큼 간절하니까, 당장 목마른 사람이 나니까 뭐라도 하는 것이다. 나의 경우는 경제적 자살 상태로 가는 것을 막고 싶다는 의지가 강했기 때문에, 더 이상 이렇게 살면 안 되겠다는 생각이 들었기 때문에, 내가 할 수 있는 고정지출부터 정리하기 시작했다.

많은 소비 카테고리 중에서도 고정지출을 가장 먼저 정리하는 이유는 한번 시간 내서 정리해 놓으면 1년 동안 신경 쓰지 않아도 매달 자동적으로 지출을 줄일 수 있기 때문이다. 매달 3만 원가량의 생활비를 줄이기 위해 12개월 동안 먹고 싶은 것 참고 사고 싶은 것 참으며 노력하기보다, 딱 한 번 시간을 내어 휴대폰 요금을 알뜰모바일 요금제로 바꿔 놓는 게 스트레스도 덜하다.

잠시 책을 덮고, 우리 집의 고정지출을 전부 적어 보자. 그런 뒤, 조정 불가능한 고정지출과 조정 가능한 고정지출로 나눠 보자. 그러면 조정 가능한 고정지출 중 분명 줄일 수 있는 영역이 보일 것이다. 그것부터 하나씩 정리해 나가면 된다.

보험을 정리하자

보험은 고정지출에 속하지만, 내용이 방대하고 중요해서 따로 언급하려고 한다. 장명훈 작가의 책《반값 보험료 만들기 프로젝트》에서는 보험에 대해 아래와 같이 설명한다.

> 재테크의 시작은 먼저 지출을 정확히 파악하고 아껴 쓰는 것이다. 매달 자동으로 빠져나가는 보험료를 정비하지 않고서 똑똑한 재테크를 말할 수 없다. 5~6만 원이면 될 보험료를 10만 원 넘게 내고, 6~9만 원이면 될 보험료를 20~30만 원 넘게 매달 내면서 냉파나 풍차돌리기 적금을 하는 건 앞뒤가 완전히 뒤바뀐 일이다. 고정지출인 월 보험료를 줄이는 게 가장 먼저 해야 할 재테크다.

이 말에 백번 천번 공감한다. 보험을 정리하자고 하면 대부분의 사람들이 증권을 들여다보는 것도 두렵고 무엇부터 줄여야 할지 모르겠다고 한다. 아무래도 낯선 보험 용어들과 숫자 때문일 것이다.

그러나 보험은 월급 관리를 한다면 꼭 한 번은 마주해야 하는 부분이고, 반드시 정리가 필요한 부분이다. 그 이유는 대부분의 가정에서 대출 상환금 다음으로 많은 돈을 내는 것이 바로 보험료이기 때문이다. 한번 계산해 보자.

다음 그래프는 과학기술정보통신부와 한국정보화진흥원이 주관하는 '빅데이터 플랫폼 및 센터 구축 사업'의 금융 분야 센터로 선정된 '해빗팩토리'에서 약 20만 명의 고객 데이터로 분석한 연령별 월

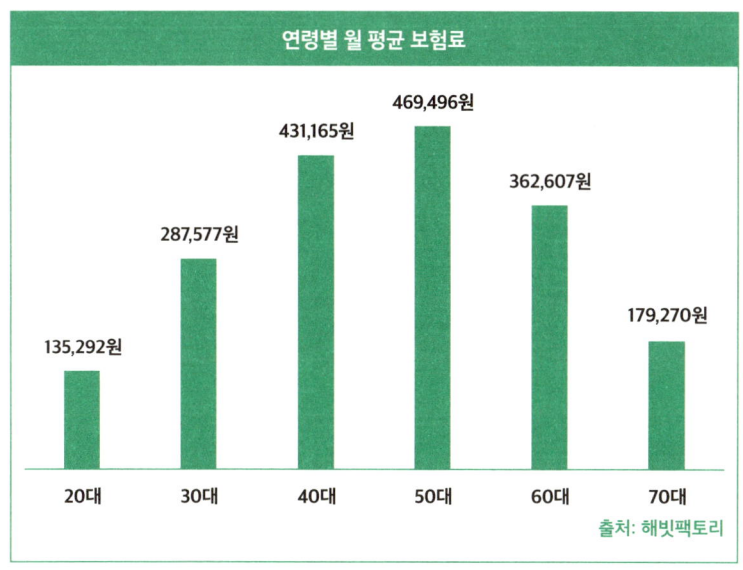

평균 보험료다. 20대 이후 성인을 기준으로 10만 원대부터 많게는 50만 원 가까이 매달 보험료를 내는 것으로 확인됐다.

가장 적게 잡아 10만 원씩 낸다고 가정해 보자. 보험은 한번 가입하면 10년, 20년을 납부하는 장기 금융 상품이다. 10만 원씩 10년 납을 가입하면 내야 하는 금액은 총 1,200만 원, 20년 납을 가입하면 2,400만 원이다. 우리 집처럼 5인 가족이라면 무려 보험료로만 1억 원이 넘어 간다. 그러니 보험료를 주택 담보 대출 다음으로 많이 내는 고정지출이라 말하는 것이고, 이는 반드시 정리해야 할 항목이다.

대부분의 사람들이 1~2만 원짜리 물건 하나를 살 때도 최저가로 사기 위해 인터넷을 검색하고, 조금 더 비싼 가전이나 가구를 살 때도 브랜드별로 꼼꼼히 비교하고, 후기도 전부 찾아보고 구매한다. 그런데 몇 천만 원에서 억 단위까지 내는 보험에 대해서는 특별히 공부도 하지 않고 그저 설계사만 믿고 가입하는 모습을 보면 정말 안타깝다. 조금만 공부하면 충분히 금액을 줄일 수 있는 항목이기 때문이다.

보험은 상품도 다양하고 약관도 복잡하기 때문에 업계 종사자가 아니면 어렵게 느껴지는 게 당연하다. 보험 업계에서 일하는 지인에 의하면, 업계 사람들도 상품에 대해 정확히 모르고 고객에게 판매하는 경우도 있다고 한다. EBS 미디어팀에서 쓴 《자본주의》에서도 '은행이란 수익을 내야 하는 기업일 뿐이다' '은행은 판매수수료가 많은 펀드를 권한다'며 상품을 권유하는 사람도, 그 권유를 받은 사람도 그 내용을 자세하게 알지 못하고 거래되는 일이 많이 일어난다고 했다.

따라서 나는 돈 정리 차원에서 보험 가입 전 필수로 체크해야 하는 내용을 공유하고자 한다. 이 여섯 가지는 꼭 알고 보험에 가입하기 바란다.

첫째, 보험은 지출이다. 앞선 이야기들에서 보험은 어디에 속한다고 했는지 기억하는가? 바로 고정지출이다. 보험은 저축도 투자도 아닌, 지출이라는 사실을 반드시 기억하자. 그러므로 얼마를 받게 되는지보다 얼마를 내야 하는지를 먼저 따져야 하며, 보험으로 돈을 벌려는 생각은 하지 않는 것이 좋다. 지출이기 때문에 소비자 입장에서는 꼭 필요한 만큼의 보장만 가입하고, 최대한 보험료를 적게 내는 게 유리하다. 보험에도 미니멀라이프 개념이 적용되어야 하는 이유다.

둘째, 보험은 위험보장 목적으로만 가입하자. 보험은 위험보장과 장기목돈 마련, 두 가지 목적으로 나뉜다. 보험은 저축이나 투자가 아닌 지출이라고 했던 말을 기억한다면, 위험보장 목적으로만 가입해야 하는 이유를 알 것이다.

사람들에게 왜 보험을 가입했는지 물어보면, 대부분 질병이나 사고 위험이 언제 어떻게 일어날지 모르고, 이런 일이 생기면 목돈이 많이 들기 때문에 이를 대비하기 위해 보험에 가입했다고 대답한다. 당신도 같은 답변을 생각했다면, 목돈 마련 목적의 상품이 아니라 위험보장 상품을 가입해야 한다.

우리가 내는 보험료는 크게 적립보험료, 위험보험료, 사업비로 구성되는데, 사업비 비중이 10~14%로 생각보다 높기 때문이다.

보험료의 구성

- **적립보험료**: 매달 적금처럼 저축이 되는 보험료로 만기 또는 해약환급금으로 사용된다.
- **위험보험료**: 질병이나 사망 발생 시 보험금 지급에 사용된다.
- **사업비**: 보험 회사의 운영비, 보험설계사 수당 등으로 사용된다.

보험료를 10만 원 낸다면, 그중 1~2만 원이 사업비로 빠지고, 남은 금액이 실제 보험료로 사용된다. 만약 위험보험료보다 적립보험료가 더 높게 잡혀 있다면 진짜 보장받을 수 있는 위험보험료 비중은 더 낮아지는 것이다.

따라서 목돈 마련이 목적이라면 보험 상품보다는 사업비나 적립

보험료를 떼지 않는 저축 상품에 가입하는 것을 더 추천하며, 장기적으로 목돈을 마련할 경우에는 은행 예·적금 상품보다는 투자나 펀드 등의 금융상품을 더 추천한다.

셋째, 실손의료비가 가입되어 있는지 확인하자. 가장 먼저 가입해야 할 보험은 실손의료비다. 비교적 적은 금액으로 가장 넓은 범위의 보장을 포함하고 있기 때문에 보험이 필요 없다고 말하는 사람일지라도 이 실손의료비는 필수로 가입할 것을 추천한다.

실손의료비는 1년 단위 갱신형 상품(2025년 기준)이며, 지금 가입하면 4세대 실손 보험으로만 가입이 가능하다. 아직 가입하지 않은 사람은 하루빨리 가입하기를 추천한다. 실손의료비는 모든 보험사가 동일한 보장을 제공하기 때문에 다이렉트로 가입하면 조금 더 저렴하게 가입할 수 있다. 3대 진단비(암, 뇌혈관 질환, 심장 질환)도 중요하지만, 실손의료비가 더 우선이라는 사실을 꼭 명심하자.

넷째, 보험 납입 기간은 길게 설정하자. 보험 납입 기간을 짧게 설정하면, 월 보험료가 높은 대신 합계보험료는 낮다. 반대로 보험 납입 기간을 길게 설정하면, 월 보험료가 낮은 대신 합계보험료는 높아진다. 이럴 때 당신은 어떤 선택을 하겠는가? 합계보험료가 낮으니 빨리 내고 빨리 끝낼 생각으로 10년 납을 선택할 것인가? 아니면 매월 내는 보험료가 부담스러우니 최대한 길게 30년 납을 선택할 것인가?

보험 가입 시점의 나이, 은퇴 시기 등을 고려하면 답변이 달라지긴 하지만, 기본적으로는 10년 납보다는 30년 납을 더 추천한다. 그 이유는 소비자 입장에서는 월 보험료를 최소로 줄이고, 긴 시간이 주는 화폐 가치 하락의 이점을 챙기는 것이 유리하기 때문이다.

생활이 어려워지면 사람들이 가장 먼저 줄이는 것 중 하나가 바로 보험이다. 매달 내는 보험료가 부담스럽기 때문이다. 보험을 중간에 해지해 본 적이 있는가? 중도 해지하면 그동안 내가 낸 돈의 원금은 커녕 원금의 절반도 돌려받지 못하는 경우가 많다. 막대한 손해를 보고 해지해야 하는 것이다. 따라서 생활이 어려워지더라도 보험을 유지하기 위해서는 보험 납입 기간을 길게 설정하여 월 보험료를 최소한으로 줄이는 게 좋다.

또한 납입면제 혜택을 챙기기 위해서라도 납입 기간이 길면 유리하다. 납입면제란, 납입 기간 중 암에 걸리거나 50% 이상의 장해가 발생하면 그 이후 보험료 납입분을 면제해 주는 혜택이다.

100세 만기 상품을 10년 납으로 가입하여 납입은 모두 끝났고, 15년이 지난 시점에 암에 걸렸다고 가정해 보자. 이럴 경우에는 납입이 모두 끝났기 때문에 처음 약속한 암 진단비 관련 보장만 혜택을 받을 수 있다. 그러나 100세 만기 상품을 30년 납으로 가입하여 가입 15년 시점에 암에 걸렸다고 가정한다면, 암 진단비 관련 보장은 당연히 받을 수 있고, 남은 납입 기간(15년)에 대해서도 더 이상 보험료를 납부하지 않아도 된다. 그러니 소비자 입장에서는 보험 납입 기간을 길게 설정할수록 유리하다.

다섯째, 비갱신형으로 가입하자. 보험은 갱신형과 비갱신형 중에서 선택할 수 있다. 갱신형 상품은 약정한 기간마다 보험료가 계속 변동되며, 1년 갱신, 3년 갱신 등으로 증권에 별도 표기되어 있다. 반면, 비갱신형 상품은 가입 시 약정한 금액으로 납입 만료 시점까지 동일하게 납부하는 방식이다.

갱신형 상품은 비갱신형 상품에 비해 가입 당시 보험료가 저렴하다. 따라서 보장 내용을 꼼꼼히 읽어 보지 않고 보험료만 보고 선택한다면, 갱신형 상품을 선택할 가능성이 높다. 그러나 갱신형 상품은 가입 이후 돈의 가치가 떨어지면서 계속해서 보험료가 상승할 확률이 높다. 지금은 저렴하지만 몇 년만 지나도 가입 당시의 비갱신형 상품보다 총 납입 보험료가 비싸질 수 있다. 따라서 이 부분이 걱정된다면 갱신형보다는 비갱신형 상품을 추천한다.

또 하나 주의해야 할 점은, 기본 계약은 비갱신형인데 특약으로 갱신형이 들어 있는 경우다. 20년 납 100세 만기 상품을 예로 들어 보자. 모든 보장이 20년 납 100세 만기인데, 주요 3대 진단비(암, 뇌혈관 질환, 심장 질환)만 5년 갱신으로 설정되어 있다. 이럴 때 내 보험료 납입이 끝나는 시점은 언제일까? 아마 20년이라고 답할 것이다. 내가 미니멀보험 강의를 할 때 질문해 보면 대부분 그렇게 알고 있기 때문이다.

그러나 정답은 100년이다. 죽을 때까지 보험료를 내야 한다. 20년 납인데 왜 100세까지 내야 하냐고? 특약에 갱신형 상품이 있기 때문이다. 5년마다 갱신되어 20년만 납부하면 되는 게 아니라, 5년 갱신으로 100세까지 계속 내는 게 바로 갱신형 특약이다. 이 부분에 대한 이해가 없이 가입했다가 퇴직 이후에도 보험료를 지속적으로 납입해야 한다는 사실을 뒤늦게 알고 후회하는 경우가 많다. 그러니 잘 점검해서 가입하자.

마지막으로, 입원일당은 모두 삭제하자. 입원일당은 상해나 질병으로 입원했을 때 가입 당시 설정한 금액을 받는 담보다. 입원 1일째부터 받는 담보도 있고, 4일째부터 받는 담보도 있으며, 대개 상해 입원일당보다 질병 입원일당이 보험료가 더 비싸다.

내가 입원일당을 삭제하라고 말하는 이유는 소비자 입장에서 내는 돈과 받는 돈을 계산했을 때 보험료 대비 가장 비효율적인 담보이기 때문이다. 보통 입원일당 3만 원을 받는데 내는 보험료는 1만 원 전후다. 3개월에 한 번 정도는 입원해야 본전을 뽑는 보장인 것이다.

물론 보험료는 약정한 납입 기간 동안만 내고, 보장은 만기까지 받는다. 80세 만기면 80세까지, 100세 만기면 100세까지 입원일당을 받을 수 있는 것이다. 그럼 이익 아니냐고? 절대 아니다. 우리는 시간이 흐르면서 떨어지는 돈의 가치도 생각해야 한다. 요즘은 병원에서 입원도 잘 시켜 주지 않을뿐더러, 입원을 해야 할 정도로 큰 병은 젊었을 때보다 나이가 들어서 걸릴 가능성이 더 높다. 과연 그때 받는 입원일당 3만 원이 지금의 3만 원과 같은 가치일까? 따라서 입원일당은 가성비가 떨어지는 보장이라 말하는 것이며, 입원일당을 아껴 차라리 매달 1~2만 원씩 건강 예비비로 모으는 게 더 이익이다.

보통 입원일당이 없으면 입원비를 직접 부담해야 한다고 생각하는데, 실손의료비를 가입했다면 입원비, 치료비, 약값을 모두 보장받을 수 있다. 실손의료비에서 나오는 돈을 중복 보장받기 위해 입원일당을 추가로 가입하기보다는, 차라리 그 돈으로 부족한 보장을 보완하는 것이 더 지혜롭게 보험을 가입하는 방법이다.

단, 태아보험을 가입할 때는 입원일당까지 추가하는 것을 추천한다. 태어나기 직전까지는 아이의 선천적 질병 여부를 알 수 없기 때문이다. 게다가 어린아이들은 어른들보다 입원할 확률이 높기 때문에 가입 후 1~2년 정도 유지하다가 아이 건강 상태에 따라 입원일당을 삭제하는 것을 추천한다.

이 외에는 입원일당이 들어간 보장은 모두 삭제하자. 질병/상해 입원일당 외에 식중독 입원일당, 암 입원일당, 응급실 내원비 등을 모두 삭제하자. 이것만 줄여도 매달 내는 보험료를 많이 아낄 수 있을 것이다.

다시 한번 말하지만, 이렇게 보험료를 정리하며 줄인 비용으로 운동을 다니거나 영양제를 챙겨 먹는 등 평소 건강을 위해 투자하는 것이 훨씬 가치 있다. 건강검진을 받기 위한 비용으로 저축하는 것도 좋은 방법이다.

변동지출(생활비)을 정리하자

우리가 흔히 말하는 생활비는 변동지출을 이야기한다. 가끔 생활비 내역을 SNS에 올리면, "초아 님은 아이들 학원 안 보내세요? 보험은 없으세요? 어떻게 생활비가 이렇게 적게 나오나요?"라는 질문을 하시는 분들이 있는데, 이분들은 한 달 전체 소비를 생활비라고 생각해서 이런 질문을 하신다.

돈 정리를 제대로 하기 위해 다시 한번 명확하게 알아 두자. 한 달 소비는 고정지출, 변동지출, 비정기지출로 나뉘어 있고, 그중 변동지출을 생활비라고 부른다. 대부분의 재테크 책에서도 이러한 방식으로 설명하고 있고, 가계부 역시 이러한 구분에 따라 카테고리가 나뉘어진 경우가 많다. 따라서 이 부분을 명확히 구분하고 있으면 돈 정리가 훨씬 수월하다.

물론 용돈을 받아 쓰거나 부모님과 함께 사는 미혼 자녀의 경우, 큰 고정지출이 들지 않기 때문에 한 달 동안 쓰는 모든 소비를 생활비라고 지칭하기도 한다. 따라서 생활비를 정리할 때 어디까지를 변동지출로 볼 것인지 카테고리를 구분하는 것이 중요하다.

변동지출 정리의 첫 번째는, 생활비 전용 계좌를 별도로 만드는 것이다. 매달 월급이 들어오면 생활비 예산을 떼어 생활비 계좌에 이체한다. 이것만으로도 대략 한 달 생활비로 얼마를 쓰는지, 항상 부족한지 남는지 알 수 있다. 또한 예산 안에서만 써야 한다는 생각이 들어 생활비를 절약하기에도 좋다.

이렇게 관리하는 것을 '심리적 회계'라고 하는데, 이는 독일의 경제학자인 리처드 탈러 교수의 행동 경제학에서 가장 핵심적인 이론 중 하나이다. 사람들은 돈을 용도나 목적에 따라 구분해 다르게 인식하고, 스스로 의미를 부여하면서 그 가치를 다르게 평가한다. 예를 들어, 어렵게 번 돈은 아껴 쓰고, 쉽게 얻은 돈은 쉽게 쓰는 경향이 여기에 해당된다. 국내에도 이 이론을 주장한 이지영 작가의 《심리계좌》라는 책이 있는데, 나도 두 번 이상 읽었을 정도로 추천하는 책이다.

두 번째 방법은, 생활비 예산을 세우는 것이다. 생활비 예산을 책정하는 방법은 톱다운(top-down) 방식과 보텀업(bottom-top) 방식 2가지가 있다.

먼저 톱다운 방식은 예산 한도를 미리 정한 후, 그 한도 내에서 생활하는 방식이다. 예를 들어 월 생활비를 120만 원 예산으로 설정했다면, 1~4주는 매주 28만 원, 마지막 5주차는 며칠 되지 않으므로 8만 원으로 계산할 수 있다. 이는 일 4만 원이므로, 하루에 4만 원의 예산 안에서 소비하면 된다. 이런 식으로 위에서부터 아래로 내려오면서 매일 써야 하는 생활비를 계산하는 방식이 톱다운이다.

처음 가계부 습관을 들이는 사람이나 재정 관리를 막 시작하는 사람, 강력한 예산 통제가 필요한 사람에게 추천하는 방식이다. 선저축, 후지출이라는 말을 들어 보았는가? 대부분의 재테크 책에서 추천하는 월급 관리 방식으로, 톱다운 예산 설정 방식이 이에 속한다.

보텀업 방식은 이와 반대로 각 이벤트에 맞춰 예산을 편성하는 방식이다. 매일 4만 원씩 생활비를 사용한다고 가정하면 일주일에 28만 원이니까 한 달엔 120만 원이 필요하다는 결론이 나온다. 이런 식으로 아래에서 위로 올라가면서 매일 써야 하는 생활비를 계산한다. 아래에서부터 계산하기 때문에 매달, 매주, 매일 예산이 다를 수 있다. 예를 들어 5~6월엔 120만 원으로 생활하다가 아이들 방학이 있는 7~8월에는 150만 원으로 생활비를 늘리는 것이 바로 보텀업 방식이다.

가계부 작성이 어느 정도 습관화된 사람, 재정 관리가 익숙한 사람, 예산 사용에 여유가 있는 사람에게 추천한다. 실제로 가계부를 작성하다 보면 매일, 매달 같은 예산으로 생활하기가 어렵기 때문이다. 손님 초대나 아이들 방학 등의 이벤트가 있을 땐, 확실히 평소와 쓰는 금액이 달라진다. 이럴 때는 상황에 맞춰 예산을 늘리는 센스가 필요하다.

그러나 처음 가계부 습관을 들이는 사람에게 보텀업 방식보다 톱다운 방식을 추천하는 이유는, 처음부터 융통성 있게 돈을 관리하다 보면 돈 관리 습관을 들이기가 어렵기 때문이다. 이 이유, 저 이유로 자기 합리화를 하며 이전과 같은 패턴으로 소비하게 될 가능성이 높다. 따라서 이런 사람에게는 조금 더 강한 예산 통제가 필요하기 때문에 톱다운 방식을 추천한다.

세 번째는, 이렇게 정한 생활비 예산을 일주일 단위로 관리하는 것이다. 이 또한 심리적인 부분이 반영되는 돈 관리법으로, 한 달 생활비가 100만 원이라고 생각할 때와 5주로 나누어 이번 주 생활비가 20만 원이라고 생각할 때 돈에 대한 마음가짐이 달라지기 때문이다. 100만 원이라고 생각하면 돈이 많다는 생각에 월초에는 헤프게 쓰다가 월말이 되면 늘 돈이 부족해서 긴축재정을 하거나 신용카드를 쓰게 될 확률이 높다. 반대로, 매주 20만 원 안에서 생활해야 한다고 생각하면 좀 더 긴장하고 계획적으로 생활하며 절약할 확률이 높다. 물건이든 돈이든 많은 양을 관리하기보다 잘게 쪼개어 관리하면 운영하기가 훨씬 쉽다.

세운 계획대로 예산 관리가 잘된다면 한 달 생활비를 전부 생활비 계좌에 넣어 두고 생활해도 좋지만, 일단 돈이 들어 있으면 아무리 마음을 단단히 먹어도 관리가 어렵다는 사람이 있을 것이다. 그런 사람들은 하루만 넣어도 이자를 주는 파킹통장에 한 달 생활비를 넣어두었다가 매주 월요일마다 이번 주 예산만큼 생활비 계좌로 옮기는 방법도 있다. 또 처음부터 아예 현금으로 인출해서 5주로 돈을 나누어 관리하는 방법도 있다. 생활비 지갑 '위클렛'이나 시중에 파는 '생활비 달력'을 이용하는 것도 좋은 방법이다. 앞에서도 말했지만 '목마른 사람이 우물 판다'는 속담처럼 예산 안에서 생활하겠다는 의지만 있다면, 방법은 얼마든지 있다. 나에게 맞는 방법을 찾아보자.

변동지출 정리를 위한 네 번째 방법은, 가계부를 작성하는 것이다. 이 부분에서 어려워하는 사람들이 많은데, 수입과 지출 파악 없이는 생활비가 절대 줄어들지 않는다는 것을 명심하자. 특히 월급으로 생활하는 평범한 가정이라면, 돈을 정리하고 절약하고 싶다는 간절함이 있다면, 정확한 수입과 지출 파악은 필수다.

꾸준한 가계부 작성이 어렵다면, 일주일에 한두 번 몰아서 쓰는 것도 방법이다. 다만 가계부 작성 습관이 필요하다면, 되도록 매일 쓰는 것을 추천한다. 한두 번 몰아 쓰려다가 결국 안 쓰게 되는 경우도 많이 보았기 때문이다. 어느 정도 익숙해질 때까지는 습관 정착을 위해서라도 매일 쓰는 것이 좋다.

또는 나에게 적합한 가계부를 찾지 못해서 가계부 작성이 어려울 수도 있다. 이럴 때는 수기가계부에서 어플가계부로, 엑셀가계부에서 수기가계부 등으로 가계부 작성법을 바꿔 보는 것도 좋은 방법이 될 수 있다. 내가 가계부를 처음 쓸 때 엑셀가계부로 도전했다가 가계부 작성을 포기한 경험이 있기 때문이다. 나는 PC를 자주 사용하지 않는데, PC로 쓰는 엑셀가계부로 도전하니 자꾸만 가계부 작성이 밀렸고, 결국엔 작성을 멈추게 되었다. 그러다 수기가계부를 쓰면서 가계부 작성에 습관이 들었고, 현재는 수기와 엑셀가계부를 병행해서 사용하고 있다. 수기가계부에는 매일의 생활비 지출을, 엑셀 가계부에는 고정지출, 비정기지출 및 대출 상환 내역이나 누적 자산을 작성하며 전체적인 재정 관리를 하고 있다.

반대로, 완벽하고 싶은 마음이 강한 사람들도 가계부 작성을 힘들어하는 것을 많이 보았다. 이왕 작성하는 거 꼼꼼하게 기록하고 싶다는 생각에 단돈 10원까지도 정확하게 맞추려고 하거나 세세하게 생활비 항목 전체를 기입하려고 하니 신경 쓸 게 많아져서 가계부 작성을 힘들어한다. 제대로 하지 못할 바에야 아예 포기해 버리는 것이다. 이럴 때는 식비만이라도 작성해 보거나, 편의점 혹은 카페처럼 내가 주로 낭비한다고 생각하는 비용만 작성해 보는 것도 좋다. 그러다 보면 하나씩 작성 항목이 늘어나 언젠가는 생활비 전체를 작성하는 게 수월해질 것이다.

마지막 방법은, 피드백을 꼭 하는 것이다. 피드백은 여러 번 말해도 부족할 정도로 중요하다. 내가 주로 사용하는 피드백 방식은 '형광펜 체크'다. 가계부를 쓰다 보면 똑같은 항목이어도 합리적인 소비가 있고, 반성되는 소비가 있다. 예를 들어, 몸이 너무 힘들거나 요리할 시간이 부족해서 배달음식을 시키는 것과, 집에 식재료가 다 있는데도 불구하고 귀찮아서 배달음식을 시키는 것은 전혀 다르다. 후자는 충분히 아낄 수 있는 지출이다. 이럴 때 나는 후자의 지출을 가계부에 적으며 형광펜으로 체크를 한다.

한 달을 돌아봤을 때, 형광펜으로 체크한 개수가 많으면 많을수록 낭비가 많았던 것이다. 이 피드백을 바탕으로 그다음 달에는 형광펜 개수를 줄이기 위해 노력한다. 그러다 보면 어느 순간 낭비보다는 꼭 필요한 소비만 하는 횟수가 늘어나 있다.

비정기지출을 정리하자

비정기지출이란 세금, 경조사비, 휴가비, 명절비, 가전/가구 구입비 등과 같이 비정기적으로 지출되는 금액으로 연간비, 특별비라고도 부른다. 헷갈린다면 고정지출과 변동지출을 제외한 모든 지출을 비정기지출이라고 생각하면 간단하다.

비정기지출을 정리하는 방법은 달력을 생각하면 된다. 1월부터 12월까지 쭉 적은 뒤, 잊으면 안 되는 이벤트와 지출을 적는 것이다.

월별 비정기지출 목록			
1월	자동차세 연납	7월	재산세(1차)
2월	경조사(졸업, 입학 등), 설날	8월	주민세, 여름 휴가비
3월		9월	재산세(2차), 추석
4월	경조사(결혼)	10월	
5월	어린이날, 어버이날	11월	
6월		12월	크리스마스, 연말 모임

여기에 생일, 기일, 결혼, 출산 등의 가족 경조사를 기록하고, 자동차가 있는 집은 자동차 보험 가입 시기를 추가로 기록한다. 여기까지 따라왔다면 월별 비정기지출 정리가 끝났다.

이제는 진짜 비정기적으로 필요한 비용인 경조사비, 자동차 수리비, 병원비, 의류비, 가전/가구 구입비, 기타 비정기지출 비용 등을 추가하여 우리 집에 필요한 연간 비정기지출 비용을 계산해야 한다.

아래의 표는 5인 가족인 우리 집의 비정기지출 예산이다. 자동차와 부동산이 있고, 명절 때 부모님께 드리는 용돈을 많이 책정하다 보니 비정기 지출 예산만 1,200만 원이 훌쩍 넘는다. 자동차는 1대고, 부부와 아이들의 생일 지출은 생활비에서 책정하고, 고가 의류를 제

월별 비정기지출 비용			
구분	항목	예산(원)	실제 지출액(원)
1월	자동차세	400,000	
2월	설날 명절비	1,500,000	
	입학 준비	50,000	
5월	어린이날	100,000	
	어버이날&시어머니 생신	1,000,000	
6월	자동차 보험료	450,000	
7월	재산세	400,000	
8월	주민세	20,000	
	휴가비	700,000	

9월	재산세	400,000	
	추석 명절비&시아버지 생신	1,500,000	
10월	친정 엄마 생신	300,000	
기타	경조사비	1,000,000	
	자동차 수리비	400,000	
	의류 구입비	500,000	
	가전/가구 구입비	500,000	
	응급 의료비	3,000,000	
	기타	500,000	
합 계		12,720,000	

외한 평소 외출복 구입은 남편과 아내의 용돈에서 각각 지출하고 있음에도 평균 매월 100만 원이 넘는 금액이 비정기지출 비용으로 나간다는 뜻이다.

내가 운영하는 살림경영 클래스에서도 비정기지출 예산을 작성하는 시간을 갖는데, 지금까지 경험으로 보아 보통 1,000만 원~1,500만 원 정도가 평균인 것 같다. 차가 2대 이상이거나 해외여행을 떠나는 집들은 2,000만 원 이상의 비정기지출 비용이 발생하기도 한다.

문제는 비정기지출 예산의 높고 낮음이 아니다. 이것은 집집마다 어디에 가치를 두고 사는지에 따라 다르고, 자동차나 부동산의 유무, 가족 행사를 어디까지 챙기는지에 따라서도 다를 수 있기 때문이다.

진짜 문제는 사람들에게 한 달에 얼마를 쓰는지 물어보면, 고정지출과 변동지출 금액만 생각하며 "우리 집은 이 정도 소비하는 것 같아요"라고 말하는 것이다. 대부분의 사람이 비정기지출을 머릿속에 담아 두지 않고 있다. 이 또한 앞서 말한 심리적 계좌가 적용되기 때문으로, 비정기적으로 나가는 비용에 대해서는 평소 신경을 덜 쓰기 때문이다.

고정지출과 변동지출 관리가 안정기에 접어든 것 같은데도 왜 신용카드를 없앨 수 없을까? 분명 꼭 필요한 곳에만 쓰는 것 같은데도 왜 늘 마이너스일까? 아직 이 부분이 해결되지 않았다면, 답은 비정기지출이다. 이 비용을 대비하지 못했으니 늘 100만 원 정도 마이너스가 되는 것이고, 가족 행사가 많은 달에는 생활이 빠듯해져서 다시 신용카드를 쓸 수밖에 없는 것이다. 그렇다면 비정기지출 비용은 어떻게 마련하는 게 좋을까?

첫째, 월수입에서 고정지출, 변동지출, 비정기지출을 모두 감당한다. 월수입이 넉넉하다면 이 방법이 제일 간단하다.

둘째, 비정기지출 전용 계좌를 만들어 일정 금액을 넣어 두고, 쓰면 채워 넣고, 쓰면 채워 넣는 식으로 항상 일정한 잔액을 유지한다. 우리 집의 경우는 이 방법을 사용하고 있는데, 비정기지출 계좌에 500만 원 정도 넣어 두고, 사용한 금액만큼 다시 채워 넣는 식으로 관리하고 있다. 비정기지출 금액과 비상금을 합쳐서 한 계좌에서 관리하고 있으며, 나는 이것을 비정기지출과 비상금의 앞 글자를 따서 '비비계좌'라 부른다.

마지막 방법은, 비정기지출 전용 계좌를 만들어 연간 필요한 비용을 전부 넣어 두고, 이 계좌에서만 사용하는 것이다. 이렇게 하면 평소 고정지출비와 변동지출비에 타격을 주지 않기 때문에, 충분한 목돈이 있다면 이 방법도 괜찮다. 다만 내년 비정기지출 비용을 다시 대비해야 하므로 그 부분까지 고려해서 저축액을 설정해야 한다.

✷ ✷ 나만의 용돈을 꼭 만들자 ✷ ✷

이제부터 마음을 단단히 먹고 돈 관리를 제대로 해 보려는데, 정작 배우자의 소비 습관은 그대로라면? '나만 왜 이렇게 아등바등 열심히 살아야 하나. 결국 그대로인데' 하는 생각에 힘이 빠질 것이다. 배우자 또한 '내가 열심히 벌었는데, 이 정도도 나를 위해 못 쓰나?' 하는 생각이 들며 열심히 일하는 의미를 잃어버릴 수도 있다.

실제로 경제적인 부분을 얘기하다가 도돌이표만 되는 상황에 지쳐 서로 감정이 상하는 부부들도 많다. 이 부분을 해결하기 위해 내가 제시하는 방법은 부부 개인 용돈을 책정하는 것이다.

개인 용돈이 필요한 첫 번째 이유는, 변동지출비(생활비)를 정확히 계산하기 위해서다. 특히 주부들의 경우, 생활비에서 개인 용돈을 쓰는 경우가 많다. 이 경우 이번 달에 아이들 간식을 많이 사서 생활비를 많이 쓴 건지, 내가 지인들을 자주 만나서 생활비를 많이 쓴 건지 구분이 힘들다. 이 같은 상황이 반복되면 애써 생활비 예산을 책정해 놓은 의미가 없어지게 된다.

두 번째 이유는, 눈치 보지 않고 쓰기 위해서다. 가끔은 충동구매도 하고 싶고, 지인들과 평소보다 맛있는 음식을 먹으러 가고 싶은 날도 있다. 아무리 돈 정리를 하고 물건 정리를 하면서 물욕을 조절하는 힘이 생겼다지만, 그래도 가끔은 그러고 싶은 날이 있다. 이럴 때 배우자 눈치 보지 않고 쓰기 위해서라도 개인 용돈이 필요하다.

요즘은 주부들도 자기계발을 하기 시작하며 책을 읽거나 온라인으로 강의를 듣는 사람들이 많아졌다. 내가 만난 대부분의 남편들은 아내의 자기계발을 응원하지만, 간혹 이를 반대하는 남편들도 있다고 들었다. 금액이 크다면 당연히 남편과 상의를 해야 하지만, 비교적 적은 금액까지 일일이 상의하며 지출해야 한다면 돈을 쓸 때마다 눈치가 보이는 게 사실이다.

이럴 때 개인 용돈이 있다면 어떨까? 내 용돈으로 책을 읽고 강의를 듣겠다는데 반대할 이유가 없다. 게다가 나는 자기계발은 지출이 아닌 투자라고 생각한다. 《10배의 법칙》 책의 작가이자 영국의 온라인 매체 〈리치토피아〉가 뽑은 2016년 세계에서 가장 영향력 있는 CEO 500인 중 7위에 선정된 그랜트 카돈은 "당신이 돈과 시간이 없는 이유는 당신의 돈과 시간을 투자하지 않았기 때문이다"라고 했다. 투자가 있어야 성장도 있는 법이기 때문에 나는 개인 용돈 안에 자기계발 비용은 필수로 책정해야 한다고 생각한다.

세 번째 이유는, 선물의 의미를 지키기 위해서다. 우리 부부는 기념일마다 개인 용돈에서 서로에게 선물을 하고 있다. 나 같은 경우는 생활비에서 선물을 받으면 필요한 것 하나 샀다는 만족감뿐, 선물을 받았다는 생각이 들지는 않는다. 똑같은 물건을 사더라도 공용 돈에서 갖고 싶은 것을 사는 것과, 남편이 나를 위해 사 주는 건 의미가 다르기 때문이다.

외벌이 가정의 가장을 맡고 있는 내 지인 중 한 명은 생일 선물을 챙긴 지 오래됐다고 했다. 왜 그런지 물어보니 어차피 자기 돈으로 선물을 산다는 생각이 들어 차라리 절약하고 싶다고 했다. 처음에는 뭘 그렇게까지 진지하게 생각하냐고 했는데, 시간이 지나니 그렇게 생각할 수도 있겠다며 공감이 되었다. 만약 용돈을 모아서 선물을 사 줬다고 하면 느낌이 다를 것이다. 아마 선물의 의미도 잘 전달되고 받으면서도 고마운 마음이 들 것이다.

용돈을 책정하는 방법은 오른쪽 표와 아래의 공식을 활용하면 된다. 생활비나 비정기지출로 처리되는 비용은 제외하고, 용돈으로 책정할 항목에 대해서만 기입하면 된다.

막연히 '20만 원쯤 있으면 되지 않을까?' '회사에서 점심까지 먹어야 하니 50만 원쯤 있어야 하지 않을까?'가 아니라 그 비용을 정확히 계산해야 한다.

요코야마 미츠아키가 쓴 《90일 완성 돈 버는 평생 습관》에서는 돈을 모으지 못하는 사람에게는 숫자를 전혀 사용하지 않는다는 공통점이 있다고 한다. 많이 썼다면 어디에 얼마를 썼는지 알아야 하는데, 모든 소비를 감으로 기억하고 판단하기 때문에 시간이 흐르면 기억이 나지 않는 것이다. 많이 썼다면 많이 쓴 기준이 얼마부터인지, 최

용돈 항목		
항목	월간 비용	연간 비용
대중교통비		
의류/속옷		
소품/액세서리		
헤어		
화장품		
피부 관리/마사지/네일		
자기계발(운동/강의/책)		
점심 식비		
교제/친목 모임		
혼자만의 시간(카페 등)		
월 평균		
연 합계		

월 평균 용돈 = (월간 비용 합계×12+연간 비용 합계)/12

선을 다해 줄이려고 노력했다면 최선을 다한 결과가 얼마인지, 반대로 낭비라고 생각하는 금액은 얼마부터인지 숫자로 말할 수 있어야 한다.

따라서 부부 용돈도 반드시 생활비에서 분리해서 관리하자. 나는 결혼을 했을 때부터 용돈 제도를 시작했는데, 금액은 크지 않더라도 한 달 동안 살림하느라 고생한 나 스스로에게 월급을 주는 느낌이 들어 좋았다.

이렇게 용돈을 책정했는데도 배우자가 자꾸만 용돈 대신 생활비 카드로 지출을 해서 고민이라는 가정들이 있다. 우리 가정도 한동안 그 문제로 고민했던 적이 있는데, 내가 택한 방법은 '여입'이었다. '여입'이란 회계용어로서 한번 지출된 세출과목에 다시 입금하는 것을 말한다. 남편이 용돈으로 써야 하는 지출을 생활비 카드로 지출한 경우, 그 금액만큼 용돈 계좌에서 생활비 계좌로 이체해 달라고 하는 것이다. 몇 번 이렇게 요청했더니 귀찮은지 그다음부터는 용돈 카드로 잘 결제했다.

마찬가지로 통장 쪼개기를 해서 돈 관리를 할 때도 위와 비슷한 경우가 얼마든지 발생할 수 있다. 생활비 계좌에서는 생활비만 써야 하는 게 원칙이고, 이를 위해 통장 쪼개기를 한 것도 맞다. 하지만 당장 경조사비를 내야 하는데 가진 것이라고는 생활비 카드밖에 없다면, 고민하지 말고 거기서 지출하면 된다.

그 후 '여입' 기능을 이용해 비정기지출 계좌에서 생활비 계좌로 이체해 주면 되는 것이다. A 카드로 썼기 때문에 꼭 A 지출로 관리해야 한다는 생각을 버리자. A 카드로 썼지만, B 카테고리가 맞다면 추후 그 금액만큼 여입해 주면 되는 것이다.

어떤 집은 생활비 예산이 100만 원인데 아직 체크카드로만 생활비를 지출할 여력이 되지 않아 A 신용카드도 써야 하고 B 신용카드도 써야 하는 상황이 있을 수도 있다. 이때도 카드가 중요한 게 아니다. A 카드로 쓰든 B 카드로 쓰든 그걸 합쳐서 생활비 예산을 넘기지 않는 게 중요한 것이다. 어쨌든 한 달 동안 가정을 잘 돌보기 위해 고생한 우리 부부를 위해 용돈 제도는 꼭 만들어 보기를 추천한다.

시간

홍은실

✱ ✱ 미루지 않습니다. 어치피 해야 하니까요 ✱ ✱

'티끌 모아 태산'이라고 푼돈 모아 목돈을 만들기도 한다. 그러나 더 큰 부를 이루기 위해서는 티끌에 연연해서는 안 된다. 더 벌기와 투자를 병행해야 한 단계 나아갈 수 있듯, 시간 관리도 마찬가지이다. 자투리 시간을 어떻게 활용하느냐도 너무나 중요하지만 결국은 통시간을 만들어 내야 제대로 시간을 활용할 수 있게 된다. 불필요한 업무들을 비우고 유의미한 가용 범위를 늘리는 작업이 꼭 필요하다.

물론 어쩔 수 없는 환경과 시기가 분명히 존재한다. 돌 전 아기를 돌보는 엄마의 경우 통시간을 만들기란 너무나도 어렵다. 그럴 때는 마음 편히 작은 것에 집중하자. 큰 욕심 내려놓고 내게 주어진 자투리 시간에 잠시 짬 내어 원하는 활동을 하는 것만으로도 큰 성과다. 다만 충분히 가용 범위를 만들 수 있는 환경이라면 자투리 시간에만 집착하지 말자. 우리는 제대로 비워 내고 이제는 더 좋은 것들로 채울 수 있는 사람들이다.

 1부에서 반복적인 일을 반복하지 않게 만들거나, 해야만 한다면 절대 미루지 말라고 했던 이유가 이 때문이다. 우리는 이젠 정말 날아가야 한다. 날 수 있는 모든 준비가 끝났다. 연료를 가득 채웠고 멋진 비행기를 준비했다. 그런데 정말 사소한 일 따위에 방해받아 날아가지 못한다. '에이, 설마!'라고 생각하는가? 천만에, 정말이다. '애걔! 고작 그 정도 따위에?'라는 따위들 때문에 우리의 발목이 잡힌다. 내일의 나에게 맡기고 자 버린 어제의 나의 선택 때문에. 조금 있다 해야지 하는 순간 산더미처럼 불어난 집안일들, '주말이니까!'라는 말로 퉁쳐진 모든 합리화들로. 작은 선택들이 나의 비행을 도울 수도, 막을 수도 있다.

 어떤 사람은 내일의 나를 돕는 데 익숙한 반면 어떤 사람은 내일의 나에게 미루는 것에 익숙하다. 처음에는 별 차이 없던 두 사람이 시간의 힘으로 점점 다른 길을 걷게 된다. 매일의 작은 선택 하나 때문에 정말 다른 결과를 보게 되는 것이다. 이 결과의 최종은 '기분'으로 알 수 있다. 내가 선택한 일들에 대한 결과를 보며 누군가는 만족, 성취, 기쁨을 느끼고 누군가는 한심함, 답답함, 실망감을 느낀다. 이것이 문제다. 내 선택이 과연 나 자신을 실망시킬 만큼 가치 있는 일이었던가?

 나는 가능한 집안일을 미루지 않는다. 미루는 일이 있다면 그것은 전략적으로 계획된 미룸이다. 순간의 기분으로 일을 미루지 않는다. 왜? 어차피 그 일은 내가 해야 하니까. 어차피 하는 일은 기분 좋게 하고 싶다. 일을 미루다 미루다 억지로 하면 더 하기 싫다. 어차피 해야 하는 일을 왜 더 하기 싫게 만들어야 할까? 그건 나를 돕는 일이 아닌 나를 불편하게 하는 일이다. 내가 나를 돕지 못할망정 나를 불편하게 하는 일은 만들지 말자.

전업주부였을 때도, 워킹맘인 지금도 나는 주말 살림 루틴이 있다. 주중의 살림을 돕는 일들을 몇 가지 해 두는 것이다. 식재료를 알맞게 준비해 놓거나 싱크대와 식기 건조대의 물때를 제거하거나 식단표를 짜 두는 일 등이다. 우리는 둘 중 하나의 모습으로 살아간다.

A: "주중에 정신없이 일했는데, 주말에도 못 쉬고 집안일까지 해야 해?"
B: "주말에 조금 수고하면 주중이 편하니까 지금 잠시 해 두자!"

'주말 살림'이라는 것은 같으나 이 둘을 대하는 태도가 다르다. 태도가 좋은 사람과 태도가 나쁜 사람으로 구분하려는 것이 아니다. 어차피 해야 한다면 미루어 하기 싫은 일로 만들지 않고, 미리 돕는 일로만 만들어 두어도 다른 결과가 펼쳐진다는 말을 하고 싶다.

B는 분명 주말의 도움으로 주중의 시간 관리가 훨씬 편할 것이고, 그 덕에 다시 돌아온 주말에는 에너지가 남아 있을 것이다. 내가 운영하는 '슬기로운 루틴생활'이라는 수업에서 하는 것이 바로 이런 일이다. 마지못해 해 오던 관리적인 일들을 다시금 주체적으로 당겨 와 다른 결과를 보게 만드는 것.

우리는 감정 노동이라는 말을 안다. 스스로의 감정을 힘들게 하는 것 또한 감정 노동이라고 생각한다. 지금 한번 생각해 보면 좋겠다. 나는 스스로의 감정을 돕고 사는가? 돕지 않고 있는가? 분명한 것은 우리 각자에게는 선택할 능력이 있다는 것이다.

일을 미루지 않아야 하는 두 번째 이유는, 통시간을 만들어 내기 위함이다. 자투리 시간 활용도 중요하지만 삶을 점점 더 나은 것으로 채우기 위해서는 '통시간'을 만드는 것이 우선이다. 유의미한 시간을 확보하는 것만 해도 시간 관리의 반은 성공이다. 그럼 어떻게 통시간을 만들 수 있는가? 우리는 너무 많은 일을 산발적으로 하고 있다. 여러 일을 하는 것도 있지만 '한 번에 하나씩'이라는 단순한 원리를 무시하며 살기 때문이다.

수학 시간에 영어를, 영어 시간에 수학 공부를 하는 것처럼 주어진 시간에 집중하지 않고 다음 수업에 지장을 주는 학생이 있다. 이런 상황을 경상도 사투리로는 '디비쪼다'라고 한다. 쓸데없이 엉뚱한 짓을 한다는 말이다. 우리도 이런 실수를 자주 하며 산다. 결코 하찮지 않지만 하찮게 여겨지는 일 중 하나, '살림'이 있다.

아무도 알아주지 않고 인정받기도 힘든 일, 살림이라는 귀한 일이 이런 대접을 받는 이유는 '관리적인 일'이기 때문이다. 슬프지만 인정이 되는 부분도 있다. 나는 살림을 귀하다 여기지만 살림에 나의 시간과 에너지를 온종일 쏟고 싶지는 않다. 하찮다고 생각하기 때문이 아니라 내게 성과를 주는 분야는 따로 있기 때문이다. 살림을 하더라도 다음 일정을 위해 신속하고 정확하게 마무리하는 사람이 있는 반면, '세월아 네월아' '하는 둥 마는 둥' 시간을 흘려보내는 사람도 있다. 이런 태도로는 통시간을 마련하기란 불가능하다.

 비행기 활주로에 아무것도 없어야 비행기가 이륙할 수 있다. 만약 비행기 활주로에 돌덩이가 툭툭 놓여 있다면? 그 비행기는 절대 날 수 없을 것이다. 관리적인 일을 신속 정확하게 해치워야 하는 이유가 바로 여기에 있다. 진짜 하고 싶은 일을 하는데 방해받지 않고 비상하고 싶다면 돌덩이를 먼저 치워야 한다. 싫고 좋음의 문제가 아니다. 돌덩이를 치우는 일을 좋아하는 사람은 아무도 없다. 돌덩이를 치우는 일만으로는 성과를 내기도 어렵다. 그러나 그 일이야말로 절대적으로 우선되어야 하고 가치 있는 일임을 이제는 알게 되었을 것이다.

 살림을 예로 들었지만 직장에서도 관리적인 일이 있다. 나만이 해야 하는 중요한 업무에 더 많은 시간과 열정을 쏟고 싶더라도 결코 내게 주어진 관리적인 일을 소홀히 해서는 안 된다. 사소한 일들은 가급적 빠르게 해치우고 주요 업무에 집중하는 것이 가장 좋다. 딱 하나의 예외가 존재하는데, 살림에서든지 직장에서든지 돌덩이를 대신 치워 주는 사람이 있다면 가장 좋다. 살림의 경우 비용을 지불하고 전문가의 도움을 받는다거나, 직장에서 다른 동료 혹은 업체에게 업무 분장을 할 수 있는 상황이라면 가급적 그렇게 해 보자. 그러나 만약 돌덩이를 치워 줄 사람이 없다면? 결국 그 일은 '내가' 해야 하는 일이다. 그렇다면 미루지 말자! 어차피 해야 하는 일이라면 비상할 수 있도록 기꺼이 해치우자. 이것이 통시간 만들기의 지름길이자 유일한 팁이다.

마침내 통시간을 만들어 내었다면 이제 우리는 '몰입'의 세계로 입성할 준비가 끝났다. 결국은 이걸 위하여 통시간을 만드는 것이다. 성과를 낼 수 있는 시간! 자투리 시간만으로 만족하지 않고 통시간을 만들어 몰입의 시간을 가지는 것! 이것이 우리의 최종 목표이다. 비움을 넘어 원하는 채움이 결국 최종 목표인 것이다.

게리 켈러와 제이 파파산이 지은 《원씽 THE ONE THING》이라는 책이 요즘 다시 주목받고 있다. 이 책에서는 우리가 하는 일의 20%에서 80%의 성과가 난다고 말한다. 그러니 더더욱 한 가지에 집중하라고 한다. 20%를 제외한 나머지 80% 일은 최대로 줄이라고 한다. 그럼 답이 나왔다. 힘겹게 만들어 낸 '통시간'에는 잡다한 업무들은 절대 허용하지 않는다. 이 시간만큼은 내가 배우고 싶었던 것, 몰입해서 해결해야 할 업무, 나를 성장시키는 일들만 허용하기로 한다. 그러면 우리는 정말로 원하는 성과를 얻을 수 있을 것이다.

나의 경우 아이들 등교 전과 등교 후에만 관리적인 일을 위해 움직인다. 오전 9시부터 오후 4시까지는 업무시간으로 정해 두고 특히나 오전 블록은 앞에서 말한 성장을 위한 일들만 허용하는 몰입의 시간으로 사용한다. 지금처럼 책을 쓰거나 강의안을 만들거나 다음 프로젝트 혹은 콘텐츠 구상 등이다. 점심을 먹은 후 오전보다는 집중력이 떨어지는 시간에 업무 중에서도 관리적인 일들을 처리한다. 메일을 확인하거나 수강생들의 질문에 답변을 하고 SNS를 관리하는 일을 한다.

왜 통시간을 만들어 몰입하는 것이 중요할까? 밀도 있는 시간 사용은 만족감과 직결되기 때문이다. 결국 우리의 최종 목표는 기분과 감정 관리일지도 모르겠다. 사람은 몰입을 하면 행복감을 느낀다고 한다. 밀도 있는 시간 사용을 하면서 내가 나를 바라보는 시선도 바뀌어 간다고 확신한다. 대충 때우듯 하루를 살아갈 때와 원하는 일을 적극적으로 밀도 있게 해낼 때의 만족감은 결코 같을 수가 없다. 이런 만족감으로 살아가는 삶은 불평불만보다는 감사로 채워질 것이다. 행복해지는 법은 이토록 간단하다. 주어진 시간에 원하는 일들로 나의 삶을 채워 가는 것! 그저 그렇게 대충대충이 아니라, 몰입하고 밀도 있게 살아가는 것이 나의 심플한 기분 관리 팁이다.

    1부를 통해 잘 비우는 연습을 했으니 이젠 잘 채우는 일만 남았다. 잘 채우는 방법의 첫 번째가 통시간을 만드는 것이다. 내게 매일 몰입의 시간을 선물해 보자. 길지 않아도 괜찮다. 처음엔 하루 30분 몰입도 쉽지 않을 수 있다. 하루 10분도 좋다. 해야만 하는 시간이 아니라 내가 원하는 시간으로 만들면 지속하기 쉽다. 나에게 선물하는 하루 10분, 너무 멋지지 않은가?

    실제로 수강생 중에 하루 10분 독서로 한 달에 책 한 권씩 읽어 낸다고 하는 분들도 많았다. 갓난아기를 키우면서도 하루 10분 정도는 짬 내어 독서할 수 있다. 아기가 잠시 혼자 노는 10분, 아기가 낮잠 자는 30분. 우리는 점점 더 나아질 것이고 자투리 시간에서 통시간으로, 짧은 집중력에서 긴 시간 몰입으로 나아갈 수 있다. 나 자신을 믿어 주자. 나는 생각보다 훨씬 더 강하고 멋진 사람이다.

✶ ✶ 돈으로 시간을 살 것 ✶ ✶

'돈으로 시간을 산다'는 것에 대해 쓰려니 부담이 되는 것도 사실이다. 사람마다 돈에 대한 가치관이 다르기에 분명 나와 다른 시각을 지닌 사람도 있을 것이다. 그럼에도 나의 삶에서 떼려야 뗄 수 없는 중요한 부분이니 돈으로 시간을 사는 방법 또한 공유해 보려 한다.

롭 무어가 쓴 《레버리지》라는 책을 읽고 나서 많은 생각을 했다. 돈을 아끼려 나의 시간을 너무나 많이 썼던 사람으로서 반발심이 살짝 올라오기도 했지만, 결국은 이 책이 앞으로 내가 나아가야 할 방향을 확립하게 해 주었다. 나의 전업주부 생활은 그야말로 나의 시간을 갈아 넣어 돈을 대체했던 기간이었다. 그때의 시간이 있었기에 살림 콘텐츠로 나눔을 할 수 있었고 책도 쓸 수 있었다. 그런 의미에서 보자면 세상에 의미 없는 시간은 없다. 도움 되지 않는 활동은 없다. 그러나 내가 조금 더 일찍 독서를 하고 이런 개념을 빠르게 습득했더라면? 지금보다 조금 더 빠른 성장을 해서 이미 다른 모습으로 살아가고 있지 않을까 아쉬울 때도 있다.

한국에서 외벌이로 살아간다는 것이 쉽지 않음을 알고 있다. 공무원 남편의 월급으로 네 식구가 살아가려니 적당히 살아도 마이너스일 때가 많았다. 그러니 나의 시간으로 돈을 대체할 수밖에 없었다. 돈가스, 함박스테이크, 햄버거, 수제청 등을 시판으로 구매하지 않았다. 재료를 사 와서 집에서 직접 만들었다. 같은 금액이면 훨씬 건강한 맛의 훨씬 더 많은 양을 만들 수 있다. 누구나 시간이 있다고 이런 수고를 하는 것은 아니다. 그런 의미에서 과거의 나를 칭찬하고 존경한다. 주어진 환경에서 최선을 다했다는 것은 팩트다.

그런데 그때 내가 이런 선택을 했던 것은 나의 시간으로 더 많은 돈을 벌 수 있을 거라고는 믿지 않았기 때문이다. 그때의 나는 레버리지 개념을 알고 있었어도 내 삶에 적용하지 못했을 것이다. 나의 돈을 내고 시간을 벌어 그 시간으로 더 많은 창출을 할 수 있다는 믿음도, 용기도 없었다.

처음 내가 레버리지를 이용한 것은 전기 건조기가 출시되고 빠르게 구매한 것이다. 그것이 첫 번째 나의 레버리지였다. 물론 레버리지라고 하기엔 조금 애매한 부분이 있긴 하다. 건조기 구매를 통해 평소 가장 하기 싫었던 빨래 너는 시간을 줄일 수 있었던 것은 맞지만 빨래 너는 시간을 줄여서 더 많은 것을 창출했는지는 잘 모르겠다. 그러나 꼭 돈이 아니라도 여유시간에 아이들과 한 번 더 눈 맞추고 놀아 준다거나 독서를 하는 등 생산적인 시간으로 사용한다면 그것은 레버리지가 맞을 것이다.

그 후로 몇 년이 지나 이사를 하면서 로봇청소기와 식기세척기를 구매했다. 이때부터는 제대로 된 레버리지 효과를 보았다. 바쁜 아침 시간 로봇청소기가 집 안을 돌며 내 대신 청소를 해 주면, 나는 그 시간에 아이들의 아침 루틴을 봐주고 식사를 준비했다. 남편 담당이었던 저녁 설거지도 식기세척기가 대신 해 주니, 남편은 귀중한 여유시간을 얻게 되었다. 분명 레버리지가 맞다. 아이들과 함께 시간을 더 많이 보낼 수 있으니 말이다.

가전제품을 넘어 이제는 업무에서도 레버리지를 이용한다. 예를 들면 택배를 직접 싸지 않고 배송 대행업체를 이용하는 것이다. 창업하기 전의 작은 소망이 있었다면 이런 모습이었다. 우리 집 대문 앞에 발송할 택배가 가득가득 쌓여 있는 모습을 꿈꿨었다. 그 꿈은 이루었는데 이루지 못했다. 소망한 대로 몇 백 개의 주문이 들어와서 택배가 나갔지만, 우리 집 대문 앞이 아니라 배송 대행업체 창고에서 박스를 쌓아 놓고 배송을 했으니 꿈을 이루었지만 이루지 않은 것이다.

누구나 처음은 집에서 소소하게 시작하고 직접 포장을 하는 경우가 많다. 나 또한 처음부터 물량이 엄청나게 많았던 것은 아니기에 충분히 남편과 집에서 할 수 있었지만, 택배를 포장하는 시간과 에너지를 모아 나만이 할 수 있는 일을 함으로써 더 많은 창출을 하는 게 맞다는 판단을 했다. 과거에는 나의 시간에 대한 값을 높이 사지 못했다면 이제는 나의 시간 값을 높게 판단하고 믿어 준다. 누가? 내가!

예전에는 시간을 투자하면 돈이 꼭 남아야 한다고 생각했던 시절이 있었다. 예를 들어 어린 아기를 시터에게 맡기는 비용이 나의 월급과 맞먹는다면 나는 무조건 아이를 보는 것이 맞다고 생각했다. 이건 모성애나 교육관과 달리, 그 돈을 벌어 전부 비용처리할 거라면 굳이 벌 필요가 있나? 하는 단순한 계산이자 돈 개념이 부족했던 나의 어리석음이었다.

나에겐 여동생이 있는데 대학병원에서 10년 넘게 근무하고 있다. 이제 곧 출산을 앞두고 있는데 출산휴가 3개월만 보내고 복직할 계획을 하고 있다. 예전의 나였으면 이해도 되지 않고 어쩌면 말렸을지도 모르나 이제는 안다. 모든 수입이 비용 지출과 맞먹는다 할지라도 돈이 아닌 다른 것을 얻는다면, 내가 가치 있게 생각하는 무언가를 지킬 수 있으면 된다는 것을.

A냐 B냐, 어떤 게 옳다 그르다의 문제가 아니다. 어떤 선택을 해도 되는 거였다. 레버리지 개념을 알고 난 후 예전의 나는 무조건 A가 옳다고만 생각했고 B를 부정했었다는 사실을 알게 되었다. 어떤 선택이든 나의 가치판단에 따라 결정하고 결과를 인정하면 되는 것임을 이제는 안다.

요즘의 나는 가능한 나의 시간을 줄여 주는 '것', '곳', '사람', '시스템', '교육' 등에 비용을 지출한다. 나의 시간을 줄여 준다는 것은 내가 빠져도 되는 일이라는, 굳이 내가 아니어도 된다는 증거다. 이제는 '나'라는 사람이 빠져서는 안 되는 일에만 집중하고 나머지 일에는 철저하게 레버리지를 이용하고 싶다. 점차 그렇게 시스템을 만들어 가고 있다. 그만큼 많은 비용이 지출되고 순수익이 줄어들지만 괜찮다. 돈보다 귀한 내 시간이 저축되고 있고 그 시간은 더 많은 가치를 내는 데 사용되고 있으니.

휴식 시간을 철저히 계획하고 지켜 내기 위해 비용을 지출한다. 그러자 지치지 않고 나의 에너지 레벨을 잘 유지하면서 일할 수 있게 되었다. 점점 더 내가 하고 싶은 일에 집중하는 구조로 가게 된다. 이로써 나의 기분은 더욱 잘 지켜 내고 업무 효율은 높아지고 있다.

누군가는 아직 적은 매출로 고정 비용을 늘리는 것에 회의적일 수 있다. 하지만 앞서 말했듯 A냐 B냐의 문제에서 옳다 그르다를 판별

할 수 없다. 그 결정과 가치판단은 스스로의 몫이다. 나는 나의 시간과 기분 값을 높이 쳐 주기로 결정했을 뿐이고, 지금 점점 더 만족하며 더 높은 효율을 내고 있으니 나의 결정에 후회가 없다. 앞으로도 점점 더 시스템을 위한 비용 지출을 늘려갈 계획이다.

이렇게까지 비싼 비용 지불을 하는 이유는 단 하나! 시간은 대출이 되지 않기 때문이다. 돈은 빌릴 수 있으나 나의 시간은 빌릴 수가 없다. 그러니 더더욱 사수해야 하고, 그러니 더더욱 계획된 휴식 시간은 달콤하고 행복하다. 주중의 일에 집중하기 위해 주말에는 주중을 돕는 일들을 하게 된다. 이 모든 것이 억지로가 아니라 선순환 구조를 이루어 돌아가게 된다.

짠테크에서는 택시비를 아끼라고 한다. 이 말이 틀렸다는 것이 아니다. 다만 나는 짠테크를 선택하지 않았다는 것. 이것도 틀리지 않았다. 각자의 판단으로 선택한 결과를 책임지면 둘 다 옳다. 작은 돈은 허투루 여기거나 허투루 쓰겠다는 것이 아니다. 오히려 반대다. 돈을 모아 시간을 사야 하기 때문에 작은 돈이 더욱 귀하다. 평소엔 커피 한 잔 값도 아끼지만, 그렇게 아껴서 모은 돈으로 진짜 써야 하는 곳에 몇 백씩 일시불로 결제할 수 있다.

한번은 외부 강의 일정이 매우 힘들 것으로 예상되어 일부러 돌아오는 기차를 특실로 예매했다. 평소 아끼는 나의 소비 습관에 비해 보자면 큰 지출이지만, 더 중요한 것은 다음 날에도 업무를 잘 이어갈 수 있는 나의 컨디션이었기에 큰 고민 없이 결제할 수 있었다. 지금도 택시비가 쉽게 여겨지지 않지만 만약 대중교통으로 인해 내가 고단해지거나 시간을 많이 빼앗길 것 같으면 비용이 얼마가 나오든 택시를 이용한다. 나에게 가장 중요한 일은 강의를 잘하는 것이고 나의 컨디션 유지를 잘하는 것이기에 기꺼이 비용을 지불하는 것이다.

이런 결정을 할 수 있을 만큼 내가 하는 일에 대한 믿음과 자부심이 늘어났다는 것이 스스로 기특하고 대견하다. 점점 더 성장할 나를 기대하며 나의 시간과 에너지를 가장 소중하게 여겨 주려 한다.

여러분의 시간은 소중하다. 무엇과도 바꿀 수 없는 귀한 것이다. 내게 주어진 오늘은 우연이 아니다. 당연히 내일이 있다는 것도 착각이다. 이런 마음가짐이라면 생각보다 쉽게 내가 원하는 좋은 습관을 스스로 지속할 힘이 생겨 난다. 하루하루를 소중히 여기는 사람만큼 열심히 살 수 있는 사람은 없다.

나의 하루를 어떻게 여기고 있었는지를 돌아보면 좋겠다. 소중한 나의 하루에 어떤 소중한 선택들을 하며 사는지 말이다. 우리는 모두 돈으로 시간을 살 수 있고 시간을 통해 돈을 창출할 수 있다. 두 과정 모두 귀하고 가치 있다. 나 또한 두 가지 모두를 병행하며 살고 있다. 여러분도 한쪽만 선택하지 말고 두 가지를 병행하되 점점 더 레버리지를 이용할 용기도 가져 보면 좋겠다.

✽ ✽ J는 P처럼, P는 J처럼 살 것 ✽ ✽

시간 관리에서 정말 중요한 부분은 '루틴'이다. 표준국어대사전에서는 루틴을 '특정한 작업을 실행하기 위한 일련의 명령. 프로그램의 일부 혹은 전부를 이르는 경우에 쓴다'라고 설명한다. 사전 풀이처럼 루틴은 '일련의 명령'이다. 순서가 있다는 것이고, 이것이 반복되면 루틴이라 할 수 있다.

SNS에서 나를 드러내는 여러 단어 중 '루틴 디렉터'라는 키워드가 있다. 처음엔 스스로 지칭하기를 '습관 크리에이터'라고 했다가, 독서를 하며 네이밍을 '루틴 디렉터'로 바꿨다. 좋은 습관을 만드는 일을 즐기다가 이제는 다른 사람들의 루틴 형성을 감독하는 역할까지 하게 되었기 때문이다. 지향하는 삶의 모습을 잘 드러내 주기도 하고, 하고 있는 일을 잘 표현해 주기에 나는 이 키워드가 참 마음에 든다.

운영하는 수업 중 루틴 형성을 돕는 프로그램이 있는데 운영하는 중에 의문이 생겼다. 나는 계획적인 사람이라 이런 삶의 형태가 편하고 좋은데, 과연 나와 다른 성향의 사람들에게 내게 맞는 방식을 알려 주는 것이 의미가 있는 일일까? 정말 그들에게 도움이 되는 일일까? 하는 의문이었다. 다행히 이 고민은 얼마 지나지 않아 해결되었다. 지금은 더 큰 사명감을 가지고 이 수업을 지속하며 루틴 디렉터로서의 삶을 사랑하고 있다.

답은 이렇다. 계획적인 삶은 성향 문제가 아니라 성장과 성과를 원하는 사람이라면 모두가 가져야 할 방식이라는 것. 타고난 기질과는 다른 문제다. 가지고 있는 기질과 반대로 살아야 하는 문제가 아니다. 계획 없이는 성과를 낼 수 없는 것이다.

우리 가족은 여행을 가면 그 지역의 케이블카는 꼭 타 보는 편인데 거제도에 새롭게 케이블카가 생겨서 들렀다. 내려오는 길에 거제 파노라마 케이블카가 언제부터 계획되어 어떤 과정을 거쳐 지금의 모습에 이르렀는지 빠른 동영상으로 무한 반복되는 화면을 만났다. 그 영상을 집중해서 보고 있는 사람은 나뿐이었다. 모두가 스쳐 갔지만 나는 그 동영상에서 눈을 뗄 수가 없었다. '아! 이거였구나. 성과 내는 사람들 중 계획 없이 살아가는 사람이 없다는 말이 이거였어!'

모든 것은 계획 없이 만들어질 수 없다. 건물 하나, 케이블카 하나도 그러할진대 우리의 삶은? 당연히 루틴이 존재해야 하고, 성과를 내기 위해서는 계획이 있어야 한다. 이런 확신이 들고부터는 나의 수업이 더더욱 자랑스러웠고 사람들을 돕는 가치 있는 일이라는 확신이 더 커졌다. 그러니 수업은 날이 갈수록 업그레이드되고 서로 간 만족도는 올라갔다.

개인적으로 MBTI 유형을 보고 이야기하는 게 재미있다고 생각한다. 사람 유형을 나누어 판단하는 것, 이 또한 좋고 나쁨의 문제는 아니나 꼭 맞는지는 확신하기 어렵다. 같은 유형이라도 모두가 다른 하나의 인격체이기에 그렇다. 흔히들 J와 P를 계획형과 무계획형으로 생각하는데, J는 판단형이고 P는 인식형이다.

결론적으로 우리는 개념을 혼동하여 사용하는 건데, 내가 여기서 말하고 싶은 건 MBTI의 본래 뜻이 아닌, 우리의 잘못된 인식 그대로의 '계획'과 '즉흥성'이다.

계획적인 사람과 즉흥적인 사람이 있다. 한 사람은 여행을 갈 때

> **조직화 방식에 따른 MBTI 유형**
>
> - **J(판단형)**: 자신이 지닌 정보와 생각, 주관을 바탕으로 무엇이 더 나을지 판단.
> - **P(인식형)**: 더 나은 방법이나 결과가 나올 수 있다는 가능성에 대해 인식.

촘촘한 계획을 세우고 떠나야 마음이 편하고 계획이 틀어지면 스트레스를 받기도 한다. 즉흥적인 사람은 여행을 갈 때 촘촘한 계획을 세우지 않아도 스트레스를 받지 않는다. 여행 중에 계획이 틀어져도 괜찮다. 애초에 계획을 세우지 않는 경우가 많으니 큰 문제가 아닐 것이다.

예전의 나는 철저한 계획형 사람이었다. 알아봐야 할 정보들을 다 검색하고 예산을 세우고 시간에 따라 다음 계획들을 철저하게 세워 두어야 마음이 편했다. 여행뿐만이 아니다. 삶의 대부분에서 계획은 중요한 영역이었고 예상한 그림과 달라지면 불편했고 화가 나기도 했다. 삶의 안정이 중요했고 변화를 싫어했다. 예상치 못한 남편의 결정이 있으면 받아들이는 데도 한참이 걸렸다.

그런데 지금의 나는 그렇지 않다. 변화를 즐기고 상대 결정이 나의 그림과 다르더라도 인정할 수 있는 여유가 생겼다. 삶의 안정보다는 성장을 택하게 되었고 계획과 달라지는 변화는 당연하다고 받아들이게 되었다.

여행을 가기 전 여전히 최소한의 가이드는 세워 두고 최소한의 검색으로 낭비하는 시간 없이 보내기를 원하지만, 여행지에서 달라지는 일정들로 스트레스를 받지는 않는다. 올해 초 가족이 5박 6일 제주도 여행을 갔는데 꽤 긴 여행 기간 동안 많은 일정이 바뀌었고 발 닿는 곳에 가기도 했다. 그때 남편이 했던 말이 기억난다. "여보, 참 많이 바뀌었다. 당신, 예전보다 지금이 훨씬 편안해 보여" 난 왜 이렇게 많이 변했을까?

아직도 나는 대부분의 일상에서 계획을 세우는 것을 즐기고, 다음 그림을 그리며 살아간다. 루틴을 따르고, 누군가의 눈에는 너무하다 싶을 만큼 규칙적인 사람처럼 보일지도 모른다. 그럼에도 나는 즉흥적이다. 이 글을 쓰기 전, 많은 고민 끝에 생각이 정리되었다. 계획적이었던 내가 어쩌다 즉흥적인 부분까지 포용하고, 심지어 즐기게 되었을까? 아직도 어떤 부분은 철저히 계획적이다. 그리고 그 중요한 부분은 앞으로도 그렇게 유지될 것이다. 반면, 성과를 내는 핵심 20%가 아닌 나머지 영역들에서는 즉흥성을 허용하고, 오히려 그 변화 자체를 즐기고 있다. 이 변화는 내게 아주 기분 좋은 일이다. 그래서 앞으로도 나는, 계획과 즉흥 사이에서 자유롭게 오가며 살아 볼 생각이다.

예전의 계획적인 삶은 늘 피곤했다. 왜냐면 중요한 부분이 아닌 그 외 영역까지 계획적으로 살려고 노력했기 때문이다. 그때는 몰랐다. 내가 왜 피곤하고 예민하고 날카로웠는지를. 그런데 이제는 안다. 신경 쓰지 않아도 될 영역까지 너무 많은 에너지를 쏟고 있었다는 것을. 계획이 심해지면 집착이 되고, 그 집착이 지속되면 걱정이 쌓인다. 그 걱정은 결국, 생산적인 질문이 아닌 비생산적인 고민으로 변해 버린다.

삶의 중요한 영역과 덜 중요한 영역을 구분하지 않으면 이렇게 시간과 감정을 낭비하게 된다. 일의 특성상 외부 강의로 출장을 다니게 되는데, 그때마다 최소한의 짐만 챙겨서 가는 편이다. 1박 2일 일정에 작은 배낭 하나면 충분하다. 앞서도 이야기했지만 반복적인 업무를 하지 않도록 출장 준비물은 노션에 기록해 두고 필요시에 찾아보며 짐을 챙긴다.

예전에는 여행을 가기 며칠 전부터 준비물을 쓰고 체크하면서 하나라도 빠지는 물건이 있을까 봐 전전긍긍했다. 그런 나의 모습과 달리 남편은 업무로 출장을 갈 때도 출발하는 당일 아침에 짐을 챙겼다. 오히려 내가 불안해하면서 미리 짐을 챙길 때면 남편은 이렇게 한마디 한다. '별로 챙길 거 없어! 내일 아침에 챙기면 돼!' 그런 남편을 보며 정말 계획적이지 않고 꼼꼼하지 않다고 생각했다. 그런데 이제 나의 출장길 모습이 그렇다. 출발하기 30분 전에 후다닥 챙겨 나간다. 두 번 세 번 체크하지 않는다. 한 번에 챙기지만 기록을 잘해 둔 덕분에 빠짐없이 챙길 수 있다. 또 어쩌다 하나 빠뜨리면 어떤가? '주변에 널린 게 편의점인데!'라고 생각하게 되었다.

** 시간 관리를 넘어 인생 관리로 **

미니멀라이프를 만나고 자연스럽게 환경에까지 생각이 미치게 되었다. 가능한 불필요한 물건은 사지 않고 대체되는 물건이 없는지 찾아보고, 초기 비용이 조금 더 비싸더라도 오래 사용할 수 있는 소재가 좋은 물건을 구매하려고 노력한다. 그런데 바로 앞에서 말한 '없으면 가서 하나 사면 되지!'라는 발언은 환경을 생각하는 가치와 반한 것으로 보일 수도 있다. 하지만 그런 게 아니다. 이건 우선순위의 문제다. 나는 현재 환경을 중요하게 생각하고 내가 할 수 있는 지속 가능한 환경 보호를 위해 노력하는 사람이지, 완벽을 추구하는 환경 보호 운동가는 아니다.

예전의 나는 칫솔을 챙기지 못했으면 근처 편의점 가서 하나 살 생각은 못하고 출발 전에 몇 번이나 신경 쓰느라 시간과 에너지를 낭비했다. 그러느라 출발하면서부터 예민해져 가족들에겐 날카로운 반응을 보이기도 했다. 부끄러운 일이다. 하지만 이젠 그렇지 않다.

혹시나 빠진 물건이 있으면 사면 된다. '왜 쓰지 않아도 될 돈을 쓰게 하냐고. 좀 잘 챙기면 좋잖아!' 하는 잔소리 따위 쓰레기통에 던진 지 오래다. 그게 얼마라고 여행까지 가서 가족들과 나의 기분을 상하게 할까. 이것이 내가 생각하는 우선순위이자 시간 관리이자 기분 관리이다.

또한 우선순위가 명확해진 뒤로는 피곤하다고 해서 '에이 몰라! 내일 해!'라고 무책임하게 미루지 않는다. 반대로 피곤한 나의 상태를 무시한 채로 무조건 정해진 일을 다 해내려고 밀어붙이지도 않는다. '오늘은 생각보다 몸 상태가 좋지 않네. 너무 무리하지 말자. 무조건 앉아 있다고 성과가 좋은 것도 아니니 오전 블록만 몰입해서 할 수 있는 만큼만 최선을 다하고 오후는 푹 쉬자!' 이렇게 결정한다.

계획되지 않았는데 하루를 통으로 날리는 일은 쉬고도 찜찜함을 가져온다. 그래서 되도록 계획하지 않은 쉼은 피하려는 편이다. 반대로 계획하지 않았다고 몸 상태를 무시한 채 강행하는 것은 다음 날 무리를 줄 수도 있고, 그날의 성과도 좋다고 장담하지 못하니 유연함이 필요한 타이밍이다. 이럴 땐 오후 블록 하나 정도는 마음 편히 쉰다. 이렇게 계획과 즉흥을 적절히 섞어서 타이트함과 유연함을 슬기롭게 사용할 수 있다.

그런데 많은 사람들이 이런 판단을 어려워한다. 그 이유는 대부분 '정해진 기준'이 없기 때문이다. 유연함을 발휘할 수 있으려면 기본적으로 정해진 자신만의 기준이 있어야 하는데, 기준이 없으니 유연함이 아니라 무계획에 가까워진다. 유연함이 아니라 타협을 해 버리고 이렇게 자책한다. '나는 늘 이런 식이야!'

결국 우리는 시간 관리를 넘어 인생 관리를 하고 싶은 것인데 자신의 삶을 잘 관리하기 위해서는 대쪽 같은 강직함만 있어서도, 흔들리는 갈대와 같아서도 안 된다. 유연함을 발휘할 슬기로움을 장착하는 방법은 '자신만의 기준과 루틴'을 만드는 것이다. 매일 아침 자신만의 루틴만 있어도 그날의 기분은 이미 상쾌해진다. 그날의 시간 관리는 이미 이기고 시작할 수 있다. 하루 종일, 새벽/오전/오후/저녁까지 루틴을 만들어 숙제처럼 하지 않아도 괜찮다. 아니, 제발 그러지 마서라.

우리는 기계가 아니다. 삶을 위해 루틴이 존재하는 것이지 루틴을 지키기 위해 내 삶이 존재하는 것이 아니다. 생각보다 우리는 주객전

도된 상황을 알아채지 못하고 힘겹게 살아간다. 내가 짜 둔 시간표에 속박되어 괴로워하며 스스로 끌려가는 모습으로 루틴을 만드는 사람들이 많다.

 루틴 생활은 나만의 정원을 가꾸는 일이라고 생각해 보면 어떨까. 아름다운 정원을 가지기 위해 잡초를 뽑고 비료도 주고 더운 날 관리하며 땀을 흘리는 수고는 있을지라도 결국 내가 원해서 하는 일이다. 그래서 기꺼이 할 수 있고 아름다운 정원을 만날 수 있는 행복한 여정이다(정원 비유는 나의 코치님의 비유다).

 사람들은 월급을 받아 일부는 소비하고 일부는 저축하고 일부는 투자를 한다. 그러나 시간에서 저축이란 없다. 하루 24시간이 주어지면 소비하거나 미래를 위한 투자만 할 수 있다. 현재를 위한 자연스러운 소비의 시간과 의도적으로 떼어 놓은 미래를 위한 투자의 시간으로 사용할 수 있다. 이 둘의 비율은 오롯이 스스로 선택하고 사용한다.

 여기서 중요한 것은 나의 계획대로 시간을 사용하고 있느냐는 것이다. 불필요한 일정들을 잘 비워 내고 밀도 있는 시간 사용과 루틴 생활로 통시간을 만들었음에도, 이렇게 만들어 낸 시간을 계획 없이 원하지 않는 활동들로 채워 버린다면 얼마나 안타까운 일인가. 먼저 중요한 일을 하는데 가장 좋은 시간대를 사용하자. 개인적으로 가장 집중력이 좋은 시간은 새벽과 오전이다. 나와 달리 저녁과 밤이 집중력이 좋은 사람은 그 시간에 가장 중요한 일을 배치하는 것이 지혜로운 일이다.

우선순위를 잘 알고 알맞은 시간대에 배치하는 것만으로도 우리의 시간 관리 효율은 훨씬 높아질 것이고 성과가 나기 시작할 것이다. 모든 일이 같은 중요도를 가지고 있지 않다. 예전의 나는 이 부분을 간과했다. 모든 일이 중요한 것처럼, 모든 일의 레벨을 동일시했다. 그러다 보니 중요하지 않은 일까지 계획하며 통제했고 한정된 시간과 에너지는 고갈되었다.

이제는 중요하지 않은 일에 애써 힘을 쓰지 않는다. 조금 어설퍼도 괜찮고, 순서가 틀려도 되는 일이라면 그냥 넘긴다. 그래서 사람들은 나를 '은근히 허당'이라고 한다. 외부 강의를 마치고 집에 돌아가는 비행기 시간이 정확히 몇 시인지 모를 때가 많다. 강의 후 다음 날 일정을 위해 장소를 옮겨야 할 때에도 경로를 미리 파악하지 않는다. 그러니 당연히 가는 길을 모른다. 다만 강의가 잘 마무리되고 나면 그제야 검색한다. 그래도 충분히 찾아갈 수 있다.

힘을 덜어도 되는 일이 있다는 게 이렇게 편안한 일인지, 이제야 알게 되었다. 대신 중요한 일은 더더욱 철저하게 계획하고 준비한다. 외부 강의가 있으면 강의 준비와 그날의 강연 시간이 가장 중요한 일이다. 강의 준비와 당일 컨디션을 위한 계획을 하고 최선을 다한다.

꼼꼼한 성격이라고 무조건 성과를 내는 것이 아니고, 즉흥적인 성격이라고 성과를 내지 못하는 것이 아니다. 중요한 일에 꼼꼼함을 발휘해야 성과가 난다. 중요하지 않은 일에 아무리 많은 시간을 투자하고 디테일을 잡아도 성과와는 거리는 멀다. 오히려 시간 낭비, 에너지

낭비일 뿐이다. 대부분 즉흥적인 성격일지라도 자신이 맡은 바 책임을 다하고 중요한 일에 계획을 가지고 일하는 사람은 성과를 낸다.

타고난 기질대로 살되 프로처럼 일하자! 자신에게 부족한 부분은 레버리지를 이용하든 도구를 이용하든 배워서 하든 보완하며 살면 되는 것이다. 나는 즉흥적으로 변한 내 모습이 꽤 마음에 든다!

✳ ✳ 시간도 보너스가 있다 ✳ ✳

2020년 2월부터 꾸준한 독서를 시작했다. 하루 30분, 비타30의 시작이었다. 얼마 지나지 않아 할 엘로드의 《미라클 모닝》이라는 책을 읽었는데, 빠르면 2주 만에도 '미라클'이 일어난다기에 밑져야 본전이니 믿고 따라 해 보기로 했다. 결과는 어땠을까? 나의 경우, 2주가 지나 정말로 미라클은 일어났다. 남들 눈엔 그리 대단한 성과가 아니라 공개하진 않겠지만, 그때 나에게는 진정한 '미라클'이었다. 그 일이 기적이든 아니든 상관없다. 내가 기적이라고 믿었으니 기적이다.

약간의 호기심으로 시작한 새벽 기상은 그렇게 작은 성과들을 만나면서 재미를 붙이며 지속되었다. 그 책에서 새벽 기상의 진짜 의미는 일어나는 시간이 아니라 일어나서 무엇을 하느냐에 있다고 했다. 나는 새벽 기상을 하기 전에도 아침 루틴으로 돌아가는 순서가 있었기에 새벽 5시에 깨어 있다는 자체가 미라클이었으며, 온전하게 혼자만의 시간이 주는 충만함을 느끼게 되었다.

엄마가 되고 가장 힘든 점은 '나만의 시간'이 없다는 것이 아닐까? 엄마라는 존재가 되기 전에는 몰랐다. 홀몸이 얼마나 편한지를. 자유로움이 얼마나 큰 행복인지를. 결혼하고 아이를 출산하고 몇 년의 텀을 두고 둘째를 출산하다 보니 어린 영유아를 키우기만 했는데도 10년이 훌쩍 흘러 있었다. 워킹맘이었더라도 또 다른 어려움이 있었겠지만, 나에게는 전업맘으로 지낸 시간이 특히 '나 자신'을 놓치기 쉬운 시기였던 것 같다.

그랬던 내게 잊고 살았던 '나만의 시간'은 너무나 강렬하게 다가왔다. 세상이 이렇게 조용했던가? 아무도 나를 찾지 않는, 집중할 수 있는 시간. 그 시간이 너무도 달콤해서 무엇을 하든 좋았다. 새벽이다 보니 아무래도 조용한 활동들을 하게 된다. 당시는 코로나가 막 유행하기 시작했을 즈음이다. 겨울방학이 끝나고 학교로 돌아가야 할 식구들이 모두 집에 남았다. 하루 종일 삼시세끼와 간식을 만드는 것까지는 괜찮았다. 혼자 있을 수 있는 시간이, 귀가 편안히 있을 시간이 전혀 없었던 것이 가장 힘들었던 것 같다.

위기는 기회라고 했던가. 코로나 시절 덕분에 새벽 기상을 더 간절히 원하게 되었고 쉽게 적응할 수 있었다. 새벽 두 시간을 30분 단위로 쪼개어 4블록으로 이용했다. 30분 스트레칭, 30분 성경 묵상, 30분 독서, 30분 글쓰기. 그리고 몇 달이 지나지 않아 진짜 기적은 일어났다. 출판사로부터 미니멀라이프에 관한 출간 제의가 온 것이다. 그뿐만이 아니다. 그사이 소소한 기적들은 셀 수 없이 많았다. 블로그를 운영한 지 한 달이 되지 않아 네이버 리빙판 메인에 올라 10만 뷰를 찍은 것, 무료로 자체 강의를 연 것이긴 하지만 강사 데뷔를 한 것, 사업자를 낸 것…. 그리고 나의 첫 책《슬기로운 미니멀 라이프》는 다음 해인 21년 봄에 출간되었다.

새벽 기상이 왜 이토록 강력한지 나는 안다. 그만큼 간절한 사람들만이 할 수 있는 일이니까! 정말로 원하는 것이 없다면 새벽에 잠을 깨고 책상에 앉는다는 것 자체가 불가능하다. 새벽에 일어나 책상에 앉는 것부터가 기적의 시작이다. 원래 잠이 없는 사람이 세상에 존재하는지 잘 모르겠지만, 적어도 나는 확실히 아니다. 우리 집은 기독교 집안인데 어릴 때 교회에서 특별 새벽기도 기간이 되면 친정 엄마는 두 딸을 깨워 데려가시려고 했지만 늘 첫째 딸은 실패하고 둘째 딸만 데리고 가셨다(네, 제가 바로 그 첫째입니다). 새벽이라는 시간은 생전 깨워 보지도 못했고 깨울 생각도 감히 하지 않았던 사람이 자의로 새벽을 깨웠으니 기적이 일어나지 않을 수 없었을 것이다.

앞서 자투리 시간보다는 통시간을 만들어 잘 사용하는 것을 강조했었는데, 새벽 기상을 하면 강제로 통시간이 만들어져 버린다. 인생에 없던 새벽 블록이 생김으로써 가용할 수 있는 시간 범위가 늘어나는 것이다. 나는 시간 그 자체보다는, 길게 이어지는 시간의 흐름을 만들었다는 점을 중요하게 여겼다. 새벽에 눈을 뜨고 하루를 시작해 보니, 시간이 길어지는 것뿐만 아니라, 집중력의 밀도가 완전히 달라진다는 걸 알게 되었다.

새벽 기상을 강요하는 게 결코 아니다. 사람마다 간절함이 다르고 의지가 다르고 원하는 시간대 또한 다를 것이다. 그러나 분명한 것은 새벽과 아침 시간의 에너지 레벨이 나쁠 수는 없다는 거다.

새벽 기상을 좋아하지만 지속하는 것은 간절함에 달렸다. 처음 새벽 기상을 시작하고 벌써 햇수로는 4년 차인데 여전히 쉽지 않다. 요즘은 간절함 지수가 다시 극상승해서 새벽을 굉장히 잘 깨우고 있지만 인생이 늘 간절함으로 가득 차 있지는 않으니 바이오리듬같이 새벽 기상의 난이도도 오르락내리락한다. 365일 새벽을 잘 깨우지 못해도 나는 '새벽 기상러'다. 새벽을 사랑하고, 가능하면 그 충만함을 누리려 노력하며, 오르락내리락하지만 아직도 지속하고 있기 때문이다.

창업을 하고 좋아하는 일을 하며 살고 있다. 이 일은 하면 할수록 나에게 너무나 잘 맞아 즐겁고 행복하다. 딱 하나 아쉬울 때가 있다면 남편 통장에 명절 보너스와 성과급이 찍힐 때다. 그때만큼은 직장인이 부럽다. 보너스를 준다는데 거절할 사람이 있을까? 그런데 시간에도 보너스가 있다. 새벽 시간이야말로 보너스 시간이 분명하다! 물론 대가가 분명할 만큼 이 보너스 시간을 쟁취하는 것이 쉽지만은 않다.

보너스 시간을 잘 표현할 만한 단어를 찾아보았다. '스파클링 시간' 어떤가? 청량감이 막 느껴지지 않는가? 나에게 스파클링 시간은 새벽 5시에서 아침 7시 사이이다. 길게는 두 시간을 꽉 채우기도 하고 짧게는 한 시간, 아쉽게 30분의 스파클링 시간을 즐길 때도 있다. 조금 늦게 일어나는 날도 괜찮다. 단 30분이라도 이 청량한 보너스를 누릴 수 있다면, 그걸로 충분하다.

새벽 시간이 좋은 이유는 너무도 많지만 그중 세 가지를 적어 보자면 첫 번째, 웃는 얼굴로 가족들과 아침을 맞이할 수 있으며 두 번째, 시간 효율이 가장 좋으며 세 번째, 일찍 자게 된다는 것이다.

이 중 '일찍 자게 되는 것'은 불필요한 일정을 하지 않을 결정과 동일하다. 사람마다 다르겠지만 체력적으로 에너지가 떨어지면 매사에 집중하기 어렵고 시간이 낭비되기 쉽다. 내겐 비생산적인 시간을 생산적으로 만들려는 노력 대신 비생산적인 시간을 생산적인 시간대로 옮기는 것이 쉬웠고 좋았다. 늦은 시간까지 깨어 있으면 대부분 드라마를 보거나 SNS를 하는 데 시간을 썼다. 순간의 기분이 좋으니 피로가 풀리는 것 같은 착각을 했지만, 정작 아침 시간 나의 컨디션과 표정을 보면 전날 밤의 선택이 썩 좋은 것이 아니었음을 알게 된다.

밤을 포기하고 얻은 새벽은 먼저 나에게 여유를 주었고 그 여유는 가족들에게로 흘러갔다. 이전에는 피곤에 절어 웃음기 하나 없는 모습으로 남편과 아이들을 배웅했었다. 하지만 새벽 시간을 보낸 후에는 눈을 비비며 나오는 아이들을 두 팔 벌려 안아 주고 웃어 줄 여유가 생겼다. 사실 이것만 해도 새벽 기상은 나에겐 '미라클모닝'이었다.

'성과 내는 삶'에도 새벽 시간은 큰 도움이 되었다. 잘 자고 일어나 맑은 정신과 좋은 에너지로 독서하고 업무를 하면 낮 시간의 30분과는 분명히 다른 30분을 보내게 된다. 물리적인 시간은 같으나 체감 시간은 현저히 다른 몰입의 시간이다. 여러분도 스파클링 시간이자 보너스 타임! 새벽을 가져 보는 건 어떤가?

새벽 기상 Tip

● **해야 하는 일 대신 하고 싶은 일로 새벽을 채워 보기**
좋아하는 차를 음미하는 시간을 가진다거나 요가를 하며 자신에게 집중하는 시간을 보내면 내면으로부터 꽉 차오르는 무언가를 느끼게 되고 그 맛을 느끼면 '재미'를 갖게 되고, 꾸준하게 이어 할 수 있는 동기가 생긴다.

● **잠을 충분히 자야 한다는 강박 내려 놓기**
각자에게 편안한 수면 시간과 패턴을 알면 좋지만 '나는 무조건 8시간 이상을 자야 편해'라고 생각하지 않으면 더 좋다. 물론 꾸준한 새벽 기상을 위해서는 충분히 자야 하지만 스스로를 합리화하는 핑계는 만들지 않는 것을 권한다.

● **나만의 새벽 루틴을 만들기**
나는 알람이 울리면 미소를 지으며 기지개를 켠다. 마음속으로 5, 4, 3, 2, 1을 외치고 바로 일어나 화장실로 간다. 기상 후 제일 먼저 양치질을 권한다. 양치를 하면 입속이 개운해지면서 정신이 들고 다시 이불 속으로 들어가는 일이 줄어든다. 공복에 물 한 잔 마신 후 심호흡을 해 보자. 그리고 전날 잠들기 전 머릿속으로 그린 나의 하루를 상기시켜 보면 높은 에너지로 충만해질 것이다.

자기 전 준비 단계

● **알람을 다른 방에 가져다 놓기**
알람을 끄기 위해 몸을 일으키면 일어난 것이 아까워서라도 다시 이불 속으로 잘 들어가지 않게 된다. 잠귀가 어두운 사람이라면 자는 방에 하나, 다른 방에 하나, 이렇게 두 개의 장치를 해 두면 더 좋다.

● **자기 전 휴대폰 보지 않기**
자기 직전까지 어두운 방에서 휴대폰을 보면 숙면에 방해가 된다. 자기 30분 전부터는 다른 방에 알람을 둬야 하니 휴대폰도 자연스레 다른 방에 두고 오면 좋다.

● **시간 확인하지 않기**
잠이 잘 오지 않을 때 계속 시간을 확인하는 사람이 있는데 시간을 보지 않고 편안하게 눈만 감고 있기를 추천한다. 시간을 확인하면 조급해지고 내일 새벽에 대한 불안과 함께 포기하고 싶은 마음이 든다. 수시로 시간을 확인하는 대신 마음 편히 눈 감고 쉬기를 택하자.

● **자기 전 눈을 감고 다음 날 새벽 시간 상상하기**
어떤 기분으로 눈을 뜰 것인지, 어떤 순서로 어떤 일들을 할 것인지 기분 좋은 미소를 띠며 시뮬레이션을 돌리고 잔다. 그러면 일어나기 한결 편해진다. 아니, 설레는 기분으로 일어날 수 있다.

건강

김서연

✳ ✳ -20kg, 건강해진 식사의 기적 ✳ ✳

-20kg, 나는 72kg에서 52kg으로 자연스럽게 감량 후 5년간 유지하고 있다. 검진상의 염증과 수치들이 좋아지자 살은 자연스럽게 빠지기 시작했다. 체중계 숫자를 줄이려 하기보다는 그저 꾸준하게 일상에서 지켰던 나의 몇 가지 습관을 소개한다. 염증을 줄이는 식사가 그 시작이 되어 줄 것이다.

물에 소금 한 꼬집

우리 몸의 70%는 물이라는 걸 모르는 사람은 없다. 하지만 모두가 70이라고 알고 있는 이 숫자는 사실 사람마다 다르다. 영유아기엔 90% 정도로 몸에 많은 물을 가진 반면, 성인이 되고 노화가 진행될수록 이 숫자는 점점 줄어든다. 나는 수강생들에게 우스갯소리로 노화는 홍시에서 곶감이 되어 가는 과정과 비슷하다고 말한다.

수분으로 이루어진 정상 성인의 체액 전량은 평균체중의 약 60%

정도로, 남자는 62%, 여자는 52% 정도다. 지방은 물을 최대한 빼는 특징이 있고 근육은 물을 품는 특징이 있기 때문에 여자가 체액이 좀 더 적은 편이다. 체액은 몸 구석구석 영양을 공급해 주고 불필요한 노폐물을 회수해 배출을 돕는 중요한 역할을 한다.

체액을 부족하게 만드는 습관은 커피, 술, 설탕, 매운 음식 등으로 인한 탈수와 스트레스, 수면 부족 등이다. 그래서 세포가 영양도 물도 부족해서 에너지를 내지 못하니 뇌 입장에선 자꾸 먹으라는 명령을 내려 탈수를 식욕으로 착각하는 경우도 많다.

체액이 부족할 때 나타나는 증상		
구분	내용	체크
1	깊은 잠을 자기가 어렵다.	
2	몸이 건조하다.	
3	발뒤꿈치가 갈라진다.	
4	손발이 차다.	
5	두통이 잦다.	
6	소화가 안 된다.	
7	머리카락이 잘 빠진다.	
8	어지럼증이 있다.	
9	눈이 뻑뻑하다.	
10	짜증이 많다.	
11	염증이 잘 생긴다.	

충분한 식사 후에도 자꾸 음식이 먹고 싶을 땐 식간에 좋은 소금을 따뜻한 물에 한두 꼬집 넣어 마셔 보자. 나는 이걸 '따소한꼬(따뜻한 물에 소금 한 꼬집)'라고 부르는데 미네랄이 채워지는 것은 덤이다. 하루 두세 잔 꾸준히 마시는 나의 수강생들 역시 안구건조증이 좋아지는 것은 물론, 변비 해소, 커피 줄이기, 피부 건조 감소, 호흡기질환 개선, 저·고혈압 개선, 가짜 식욕 억제 등을 비롯하여 자연스러운 감량에 많은 효과를 보았다.

몸은 항상성을 유지하려 노력하고 자연스러운 상태를 원하기 때문에 건강해지겠다고 갑자기 안 마시던 물을 2리터씩 마시면 자연스럽게 몸에 흐르지 못하고 고여 붓기를 만든다. 천천히 늘려 가자. 하루 총 500ml도 안 마시던 사람은 횟수를 5~6잔으로 나누어 1리터를 목표로 하자. 한번 마실 때 200ml 한 잔이 적당하다. 하루 두 번 500ml를 마시는 것보다 200ml를 다섯 번 마시는 게 몸에게는 훨씬 자연스럽다. 이렇게 1.5리터 정도까지 먼저 천천히 늘려 본다. 물도 음식과 같다. 그 어떤 차도 물을 대신할 수 없고, 필요 이상으로 무리하게 마시는 것은 안 마시는 것만 못하다. 물도 하나의 음식처럼 생각하고 매일 챙겨 주자. 세월이 흘러 자연의 섭리로 홍시에서 곶감이 될지언정 나는 천천히 건강한 곶감이 되고 싶다.

가짓수는 내리고 소화력은 올리기

소화란 섭취한 음식을 흡수할 수 있는 상태로 분해하는 과정이다. 내가 섭취한 영양소를 가급적 완전히 분해하고 흡수해 에너지로 사용하고 배출까지 원활한 상태로 만들어 주는 힘을 기르는 것이 중요하다. 대충 씹어 넘기거나 소화가 어려운 몸 상태를 가졌음에도 소화하기 힘든 음식을 자주 많이 먹어 몸을 과하게 쓰면 빨리 고장 나기 마련이다.

목 끝까지 음식이 차고 나서야 숟가락을 놓던 나는 언제나 배꼽 주변이 딱딱했다. 명치 주변을 누르면 답답하고 더부룩했다. 다 쓰이지 못하는 에너지원이 많아질수록 몸 기능이 떨어지고 살이 찌고 피곤해지는 악순환이 온다.

나는 아이들에게 "골고루 많이 먹어"라고 하지 않는다. 대신 "배가 부르면 그만 먹어도 괜찮아"라고 말한다. 흔히들 화려하게 차린 식탁에 8첩 반상 정도는 되어야 제대로 밥을 먹었다고 생각한다. 과식과 많은 가짓수의 식사는 몸 입장에선 소화 측면에서 부담일 뿐이다.

영양소마다 한 가지 가짓수만 챙겨 보자. 탄수화물과 단백질은 가급적 식탁에 한 가지씩만 있어도 충분하다. 대신 익힌 채소와 좋은 지방을 곁들여 주자. 지방은 요리하는 과정이나 식재료에 자연스레 녹아 있는 편이다. 그러니 조리 과정에서 좋은 오일을 쓰고 그 자체로 건강한 식재료를 쓰는 것이 중요하다. '주먹 하나 정도의 탄수화물+주먹 하나보다 좀 더 큰 단백질+익힌 채소 한 가지' 이렇게 가짓수가 심플해지면 소화 시간이 줄어들어 위장 내 음식물이 머무는 시간이 짧아진다. 내가 먹는 것이 잘 소화되어 에너지로 잘 쓰이기 위해서는 최소한의 가짓수를 천천히 충분히 먹는 것이 중요하다.

열 번의 기적

엄마들은 빨리 먹기에 도가 텄다. 아이를 낳고 다 식은 미역국마저 5분 안에 먹어야 하니 어쩌면 당연해지는 습관이다. 문제는 한번 빨라진 속도를 줄이기가 어렵다는 것이다. 요즘은 스마트폰을 보느라 가족끼리도 대화 없이 식사하는 집이 많다. 이렇게 빨리 먹는 습관은 위와 췌장에 무리를 준다. 먹는 속도가 빠를수록 혈당이 급격하게 올라가 인슐린이 쏟아져 나온다. 고혈당 음식을 빠르게 자주 먹는 일이 반복되면 인슐린 저항성이 발생해 비만, 고혈압, 당뇨, 다낭성 난소 증후군, 부신피로 등이 초래된다.

천천히 먹는 것만으로도 몸은 달라진다. 한입에 딱 열 번만 더 씹어 보는 연습을 해 보자. 익숙해지면 20번, 30번 이상으로 늘려 간다. 천천히 먹는 것만으로도 소화와 식사 양 조절이 굉장히 쉬워진다.

이건 몸에게도 중요하지만 사실 마음 관점에서도 굉장히 중요하다. 천천히 씹고 맛을 느끼는 과정에서 교감신경과 부교감신경의 균형이 맞아지기 때문이다. 늘 바쁘게 살고 시간에 치여 사는 사람은 교감신경이 늘 지나치게 높아서 숙면이 어렵고 소화가 어렵다. 또한 감각과 감정을 세세하게 느끼기 어려워 자신의 상태를 잘 모르고 살기 일쑤다. 천천히 음식을 먹으면서 미각, 촉각, 후각, 청각에 집중해 감각을 느끼는 연습만으로도 부교감신경이 활성화된다.

일도 살림도 육아도 마찬가지다. 천천히 할 때에만 보이는 것들이 있다. 아이의 말, 웃음, 눈빛, 감정은 아이를 차분히 바라볼 때에 비로소 느껴진다. 살림 역시 빠르게 해치우다 보면 스트레스가 될 뿐이다.

식재료의 감각, 설거지 비누의 거품 감촉, 음식의 향과 보글보글 소리, 이 모든 것들을 10초만 더 알아차리고 바라볼 때 많은 것들이 달라진다. 힘들게 먹는 양을 줄이려 하지 않아도, 천천히 먹는 것만으로도 양까지 줄어드는 일석이조 효과가 있다. 굳이 억지로 적게 먹으려 하지 말고 천천히 먹는 습관을 연습해 건강과 다이어트 둘 다 가져 보자.

오늘 안에 잔다

낮에는 틈을 내어 산책하고 저녁 식사 후 모든 정리를 마치면 은은하게 조도를 낮춘다. 우리 집 한쪽 벽에는 '자기 전 1시간은 책을 읽어요'라는 문구가 붙어 있다. 아이도 하던 일을 멈추고 책을 읽는다. 이것이 우리 집 저녁 풍경이다. 바로 수면으로 가기 위한 워밍업이다.

24시간을 주기로 나타나는 몸의 일주기 리듬은 생화학적, 생리학적, 또는 행동학적 흐름을 조율하는데 시상하부의 시교차상핵이 담당한다. 낮에 햇빛을 통해 생성된 세로토닌 호르몬은 밤이 되어 멜라토닌 호르몬으로 자연스럽게 바뀌면서 숙면으로 가는 준비를 한다.

이 멜라토닌은 우리가 잠을 푹 자는 사이 낮 동안 지친 세포 찌꺼기를 청소하는 데 최선을 다한다. 수면 시간은 세포 재생, 기억 강화, 미토콘드리아 기능 개선, 인슐린 민감도 개선, 지방 대사 활성화, 호르몬 및 신경 시스템 회복 등 몸을 정비하는 시간이다.

그래서 수면이 부족하면 면역, 생식, 골격, 내분비, 신장 및 심혈관 등에 심각한 영향을 미쳐 노화가 더욱 빠르게 진행된다. 우울증, 주의

력결핍 장애, 학습 및 기억장애까지 가기도 한다. 심한 경우 알츠하이머까지 이어질 수 있다. 식욕 호르몬인 그렐린을 증가시키고 식욕 억제 호르몬을 감소시켜 체중 증가가 된다. 수면 부족을 보상하기 위해 본능적으로 더 먹게 되고, 그 결과 나도 모르게 더 많은 당과 정제 탄수화물을 섭취하게 된다.

좋은 단백질을 섭취해 세로토닌 재료인 트립토판을 잘 생성하도록 돕는 것이 중요하다. 정제 탄수화물과 커피만 마시고 햇볕 쬐는 일도 거의 없다면 좋은 잠을 자기 어렵다. 특히 세로토닌은 뇌에서 사용되지만 90% 이상 만들어지는 곳은 소장과 대장이므로 무엇보다 먹는 것이 중요하다. 내가 무엇을 먹느냐에 따라 장 건강은 달라진다.

수면은 건강하고 가벼워지는 몸 비움에 가장 중요한 필수 조건이다. 잠을 자는 시간은 만성 미세 염증으로부터 손상된 몸과 마음을 회복하는 시간이다. 최소한 오늘 안에는 잠들어 보자. 하루 7~8시간 수면을 취하고 충분한 회복을 위해 저녁 식사는 잠들기 최소 4~5시간 전에 마쳐 보자.

수면 개선을 시작하는 가장 쉬운 방법

- 저녁 8시 이후 조명은 어둡고 노랗게
- 취침 전 마지막 식사는 5시간 전에 끝내기(낮에 잘 먹기)
- 산책하며 15분 이상 햇빛 쬐기
- 침대에 핸드폰 가지고 가지 않기
- 커피를 마신다면 오전 11시쯤 한 잔 정도로 끝내기
- 생각거리 글로 옮겨 두기
- 누워서 심호흡하며 잠들기

진짜 음식 채우기

예전에는 양을 많이 먹으니 나에게 영양소가 결핍되었을 거란 생각을 하기 어려웠다. 하지만 지금 생각해 보니 탄수화물만 지나치게 많이 먹거나 대사에 필요한 다른 영양소들은 거의 먹지 않았다. 그러니 늘 배가 고팠다. 영양소 없는 음식들은 아무리 먹어도 배가 고파 더욱 많이 먹게 된다. 비만 상태는 대사 기능 문제를 동반하는 영양 결핍 상태다.

인체는 활동하는 데 필요한 다량 영양소인 탄수화물, 단백질, 지질을 이용해 에너지를 만들고 인체를 구성하는 성분과 ATP 에너지를 만든다.

탄수화물

세포에서 에너지를 만들 때 필요한 재료 중 하나로 포도당, 젖당, 과당이 1개이거나 2개 이상 결합한 물질이다. 장기적인 건강과 뇌 기능에 필요하다. 일반적으로 섭취하는 탄수화물이 소화 과정을 거쳐 포도당으로 바뀌는데, 이것은 특히 뇌의 중요한 에너지원이다. 바로 에너지 공급원으로 쓰이거나 근육과 간에 1차 저장되고, 나머지 과잉분은 지방으로 바뀌어 저장된다.

최근 불고 있는 저탄수화물 운동으로 탄수화물 공포증이 생기기도 했지만, 탄수화물은 몸에 반드시 필요하다. 비가공 탄수화물을 천천히 섭취하는 것은 세로토닌 호르몬 수치를 일정하게 유지하는 데에도 도움을 준다. 소화 기능을 돕고 당과 지방의 체내 흡수 속도를 조절해 주기도 한다. 자연스러운 식사에 탄수화물이 일정량 꼭 들어가는 이유이다. 소화력이 떨어지고 위장 기능이 떨어져 있다면 탄수화물은 단백질 소화의 좋은 친구가 되어 준다.

탄수화물에서 중요한 것은 적정량의 일정한 섭취다. 나는 매 식사에 탄수화물 한 가지(가능한 밥으로 고정)를 기준 무게 100~130g 정도로 식사마다 일정한 양을 유지했다. 여자라면 특히 갱년기에 가까워질수록 탄수화물의 양이 과하거나 들쭉날쭉하지 않게 섭취해야 한다.

탄수화물에서 주의해야 할 것은 종류와 양, 그리고 빈도다. 설탕 또는 정제 탄수화물을 주의하고, 과잉 섭취와 잦은 횟수를 주의해야 한다. 어느 날은 과하게 섭취하고 어느 날은 절식하는 불규칙 섭취나, 빵이나 과자, 떡 등 과한 양념이 포함된 인스턴트 등 정제 탄수화물의 잦은 섭취는 인슐린 저항성을 유발해 여러 대사질환의 시작이 된다.

	인슐린 저항성 체크리스트	
구분	내용	체크
1	단것을 좋아하는 편이다.	
2	당뇨, 저혈당증이 있다.	
3	종종 짜증과 불안, 피로가 잦고 식후엔 일시적으로 좋아진다.	
4	식사 후 몇 시간 동안 나른하다.	
5	체중이 잘 줄어들지 않는다.	

6	단것을 먹기 시작하면 멈추기가 어렵다.	
7	기억력과 집중력이 떨어지는 편이다.	
8	식은땀이 잘 난다.	
9	다낭성 난소 증후군이 있다.	
10	생리 전 증후군이 심하다.	
11	고혈압이 있다.	
12	허리둘레가 남성 90cm 이상, 여성 80cm 이상이다.(허리-힙 비율이 0.8 이상)	
13	목이나 겨드랑이에 있는 피부가 두껍고 검게 변하거나 쥐젖이 있다.	
14	만성 세균감염증이 있다.	
15	비 알콜성 지방간이다.	

단백질

우리 몸 안의 수천 개의 분자는 모두 우리가 먹는 음식을 통해 섭취하는 8가지 필수 아미노산으로 만들어진다. 이것은 신경 전달 물질과 그 전달을 받는 수용체를 만드는 데 필요한 원료이다. 이렇게 중요한 아미노산은 우리가 음식으로 섭취하는 단백질을 통해 공급받는다. 식사를 통해 좋은 단백질을 섭취하지 못하면 뇌가 제 기능을 발휘하지 못해 집중력이 떨어지고 불안, 피로, 우울증까지 갈 수 있다.

과체중 이상일 경우에 우울증이 더 많다는 연구 결과가 당연한 일일지도 모른다. 덴마크 오르후스 대학교 연구팀의 2019년 논문을 보면 여러 가지 신체 측정치 중 체지방과 우울증 발병 상관관계가 가장 높았다고 한다. 좋은 단백질을 꾸준히 섭취해 체내 기능의 효율성을 올리자.

단백질도 가급적 자연식품으로 섭취한다. 단백질은 많이 먹어도 살이 안 찔 거라는 생각을 하는 분들이 있다. 하지만 단백질도 과다 섭취할 경우 결국 지방으로 축적된다. 단백질은 육류, 생선, 달걀 등 매 식사에 30~40g 정도 섭취한다(닭가슴살 기준으로 100g당 단백질 22g 정도가 포함되어 있다).

지질

인지질은 세포막의 주요 성분이다. 세포막이 건강한 만큼 뇌도 건강할 수 있다. 전체 몸무게의 고작 2%인 뇌는 전체 산소 소비량과 소모 칼로리의 20% 정도를 사용한다. 뇌세포의 수는 1000억 개 정도로 각각의 뇌세포는 서로 4만 개의 시냅스로 연결된다. 이 연결망의 핵심은 바로 세포막이다.

그러니 세포막이 건강하지 않으면 몸을 진두지휘하는 뇌의 커뮤니케이션도 그 효율성이 떨어진다. 세포막은 우리가 섭취하는 지방으로 만들어진다. 좋은 지방을 섭취하는 것으로 뇌의 건강을 돕고 염증을 가라앉히고 세포 기능을 개선시킨다. 기분을 조절하는 화학 물질도 잘 작용하게 한다. 포화지방이냐 불포화지방이냐 하는 것보다 중요한 것은 인체에 염증을 유발하는 트랜스지방을 가급적 섭취하지 않아야 한다는 것이다.

대부분 가공식품 포장지 뒷면에 쓰인 쇼트닝, 경화(식물성유지), 팜유, 에스테르화유를 피하고 인체에 반드시 필요한 자연스러운 지방을 충분히 섭취한다. 엑스트라버진 올리브유, 아보카도 오일, 건강하게 자란 동물의 지방, 생선, 달걀노른자, 냉압착 씨들기름, 목초육의 버터, 기버터, 라드유 등을 추천한다.

비타민과 미네랄

가장 안전한 치료제라고 부르고 싶다. 생각보다 많은 질환이 비타민과 미네랄 결핍에서 온다. 노화의 증상이라고 생각하는 것들 중 어떤 증상은 비타민과 미네랄 결핍 때문인 경우도 있다. 필요한 양은 사람마다 다를 수 있지만 모든 사람들에게 필요하다는 사실은 분명하다.

생화학적인 신체기능대사에 꼭 필요한 비타민과 미네랄이 부족하면 몸과 마음의 균형이 깨지거나 멈춰 버릴 수 있다. 우리가 당연히 물을 마시듯, 비타민과 미네랄 또한 그렇다.

비타민과 미네랄의 종류	
비타민	미네랄
비타민 A	칼슘(Calcium)
비타민 B1(티아민)	인(Phosphorus)
비타민 B2(리보플라빈)	칼륨(Potassium)
비타민 B3(니아신)	나트륨(Sodium)
비타민 B5(판토텐산)	마그네슘(Magnesium)
비타민 B6(피리독신)	철(Iron)
비타민 B7(비오틴)	아연(Zinc)

비타민 B9(엽산)	구리(Copper)
비타민 B12(코발라민)	요오드(Iodine)
비타민 C(아스코르브산)	셀레늄(Selenium)
비타민 D	망간(Manganese)
비타민 E	플루오린(Fluoride)
비타민 K	몰리브덴(Molybdenum)
이노시톨	크롬(Chromium)
염소(Chloride)	
필수 아미노산	
류신(Leucine)	트레오닌(Threonine)
아이소류신(Isoleucine)	트립토판(Tryptophan)
라이신(Lysine)	발린(Valine)
메티오닌(Methionine)	히스티딘(Histidine)
페닐알라닌(Phenylalanine)	

⇨ 9가지 아미노산은 인체가 자체적으로 합성할 수 없기 때문에 반드시 음식 섭취를 통해 얻어야 한다.

필수 지방산

오메가-3 지방산: 알파-리놀렌산(ALA, Alpha-Linolenic Acid), EPA, DHA

오메가-6 지방산: 리놀레산(LA, Linoleic Acid), 감마 리놀렌산(GLA)

⇨ 이 두 가지는 인체에서 합성되지 않으며, 음식 섭취를 통해 반드시 얻어야 하는 필수 지방산이다.

인체의 중요한 시스템 중 하나인 해독 시스템의 본부는 간이고, 모든 세포에는 해독 지부가 있다. 해독 기능이 잘 돌아가려면 아연, 마그네슘, 셀레늄 등 기타 미네랄과 미량 원소, 수백 가지의 효소, 많은 아미노산과 필수 지방 같은 영양소를 계속 공급해 주어야 한다.

그러기 위해 중요한 것은 식사의 원재료다. 좋은 원재료를 통해 비타민, 미네랄이 풍부한 영양소를 잘 섭취해 주면 건강해질 수밖에 없다. 대사 기능이 건강해지면 감량은 보너스처럼 따라온다.

* * 감량과 동시에 유지하는 법 * *

느슨한 꾸준함

감량한 몸을 유지할 수 있었던 첫 번째 비법이다. 사람들과의 만남에서도, 가족들과 외식도 편안하고 즐겁게 할 수 있는 이유는 절대 완벽하려 하지 않았기 때문이다. 엄마들은 가족들과의 외식이나 여행, 명절처럼 특히 변수가 많다. 예상치 않은 과식을 하기 쉽다. 다이어트를 실패하는 이유 중 하나는 작은 실수에도 괴로워하고 좌절하고 완벽하지 못한 스스로를 압박하기 때문이다. 모든 순간 완벽할 필요가 없다. 어쩌면 완벽하지 못한 것이 당연하다.

어느 텔레비전 프로에 나온 중독 전문 의사가 했던 말이 기억난다. 도박 중독자들이 치료를 하다가 다시 도박에 손을 댔을 때, 그는 오히려 축하를 해 준다는 것이었다. 중독 재발을 축하한다니! 그만큼 중독은 단번에 끊을 수 없고 실수하면서 여러 과정을 거쳐야만 좋은 결과에 도달할 수 있다고 했다. 내가 완벽할 수 없음을 수용하는 것이 가장 우선시되어야 한다고.

그렇다면 평생 완벽하고 싶지 않다. 집밥을 잘 먹다가도 어느 날은 친구들과 즐겁게 술도 한잔하고, 명절엔 가족들과 가끔 과식도 하고, 아들과 데이트를 나가는 날엔 떡볶이를 먹기도 한다. 오늘 좀 즐겁게 먹고 내일 제대로 하면 된다. 다시 나의 수고로운 집밥으로 돌아가면 그만이다. 하루이틀 많이 먹었다고 자책하고 더욱 폭주(?)할 만큼 완벽해질 필요가 없다. 70%가 만점이라고 생각하고 느슨하게 꾸준하자. 좋아지는 방향으로 가고 있다는 것만으로도 충분하다. 다이어트도 결국 행복해지려고 하는 것 아닌가.

메타인지 유지어터

두 번째 비법이다. 돌발 상황이나 변수가 있을 땐 '메타인지'를 해 보자. 자신의 능력과 한계를 정확히 파악하고, 할 수 있는 만큼만 시간과 노력을 투자해 본다. 내가 가장 도움을 받았던 팁은, 어떤 상황에서도 내가 할 수 있는 것과 할 수 없는 것을 구분해 보는 것이다. 느슨한 꾸준함이 훨씬 쉬워진다.

예를 들어 외식이나 여행처럼 내가 식사를 컨트롤 할 수 없는 상황을 인지했다면, 그런 상황에서만큼은 스트레스 받지 않고 놓아 버린다. 할 수 있다면 식사 메뉴 정도라도 컨트롤 해 보자. 만약 메뉴도 컨트롤 할 수 없는 상황이라면 메뉴 선택도 그저 내려 놓자. 받아들이는 것이 1번이다. 그 안에서 내가 할 수 있는 것을 찾는다. 식사량 정도는 스스로 선택할 수 있다. 내가 먹을 양만큼을 미리 덜어 천천히 먹어 보자. 천천히 먹는 것만으로도 양 조절이 가능하고 소화도 훨씬 편안해진다.

어쩔 수 없는 것은 쿨하게 수용하고 즐기자. 가장 중요한 것은 마음이다. 아무리 적게 먹어도 스트레스를 받는 상황보다, 포기할 것을 빠르게 수용하고 내가 바꿀 수 있는 것을 선택하는 편이 장기적으로 꾸준해지는 방법이다. 감량과 마음, 건강에도 완벽함보다는 느슨한 꾸준함이 훨씬 도움이 된다.

일상 활동력

건강해지려면 운동을 해야 한다는데 나는 도무지 에너지가 없었다. 자도 자도 피곤했고 무기력했다. 나처럼 운동을 하지 않던 사람이라면 처음부터 센터에 등록하기보다 매일 할 수 있는 만큼의 적당한 움직임을 찾아보는 것이 좋다. 나의 시작은 매일 10분 스트레칭과 식후 산책이었다. 다들 짧은 시간에 20kg을 감량했다고 하면 힘든 웨이트나 러닝을 했을 거라고 생각한다. 그저 스트레칭과 하루 두 번 식후에 빠르게 걷는 산책이 전부라고 말하면 "그게 운동이 돼요?"라고 되묻는다.

물론이다. 아무것도 하지 않던 사람에게는 매일 꾸준히 할 수 있는 양으로 충분하다. 이것을 하루도 빠짐없이 하는 것만으로도 몸은 달라진다. 나는 하루 두 번 가볍게 걸으며 기분전환을 하면서 이 시간을 생각 정리 타임으로 설정했다. 꼬리에 꼬리를 물던 생각을 심호흡과 함께 날리면 가벼워졌다. 스트레칭을 하면서 저녁마다 불편하던 다리 붓기도 사라졌다. 무기력하게 누워 있던 과거와 다르게 어느 날부턴가 산책이 밥을 먹듯 당연한 일과가 되었다.

만약 이미 운동을 하고 있다고 해도 하루 중 20~30분 정도 햇볕을 받으며 걷기를 해 보자. 자연이 주는 공짜 호르몬 재료는 덤으로 받는다. 직장인이라면 점심 식사 후 가볍게 산책해 보자. 식후 디저트 대신 산책하는 습관 하나만 설정해도 다음 날 기상 컨디션이 달라진다.

그러다 보니 모든 집안일도, 육아도 운동이라는 생각도 들었다. 아이에게 먼저 산책 가자고 제안하고 빨래도 신나게 털어 널어 본다. 모든 일상이 나의 운동이 된다.

운동은 내일의 나를 위한 하나의 선순환 도구일 뿐이다. 운동이 익숙하지 않다면 매일 일정하게 할 수 있는 만큼만 아주 작게 시작해 보자. 그러다 체력이 올라오면 틀어진 내 체형에도 관심이 가고 새로운 운동에 흥미가 생기는 나를 발견할 것이다. 평소 궁금했던 운동을 체험해 보면서 나에게 맞는 종목을 택하면 된다. 섣불리 시작한 무리한 운동은 지친 몸에게 또 하나의 스트레스일 뿐이다.

일상 활동력으로 체력이 올라가고서야 나는 굽은 어깨와 틀어진 골반을 바로잡고 싶어 요가를 시작했다. 일주일에 세 번 요가를 가는 시간이 기다려졌다. 요가를 할 때 잘 되지 않는 자세를 끙끙대며 조금이나마 비슷하게 하려고 애를 쓸 때가 있다. 나도 모르게 손끝 발끝에 힘이 잔뜩 들어가고 바들바들 몸이 떨리다 보면 '아, 더 이상 못하겠다' 하고 중얼거리게 되는 순간이 온다.

그럴 때 기가 막히게 들리는 선생님의 티칭. "힘 빼고 호흡하세요."

그러고 보니 어느새 숨을 멈춘 채 잔뜩 힘을 주고 있다. 처음엔 힘을 빼면 넘어질 것 같은 두려움이 있었다. 지금은 안다. 힘이 들어가 숨조차 쉬지 못하는 상태가 되면 오히려 잘하려는 마음과 반대로 몸이 더 뻣뻣해진다는 걸. 힘을 빼야만 손끝이 더 멀리 뻗어 나가고 숨을 멈추지 않을 수 있다.

지금까지 너무 잘하려고 애쓰다 내가 오랫동안 숨을 멈춘 건 아닐까. '살아 숨 쉰다'는 말도 숨을 쉬어야 살 수 있다는 말이구나 싶었다. 상담을 하다 보면 많은 사람들이 숨조차 쉴 수 없는 하루를 보낸다. 더 잘하려고 자주 숨을 멈춘다. 하루 10분 스트레칭과 틈틈이 산책을 하며 숨을 쉬어 보자. 호흡으로 세포에 숨을 불어넣어 주자.

좋은 언어로 나를 채우기

철학자 비트겐슈타인은 "언어의 한계는 세계의 한계를 의미한다"라고 했다. 부모님이 스튜디오에 나와 전문가와 함께 아이를 관찰하는 텔레비전 프로그램이 있었다. 중학생 아이의 등교 거부 문제로 힘들어하던 부모님에겐 알고 보니 큰 문제가 하나 있었다. 바로 아이가 자랄수록 소통이 되지 않는다는 점이었다.

분명 한 집안에서 살고 마주 앉아 대화를 하고 있는데도 아이와 엄마는 전혀 다른 방향의 대화를 하고 있었다. 아이가 고민을 제시하면 엄마는 부정적인 판단으로 아이를 가로막았다. 늘 그랬듯 모자의 대화는 분노로 끝이 났다. 통제적 지시뿐인 엄마에게서 아이는 점점 마음의 문을 닫아 왔던 것이다.

표면적으로 드러난 문제는 아이의 등교 거부였지만 본질적인 문제는 엄마의 공감과 소통의 언어 부족이었다. 아이를 사랑하는 마음을 어떤 언어에 담느냐에 따라 부모 자녀 관계의 밀도가 달라진다.

나도 클래스를 운영하면서 부정적인 생각을 언어에 담는 분들을 만난다. "이따위 몸뚱이를 가져서" "역시 전 안되나 봐요"라는 이야기를 듣고 있자면 언어를 통해 그동안의 삶과 성향을 대략 유추해 볼 수 있다. 스스로의 입으로 매일 부정적인 언어를 주입하는 사람은 보통 지쳐 있는 경우가 많다. 내가 지쳐 있지는 않은지 알아차려 보고 나에게 좀 더 따뜻함을 실어 주자.

나 역시 어린 시절, 부모님에게서 좋은 언어를 습득할 기회가 적었다. 늘 비슷한 언어와 환경 속에서 비슷한 사고회로를 가지고 있었다. 그런 내가 언어와 생각의 확장을 동시에 할 수 있었던 스승은 책이었다. 책을 펴면 새로운 언어들이 쏟아져 나온다. 언어는 곧 사고다. 같은 마음도 어떤 언어에 담느냐에 따라서 삶은 천차만별로 달라진다.

나와 함께 일하는 파트너와 동행한 적이 있었다. 내가 가게 점원과 나누는 대화를 유심히 듣더니 이런 말을 해 주었다. "서연 님이 어딜 가든 서비스를 잘 받으시는 이유를 알 것 같아요. 뭐라도 더 주고 싶은 마음이 드네요."

좋은 언어에 마음을 담으면 나 자신뿐만 아니라 상대방의 반응도 달라진다. 내가 자주 쓰는 언어들에 유심히 귀 기울여 보자. 나를 주저앉히고 변화를 저해하는 언어를 주로 쓰고 있지는 않은지 살펴보자. 누군가에게 하는 말에 앞서 내가 나 자신에게 어떤 말들을 하는

지 들어 보자.

나는 이것을 일명 '셀프텔러(self-teller)'라고 말한다. 마음속 셀프텔러가 나에게 어떤 말을 건네고 있는가. 그 말들은 어디서 온 것인가. 셀프텔러의 방향을 바꾸는 것은 오직 나만이 할 수 있다. 그 설정을 새롭게 바꾸어 줄 멘토를 가장 빠르고 쉽게 만날 수 있는 방법은 바로 책이다.

어떤 분야에서든 성공한 사람들의 기저에는 성장하는 언어 습관이 있다. 어떤 책을 읽어야 하냐고? 내가 되고 싶은 사람이 쓴 책을 선택해 보자. 그중 힘들이지 않아도 쉽게 읽히는 책을 골라 하루에 3쪽씩 읽기 시작하자. 그리고 다 읽고 난 한 권에서 한 문장을 뽑아 보자. 우리 뇌는 특정 행동을 반복할 때마다 관련된 뉴런들이 구성하는 신경 회로가 만들어지고, 활성화되고, 강화된다. 어색해도 새로운 문장들을 습득하고 내뱉으며 익혀 보자. 자연스럽게 일상의 대화 속에 어느새 섞이게 될 것이다.

좋은 언어들을 내뱉는 시간이 늘어날수록 나 자신과의 관계뿐 아니라 가족, 사회와의 관계가 좋아지고, 좀 더 영향력 있는 존재로 성장하고 싶은 마음의 준비가 된다. 실제로 성취감 있게 살아 낸 날은 음식으로 만족감을 얻고 싶은 마음이 확연히 줄어든다. 내가 자랄수록 뇌가 자라고 음식에 대한 갈망이 다른 것으로 채워진다.

기록: 마음의 인바디

결혼을 앞둔 미혼 여자분이 나의 식이지도 클래스에 오셨다. 남자

친구도 있고 직장도 잘 다니고 있는데 편의점 커피와 야식을 도저히 끊을 수 없다고 했다. 특히 종종 매운 야식을 먹는 게 가장 고민이라고 했다. 그녀와 함께 기록을 시작했다. 무얼 먹었는지, 무얼 했는지가 아니라 오늘 하루 일상에서 어떤 생각이나 감정이 들었는지를 매일 적어 보기로 했다.

감정은 느껴 주지 않고 눌러 버리면 그대로 쌓여서 엉켜 버린 뭉텅이가 된다. 그 상태가 지속되면 에너지를 빼앗겨 자꾸 음식을 갈망하게 되거나, 신체적으로는 교감신경을 지속적으로 항진시키고, 수분을 빼앗아 가서 열을 올린다. 그분은 나와 꾸준한 기록을 하면서 두 달이 채 되지 않은 기간 동안 6kg을 감량했다. 이제 야식 대신 일기 쓰는 시간이 더 기다려진다고 했다.

나 역시 4년째 짧은 일기를 쓰면서 진짜 속마음을 만나곤 한다. 퇴근한 남편에게 내는 투덜거림은 어설픈 육아라도 잘하고 있다는 말을 듣고 싶은 불안과 걱정이었고, 어느 날의 소비기록은 불안함의 표시였다. 어느 날의 일기는 그리움, 어느 날의 일기는 두려움의 표출이었다.

그중에서도 가장 많이 적은 단어는 '왜'였다. 나 자신에게 수많은 질문을 던졌다. 많은 질문과 답이 오가면서 그날의 감정과 생각을 흘려보냈다. 이 시간들이 쌓이면서 내가 어떤 사람인지 알아갈수록 남과의 비교도 잘 하지 않게 되었다. 더 이상 할 필요가 없게 된 것 같다.

이 시간이 감량에 도움이 된 것은 말할 것도 없다. 식사와 수면을 꾸준히 기록하고 일주일, 한 달의 기록을 한눈에 본다. 대략 시간과 음식의 패턴이 보인다. 어떻게 먹었을 때 속이 가장 편안한지, 저녁 식사와 수면 시간 사이 간격이 너무 짧지는 않은지, 주로 어떤 상황에서 과식을 하게 되는지, 잠을 못 자는 날의 나는 어떤지 알게 된다.

기록을 하면서 살펴보니, 나는 식사 횟수를 줄이거나 과한 운동을 하는 경우 오히려 하루에 먹는 총량이 과하게 늘었다. 하루 세 끼를 적당량 먹었을 때 식욕이 안정되었고 가벼운 산책을 자주 할 때 가장 컨디션이 좋았다. 어떤 음식은 아무리 남들이 좋다고 해도 나는 느끼지 못하고 소화가 잘 되지 않았다.

좋아한다고 생각했던 음식이 어느 날부터인가 맛있게 느껴지지 않는 것을 기록한 날도 있다. 아이들 저녁 준비하느라 간단히 때우기라도 하는 날엔 꼭 야식이 당기는 걸 깨달아서 이젠 야무지게 내 식사를 잘 챙긴다. 흔히들 말하는 정체기일 때도 조급하거나 불안하지 않았던 이유는 기록을 통해 나의 컨디션, 피부 상태, 식욕 안정성, 건강검진 지표상 수치들이 좋아지고 있는 걸 눈으로 확인할 수 있었기 때문이다.

> 커뮤니케이션에는 두 가지 종류가 있네. 자신의 내면과 하는 커뮤니케이션과 외부와 하는 커뮤니케이션이라네. 대부분의 사람들은 이렇게 커뮤니케이션에도 종류가 있다는 것을 모르지. 무엇을 느끼는지, 무엇을 생각하는지도 모르는 채 인생을 그저 살아가기 바쁘네.
>
> — 혼다 켄, 《돈과 인생의 비밀》 중에서

기록은 마음의 인바디다. 현재 상태를 알아차리고 나의 마음에 어느 부분이 과하고 부족한지 깨진 균형을 잡아 주는 소중한 도구이다. 실제 나의 클래스에서 쓰는 기록 표를 첨부해 본다.

구분		년 월 일	년 월 일	년 월 일
수면&아침 컨디션				
식사 내용과 포만감(1~10) 체크	아침:			
	점심:			
	저녁:			
중간 소화 상태				
오늘의 사건(사실)				
오늘의 감정(마음)				
하루 한 줄 정리				
나에게 한마디				
오늘 사소한 변화				

3부

더 나은 균형

돈

이초아

** 가정도 회사다 **

　내가 10년째 미니멀라이프를 실천하며 느낀 게 있다면, 비우는 것만큼 채우는 것도 중요하다는 사실이다. 물건 외에 더 가치 있는 것들로 채우기 위해 사용하지 않는 물건을 먼저 비우는 것이다. 그러나 미니멀라이프를 처음 접하는 사람들은 여전히 극강의 미니멀라이프를 떠올리며, 아무것도 없는 빈방, 캐리어 하나에 들어가는 짐이 전부인 사람으로 오해하기도 한다.

　때문에 나는 스스로를 미니멀리스트라고 소개할 때마다 늘 이 부분이 아쉬웠다. 나는 극강의 미니멀라이프를 실천하는 사람도 아니고, 이제는 비우기에 집중하기보다는 유지를 위해 노력하고 있기 때문이다. 더 나아가 비운 자리에 여유와 가치 있는 시간, 내가 좋아하는 것들로 채우고 있는 단계다. 특히나 물건 정리를 마치고 나니 돈 정리에 관심이 생겨 요즘은 재테크 공부에 푹 빠져 있고, 강의도 재테크 분야 요청이 더 많이 들어오고 있다.

미니멀라이프를 넘어 지금의 내 라이프스타일을 표현할 만한 단어가 없을까? 고민하다가 '살림 경영'이란 단어를 떠올렸다. 물건 정리든 돈 정리든 살림과 연관이 있고, 살림을 더 잘 경영하게 도와주기 때문이다.

어느 날 집안일을 하다가 가정도 회사와 비슷하다는 생각이 들었다. 건강한 회사 운영을 위해서는 인사 관리와 재무, 재고 관리가 필수이듯, 집에서도 가족들을 챙기고 가계부를 작성하며 소비를 통제하고 물건을 관리해야 한다. 그래야 가족들 생활이 편안하고, 생애주기에 따른 유동적인 대처가 가능하다. 우리 집을 회사라고 생각해 보자. 우리 집은 잘 운영되며 앞으로도 승승장구할 회사인가? 아니면 관리가 전혀 되지 않아 늘 아슬아슬하게 위기를 견뎌 내고 있는 회사인가?

좀 더 쉽게 이해하기 위해 주식을 한다고 생각해 보자. 1주를 투자하더라도 내 돈을 지켜 줄 수 있고, 더 불려 줄 수 있는 기업에 투자하고 싶은 게 모든 투자자들의 마음일 것이다. 그런데 내가 투자한 기업이 재무제표도 작성하지 않고 재고 관리도 엉망으로 한다면, 그 기업에 계속해서 투자하고 싶은 마음이 드는가? 만약 그런 기업이라면 나는 단 10원도 투자하고 싶지 않다. 아무리 적은 돈이라도 투자로 받은 돈을 낭비한다는 생각에 얼른 그 회사에서 손을 뗄 것 같다.

그렇다면 가정에서의 경영은 어떠한가? 부부 중 누군가 돈 관리를 맡았는데, 가계부도 작성하지 않고 매일 집에 택배만 쌓여 가고, 마이너스는 당연해서 점점 빚만 늘어나고 있는 상황이라면 어떨까? 이 사람이 계속해서 돈 관리를 하는 게 맞을까?

글을 적으면서 과거의 나 자신에 대해 고백하는 것 같아 부끄럽지만, 당연히 돈 관리를 맡기면 안 된다는 생각이 들 것이다. 그래서 나는 가정도 회사처럼 경영이란 개념이 필요하다고 생각했고, 이를 '살림 경영'이라 부르고 있다.

과거에 비해 여성들의 사회적 참여가 늘어나 맞벌이 부부가 많이 증가했지만, 여전히 '살림'이란 단어를 들으면 남성보다 여성들과 더 가깝게 느껴지는 게 사실이다. 그러나 내가 전하고자 하는 '살림 경영'은 무조건 여자가 주도적으로 살림을 맡아야 하고, 남자는 소극적인 자세를 취해야 한다는 뜻이 아니다. 부부 중 누가 되었든, 가정에는 반드시 경영자 역할을 하는 사람이 있어야 한다는 뜻이다.

회사에는 실무자와 경영자가 있다. 실무자는 보통 담당 업무만 하는 사람으로 본인에게 맡겨진 일만 잘하면 된다. 그런데 경영자는 총괄자로서 전체를 보고 일을 하기에, 맡겨진 일만 잘하기보다는 좀 더 큰 그림을 볼 줄 알아야 한다. 그런 의미에서 조금 더 큰 그림을 보고 살림을 꾸려 가는 경영자 역할이 필요하다. 성별이 아닌 역할로 구분하여, 가정도 회사라는 생각의 전환으로, 경영을 잘하는 사람이 하면 된다.

✳ ✳ 살림 경영가가 되어야 하는 이유 ✳ ✳

이런 생각이 들자 나는 이 집에 없어서는 안 될 매우 중요한 살림 경영가라는 생각이 들며, 살림에 대한 생각이 바뀌기 시작했다. 나를 주부라고 생각할 때는 살림을 매일 반복하는 지루한 일로 여겼었다. 청소하고, 빨래하고, 밥하고, 뒤돌아서면 다시 또 청소하고, 빨래하고, 밥하고…. 이건 내가 원해서 하는 일이 아니었다. 결혼도 했고, 일도 그만두어 시간이 많으니 어쩔 수 없이 해야 하는 일이었다.

아무도 나에게 지시하지 않았고 남편이 눈치를 주거나 강요한 것도 아니었지만, 당분간은 일을 할 상황이 아니었기에 집안일은 당연히 내 몫이라 생각했다. 분명 내가 받아들인 일임에도 불구하고 가끔씩은 사회에서 자신의 커리어를 쌓아 가는 친구들을 보면 부럽기도 했고, 근황을 얘기하다 보면 나도 모르게 위축되는 느낌도 들었다. 그럴 때마다 자신감도 낮아지고 우울해졌다.

주부들은 특히 출산과 육아, 경제적 궁핍, 가정불화, 외로움 등으로 우울증에 자주 노출되는데, 실제로 해마다 주부 우울증을 겪는 사람들 수가 늘어난다고 한다. 그때는 모르고 지나갔지만, 지금 돌이켜 보니 내가 겪었던 감정도 주부 우울증 증상이었던 것 같다.

이제는 결혼한 지 13년 차, 나는 어떻게 됐을까? 요즘은 삶이 정말 즐겁다. 해야 할 집안일은 아이가 셋이 되며 과거보다 오히려 더 늘어났지만 예전처럼 불평이 쌓이거나 우울한 감정이 들지 않는다. 같은 집안일을 해도 지루하다는 생각보다는 이 또한 나의 미래를 위한 준비 과정이라는 생각이 든다.

실제로 나는 매일 집안일을 할 때마다 SNS에 공유했다. 오늘은 어디를 청소했고 어느 곳은 어떤 방법으로 정리했는지 등을 사진과 함께 올려 그때의 기분이나 나만의 노하우를 공유했다. 어느 순간부터 내

글에 공감해 주고, 도움받았다고 말해 주며, 내가 올린 사진을 보면서 정리 욕구가 생겼다는 사람들이 늘어났다. 살림은 해도 티가 나지 않고 동료가 없는 외로운 일이라 생각했는데, SNS의 사람들이 나의 살림 동료가 되어 주었다. 이를 시작으로 유튜브도 하게 되었고 책도 쓰게 되었다. 더 이상 내가 하는 일은 그냥 주부의 일이 아니었다. 기록하는 모든 것이 콘텐츠가 되었고 미래를 위한 포트폴리오가 되었다.

나는 주부에서 살림 경영가로 포지션을 바꾸었다. 이런 마음가짐으로 하는 일을 어떻게 주부라는 한 단어에 담아 낼 수 있을까? 이건 집안일이 아니라 살림을 경영하는 것이다. 이렇게 생각하니 나는 우리 가정이라는 회사의 대표가 되었고, 내가 하는 일이 정말 소중하고 대단하게 여겨졌다. 주부에서 살림 경영가로 마인드 하나만 바꾸었는데도 자신감, 사명감, 책임감 등이 생겼다.

회사에서 재고 관리를 하고 재무제표를 쓰듯 집에서도 식료품과 생필품 재고 관리를 하고, 가계부를 쓰며 재정 관리를 한다. 회사에서 인사 관리를 하듯 주부도 가족들의 건강 상태나 경조사 등을 챙기고, 자녀들의 육아, 교육까지도 신경 쓴다. 그러니 살림에도 경영 마인드가 필요한 것이다.

✳ ✳ 줄이는 것만이 답이 아니다 ✳ ✳

앞서 미니멀라이프를 실천하며 물건 정리를 마친 이후에는 돈 정리에 관심이 생겨 재테크 공부에 푹 빠지게 되었다고 말했다. 여러 재테크 방법이 있지만 내가 처음으로 재미를 느꼈던 분야는 '절약'이었다.

물건을 사며 소비하는 기쁨보다 물건을 비우는 재미가 더 컸고, 냉장고 파먹기를 하며 식비를 줄여 가는 과정들은 게임처럼 느껴지기도 했다. 비운 물건들을 중고거래로 팔아 여행비용으로 모으기, 김치·된장·고추장 같은 저장식품만 남을 때까지 장 안 보고 냉장고 파먹어 보기, 생활비는 예산 안에서 쓰고, 성공할 때마다 10%씩 줄여 보기. 나만의 작은 목표를 만들어서 게임 미션을 클리어 하듯 내가 할 수 있는 것들을 하나씩 해 나갔다. 덕분에 재미있게 소비를 줄일 수 있었다.

그렇게 절약 생활을 이어 가던 도중 한계에 부딪혔다. 아무리 소비를 줄이려고 노력해도 적정 금액 이상은 줄일 수 없다는 것을 깨달았기 때문이다. 또한 절약이라는 행위에 너무 심하게 집중할 경우, 한꺼번에 물욕이 터지기도 했다. 마치 다이어트한다고 식사를 굶으면 한번에 식욕이 터져서 그동안 못했던 폭식을 하는 것처럼 말이다.

그런 경우가 아니더라도 절약에는 분명 한계가 있다. 각 가정마다 꼭 필요한 최저 생계비라는 게 있기 때문이다. 최저 생계비란 법원에서 보장해 주는 최소 기본 생활에 필요한 보장 금액으로 2025년, 5인 가족 기준으로 4,264,915원이다.

돈 관리를 해 보면 알겠지만, 최저 생계비는 말 그대로 최저로 필요한 금액일 뿐, 실제로는 어느 가정이든 그 이상의 금액이 있어야

가구 인원별 최저 생계비(2025년 기준)	
가구	최저 생계비
1인 가구	1,435,208원
2인 가구	2,359,595원
3인 가구	3,015,212원
4인 가구	3,658,664원
5인 가구	4,264,915원
6인 가구	4,838,883원

먹고 싶은 것도 먹고, 필요한 것도 사고, 노후 대비를 위한 저축도 하며 여유롭게 생활할 수 있다. 아무리 줄여도 최저 생계비 이하로는 줄이기가 힘들고, 결국 절약만으로 한계가 있다는 것을 인정했더니 그때부터 새로운 방법이 보이기 시작했다.

바로 더 버는 것이다. 줄일 수 없다면 소득을 늘려야 한다. 이것을 깨닫기 전까지 나는 아이 키우면서 돈을 버는 건 어려운 일이라고 생각했다. 아이가 어릴수록 부모의 손길이 많이 필요하고, 병원에 갈 일도 잦기 때문에 현실적으로 일을 하는 게 쉽지 않기 때문이다.

그러나 '절대 안 돼'라고 생각할 때와 '방법이 이것밖에 없다면 어떻게든 해야지'라고 생각하는 것에는 큰 차이가 있다. 이건 이래서 안 되고, 저건 저래서 어렵다며 상황에 대한 불평만 한다면 변하는 것이 하나도 없기 때문이다. 소비를 줄이거나, 줄일 수 없다면 소득을 늘려야 한다. 둘 중 하나는 무조건 해야 한다. 둘 다 못한다고 말하면서 돈이 하늘에서 뚝 떨어지길 바라는 건 욕심이다.

그 사실을 깨달았을 때부터 나는 조금이라도 더 벌 수 있는 방법을 찾기 시작했고, 한 달에 10만 원부터 20만 원, 100만 원으로 속도는 느리지만 조금씩 월수입을 늘려 나갔다. 누군가는 한 달 동안 번 돈이 10만 원이라고? 겨우? 라고 생각할 수 있지만, 어린아이를 집에서 키우는 상황을 유지하면서 새로운 수입을 늘리는 건 생각만큼 쉬운 일이 아니다. 길을 걷다가 단돈 500원 줍기도 어려운 세상이지 않나.

이 10만 원은 금액으로만 보면 작을지 모르지만, 무에서 유를 창조한다는 시각에서 보면 정말 대단한 일이다. 아무것도 없는 상황에서 1만 원을 만들어 본 사람만이, 10만 원도 만들 수 있고, 100만 원도 만들 수 있는 것이다.

내 통장에 처음으로 10만 원 넘는 금액이 찍힌 그날이 아직도 생생히 기억난다. 막내 아이를 임신했을때 시작한 유튜브에서 수익이 나기 시작했고, 출산한 지 얼마 지나지 않아 첫 정산금이 통장에 들어왔다. 특히나 막내 낳고 신생아와 함께 두 아이까지 보느라 고군분투하고 있었을 땐데, 남편에게 내 힘으로 번 돈이라고, 내가 집에서 아이 키우며 번 돈이라고 어찌나 자랑했는지. 금액이 중요한 게 아니라 '나도 노력하면 할 수 있는 사람이구나'라는 자신감을 얻었고, 아이를 키우면서도 얼마든지 돈을 벌 수 있다는 희망이 생겼다. 어떻게 하면 이 10만 원을 20만 원으로 늘릴 수 있지? 생각이 확장되니 '절대 안 돼, 절대 못해'라고 생각했던 내가 '일단 해 보지, 뭐. 뭐라도 경험이 될 거야'라는 마인드로 바뀌어 갔고, 모든 일을 대할 때 적극적으로 변해 갔다.

그때의 생각 전환을 계기로, 나는 더 이상 이사 걱정하지 않아도 되는 내 집 마련에 성공했고, 꾸준한 재테크 공부로 투자용 부동산도 마련했다. 나처럼 어려움을 겪는 사람들을 도와주는 컨설턴트이자 재테크 강의를 하는 강사, 책을 쓰는 작가도 될 수 있었다.

줄이는 것만으로는 결국 한계가 있다는 사실을 빨리 깨닫고 인정하는 것. 현재 상황에 불평만 하며 그 자리에 계속 머무르는 것이 아니라 지금 상황에서 할 수 있는 방법을 꾸준히 고민하며 찾아가는 것이 정말 중요하다. 이렇게 생각을 전환할 수 있다면, 어떤 어려움이 닥쳐도 다시 일어서는 방법을 찾아낼 수 있다. 결혼과 출산으로 경력 단절이 되고, 아이를 키우면서 어떻게 일을 할 수 있을까 고민하는 사람이라도 마찬가지다.

✱ ✱ 돈 관리는 습관이다 ✱ ✱

돈 관리를 잘하는 사람을 보면 엄청난 재능이 있을 거라고 생각하는 사람들이 많다. 숫자만 봐도 머리가 아파 피하고 싶은 사람이 있는 반면, 계산하는 것을 좋아하고 어렵게 받아들이지 않는 사람이 있기 때문이다. 나도 후자에 속한다. 학창시절부터 수학 과목을 좋아했고, 계산한 게 딱 맞아떨어질 때면 성취감과 희열을 느꼈다. 그래서 돈 관리에도 자연스럽게 흥미를 가지게 된 것 같다.

그러나 이런 성향이 돈 관리에 관심을 가지게 된 시작이 될 수는 있지만, 꾸준함과는 또 다른 문제라고 생각한다. 돈 관리는 재능보다 습관이 더 중요하기 때문이다. 아무리 계산하는 것을 좋아해도 가계부를 꾸준히 쓰지 않는다면 우리 집의 수입과 지출을 잘 파악하고 있다고 말할 수 있을까? 수학을 좋아한다고 해서 그 사람이 재테크 정보를 찾아보는 것도 좋아할까? 적합한 시기에 적절한 곳에 투자하는 것도 잘할까?

절대 아니다. 그 어떤 재능이 있더라도 관심을 갖고 꾸준히 하는 사람을 이길 순 없다. 특히 돈 관리는 재능보다도 습관이 더 중요하다. 지금까지 꾸준히 유지해 온 돈 관리 습관들을 소개해 보겠다.

첫째, 신용카드 사용하지 않기. 돈 정리를 본격적으로 시작하며 신용카드도 딱 한 장만 남겨 두고 모두 잘라 버렸다. 예비용으로 남겨 두었지만 그마저도 사용할 일이 거의 없다. 우리 집의 우선순위는 체크카드와 현금 사용이기 때문이다.

간혹 신용카드가 혜택이 많기 때문에 잘 사용하면 더 좋다고 이야기하는 사람들이 있는데, 아무리 혜택이 좋아도 미래의 빚을 당겨쓴다는 건 변하지 않는 진리다. 돈을 당겨쓰지 않아도 한 달을 온전히 살 수 있는 현금 흐름만 잘 만들어 둔다면, 당연히 지금 가지고 있는 돈으로 현재를 살아가는 것이 더 현명한 거래다.

그렇게 하면 전월 실적을 채우기 위해 매번 카드 사용액을 확인하거나 필요 없는 소비를 추가로 해야 할 필요도 없다. 게다가 신용카드를 사용하지 않으면 한 달 월급이 온전히 내 계좌에 남아 있다. 월급일마다 카드값이 스쳐 지나간 자리를 보며 허탈해지는 게 아니라, 두둑한 계좌를 보며 뿌듯함을 느낄 수 있다.

내가 좋아하는 책《심리계좌》에서는 '신용카드도 현명하게 사용하면 득이 될 수 있다는 것은 그저 환상에 불과하다'라고 명확히 이야기하고 있다. 마음만 먹으면 어느 때든 신용카드를 이용해 비싼 물건을 할부로 구매할 수 있고, 상황이 여의치 않을 때조차 해외여행을 갈 수 있고, 남들에게 아쉬운 소리 할 필요 없이 현금 서비스도 이용할 수 있다.

이렇듯 수중에 당장 돈이 없어도 소비할 수 있다는 유혹이 강하기 때문에 신용카드를 계속 사용하면 소비에 대해 합리적인 판단을 하기가 어렵다고 한다. 나 역시 때때로 소비 의지가 약해질 때가 있다는 것을 알기 때문에 앞으로도 지금의 돈 정리 습관을 잘 유지하며 신용카드 사용은 최대한 자제할 생각이다.

두 번째 습관은, 가계부 쓰기다. 이건 더 이상 말하면 입이 아플 정도로 진짜 기본 중의 기본이다. 초기에 가계부 작성 습관을 들일 때는 매일 밤마다 식탁에 앉아 가계부를 썼었다. 아무 소비를 하지 않은 무지출인 날에도 일부러 가계부를 펼쳐서 기록을 했다. 내가 쓰는 가계부에는 무지출 스티커가 있는데, 이 스티커를 붙이는 재미가 은근 쏠쏠했다. 굳이 스티커가 아니더라도 '무지출'이라고 큼지막하게 써넣는 것도 좋은 방법이다. 소비가 있는 날과 무지출인 날의 표시만 확실하게 해 준다면 어떤 방법이든 좋다.

가계부 카테고리 및 예산을 설정하는 방법은 104, 118쪽에서 자세히 다루었으니 기억이 나지 않는다면 다시 한번 펼쳐서 꼭 알고 넘어가자. 기본 중의 기본인 만큼 중요하기 때문이다.

세 번째 습관은, 소비 미루기다. 어차피 구매할 거라면 하루라도 빨리 사는 게 좋다는 사람도 있지만, 내 경험상 정반대다. 소비는 미루면 미룰수록 좋다. 빨리 구매해서 내가 겪고 있는 불편함이 하루라도 빨리 개선된다면 정말 좋겠지만, 자칫 이런 마인드는 충동구매와 과소비로 이어질 수 있기 때문이다.

반면, 소비 미루기가 습관이 되면 물건을 구매할 때 굉장히 신중해진다. 시간을 가지고 고민하는 동안 '단순히 갖고 싶은 물건인가? 아니면 꼭 필요한 물건인가?' 스스로에게 질문할 수 있다. 어떤 물건은 당장 안 사면 어떻게 될 것 같을 정도로 조급한 마음이 들 때가 있는데, 그럴 때도 장바구니에 담아만 두고 바로 결제하지 않는다.

그러면 신기하게도 며칠만 지났을 뿐인데, 구매하고 싶은 생각이 사라질 때가 있다. 이런 물건은 꼭 필요했던 게 아니라 순간적으로 광고에 혹해서 갖고 싶었던 물건인 경우가 많다. 만약 내가 소비를 미루지 않았다면, '가랑비에 옷 젖는 줄 모른다'는 속담처럼 무언가에 홀린 듯 집 앞엔 택배 박스가 쌓여 있고, 그만큼 생활비 잔고는 가벼워져 있었을 것이다.

이 외에도 '대체할 물건은 없을까?' '사서 잘 관리할 수 있을까?' '구매해서 놔둘 공간은 있을까?' 등도 고민한다. 가끔 사용하는 물건의 경우, 그것을 구매해서 관리하고 놔둘 공간을 마련하는 게 더 번거로울 때가 있다. 한때 유행했던 식품 건조기가 그랬다. 고구마 말랭이를 좋아해서 집에서 만들어 먹을 생각으로 구매를 했는데, 크기가 꽤 컸다. 고구마 말랭이를 사시사철 만들어 먹는 것도 아닌데, 사용하지 않는 기간에는 주방에 보관할 자리가 마땅치 않아서 방 한구석에 놔뒀던 기억이 난다. 그러고선 방에 들어갈 때마다 한 자리 차지하고 있는 식품 건조기를 보면서 스트레스를 받았었다. 분명 필요해서 샀고, 구매를 하고도 고구마 말랭이를 만들어 먹을 생각에 신이 났었는데, 어느 순간 내가 산 물건에 내가 스트레스를 받고 있었다. 아무리 필요한 물건이어도, 관리의 편의성과 놔둘 공간을 생각하지 않고 구매하면 나와 같은 일이 일어난다.

지금은 식품 건조기를 비우고, 에어프라이어 기능을 이용해서 만들어 먹고 있다. 특정 기능이 있는 물건을 구입하기보다는 대체할 수 있는 물건은 없는지 찾아보고 구매하면 좋다는 것을 식품 건조기를 비움으로써 배웠다.

명심하자. 약속은 미루면 안 되지만, 소비는 미루면 미룰수록 좋다. 소비를 미루고 고민하는 시간을 통해 분명 더 만족스러운 소비를 할 거라 자신한다.

네 번째 습관은 경제 공부다. 절약을 통해 마이너스였던 우리 집에 조금씩 목돈이 쌓여 가며 자연스럽게 재테크 공부에도 관심을 가지게 되었다. 갑자기 하늘에서 뚝 떨어진 돈이 아니라 내가 한 푼 한 푼 아껴서 모은 돈이기에 정말 잘 쓰고 싶었다. 그래서 경제 공부를 시작했다.

공부라고 하면 책상 앞에 앉아서 한참을 집중하는 모습을 떠올리겠지만, 경제 공부는 입시 공부가 아니다. 따라서 책상 앞에서만 이루어지지 않는다. 내 경우에는 오히려 그런 점 덕분에 습관화가 가능했던 것 같다.

예를 들어, 새로 생긴 아파트가 보이면 부동산 어플을 켜서 바로 시세를 찾아본다. '이 정도 입지의 아파트는 시세가 이렇구나' '여긴 같은 동네인데, 왜 옆 아파트랑 이렇게 가격 차이가 나지?' 궁금할 때마다 바로바로 답을 찾아보다 보면 자연스럽게 공부가 된다. 각 잡고 하는 공부가 아니라 생활 속에서 그때그때 공부를 하는 것이다. 예전에는 입지 좋은 새 아파트를 보면, '저기에는 누가 살까? 부럽다' 정도만 생각했는데, 이제는 시세를 찾아보는 내 모습이 스스로 신기하기도 하고, 이런 변화가 꽤 마음에 든다.

또 경제 기사도 살펴본다. 매일 2~3시간씩 경제 신문을 펼쳐 보는 것이라면 잠깐 하다가 그만뒀겠지만, 기사 제목만 훑는 정도라면 습관화하기가 쉽다. 그러다가 관심 가는 기사가 생기면 읽어 보기도 한다. 5분 미만의 시간 투자로 경제에 대한 관심을 놓치지 않을 수 있고, 요즘은 호황기인지 불황기인지 등 대략의 경제 분위기도 알 수 있어 주로 틈새 시간에 찾아보고 있다.

경제 기사 코너에는 환율과 금리, 여러 지수가 같이 나와 있는데, 환율과 금리가 오르락내리락할 때마다 지수는 어떻게 변하는지, 기사에서는 어떻게 언급하는지, 내가 느끼는 경제 분위기는 어떤지도 함께 생각하면서 기사를 읽어 보면 더 좋다.

처음에는 기사 제목만 훑는 것도 귀찮고, 가끔 나오는 경제 용어들과 마주칠 때면 머리도 지끈거리면서 아파 오지만, 뭐든 꾸준함이 중요하다. 계속 하다 보면 몰랐던 경제 용어들도 하나씩 알게 되면서 자연스럽게 거시경제를 보는 눈이 커진다. 특히나 목돈을 모아 투자를 해 보고 싶은 사람이라면, 거시경제에 대해 필수로 공부해야 한다.

돈이 생겨 그때 공부해서 투자하려면 늦다. 돈을 모으는 동안, 시간적으로 여유가 있을 때 조금씩 경제 지식을 쌓아 놓아야 기회가 왔을 때 잡을 수 있고, 이게 진짜 기회인지 아닌지 분별하는 눈도 생긴다.

위 습관들은 하루아침에 만들어지지 않았다. 가끔은 가계부고, 공부고 뭐고 다 뒤로하고 아무 생각 없이 살고 싶은 때도 있었다. 그럴 때는 한참을 손 놓고 있다가 가계부를 몰아서 쓰기도 하고, 드라마나 소설책을 보면서 쉬기도 했다. 그렇게 잠깐 쉬어 가다가 다시 정신을 차리고 일어나 다시 시작했다. 우리 다섯 식구가 살아가는 데 있어 돈 문제는 마냥 손을 놓을 수 없는 정말 현실적인 문제이기에, 우리 가족이 꿈꾸는 미래가 있기에 다시 힘을 냈다.

어렵다고 생각하는 일일수록 작게 쪼개어 습관으로 만들어 보자. 신용카드 사용하지 않기, 가계부 쓰기, 소비 미루기, 경제 공부하기. 별거 아닌 일들이 습관으로 정착되는 순간, 결실이 보이기 시작할 것이다.

✳ ✳ 금융 자산 10억을 향해! ✳ ✳

KB금융그룹에서 발간하는 〈한국 부자 보고서〉를 보면, 자산 10억

원 이상을 가진 사람들을 부자로 분류하고 있다. 여기서 말하는 자산은 실거주를 제외한 부동산, 주식, 채권, 예·적금 등 금융 자산을 뜻한다. 점점 돈의 가치가 떨어진다고는 하지만, 금융 자산만으로 10억 원을 모으기란 쉬운 일이 아니다. 우리나라의 경우 특히 금융 자산보다는 집에 묶여 있는 부동산 자산의 비중이 더 높기 때문이다.

그래서 나도 돈 정리를 시작하고 월급 관리를 하며 계획했던 목돈이 모아졌을 때 부동산 투자를 가장 먼저 했다. 잘 모르는 곳에 섣불리 투자했다간 그동안 모아 둔 돈을 한 번에 날릴 수도 있기 때문에 비교적 안전하고 정보를 많이 알고 있는 내 집 주변 지역부터 부동산을 살펴봤다. 부동산에 직접 찾아가서 이런저런 이야기도 나눠 보고, 부동산 어플에 들어가 시세 변화도 찾아보고, 새 아파트가 들어선다고 하면 모델하우스 구경도 가고, 청약 정보도 틈틈이 검색해 봤다.

이렇게 집 주변부터 부동산 공부를 시작할 때의 장점은, 임장이 따로 필요 없다는 것이다. 내가 살고 있는 지역의 주거 만족도나 호재는 지역 주민인 내가 가장 잘 알기 때문에 모르는 지역을 공부하는 것보다 접근하기가 훨씬 쉽다. 게다가 남편의 직장 특성상 2~3년에 한 번씩 이사를 다녔는데, 그 덕분에 여러 도시에서 실제로 살아본 경험이 부동산 투자에도 도움이 되었다. 조금의 기간이라도 직접 살아 보면 그 지역의 장단점들을 직접 느낄 수 있기 때문이다.

그렇게 고민 끝에 설레는 마음 반, 걱정되는 마음 반으로 첫 부동산 투자를 했다. 그것도 무려 새 아파트! 내가 들어가서 살 수도 있다는 마음으로 꼼꼼히 알아보고 비교하면서 투자했는데, 아쉽게도 결국 입주하지는 못했다. 대신 입지가 좋았기 때문에 중간에 매도하면서 차익을 남길 수 있었다.

그 차익으로 두 번째 부동산 투자를 했다. 소형 아파트였기에 바로 전세를 놓을 생각이었다. 구매와 동시에 전세를 놓을 수 있다면 계약금 정도의 금액만으로도 투자가 가능하기 때문이다. 부동산 투자를 하는 사람들에게는 이런 '갭 투자'가 너무도 당연하고 쉬운 생각인데, 내가 직접 공부를 하고 투자해 보기 전에는 이런 방법을 떠올리지조차 못했다. 집이 3억이라면 3억, 5억이라면 5억이 전부 있어야 투자를 할 수 있는 줄로만 알았다.

두 번째 투자를 만족스럽게 성공하자 이때의 경험을 바탕으로 조금 더 공부하여 월세를 받는 부동산에도 도전해 보고 싶어졌다. 전세는 결국 돌려 줘야 하는 돈이지만, 월세는 온전한 현금 흐름이 되기 때문이다. 그러나 첫 번째 부동산 투자로 얻은 차익을 두 번째 부동산에 어느 정도 쓴 상태였기 때문에 자금 상황이 넉넉지 않았다.

그래서 일부 금액을 대출받을 수밖에 없었다. 계산을 해 보니 대출을 받으면서 내야 하는 이자가 월 15만 원 정도 되는데, 월세를 50만 원 정도 받으면 35만 원이 이득이었다. 월세 계약만 잘하면 대출 이자에 대한 부담이 줄어드는 것이다. 이런 식으로 투자를 통해 적은 힘으로 보다 큰 이익을 얻는 것을 '레버리지 투자'라고 한다.

이렇게 살다가는 우리 집이 '경제적 자살' 상태가 될 것 같아서, 아이들이 태어나며 진짜 돈이 필요해져서 돈 정리를 시작했는데, 이렇게 투자까지 하게 되리라고는 상상도 못했다. 어쩌다 보니 관사와 민간 아파트, 오피스텔을 모두 경험해 보고, 청약, 갭 투자, 레버리지 투자도 전부 경험해 봤다. 4년이라는 길면 길고, 짧으면 짧은 시간에 말이다.

나는 요즘 부동산보다는 주식 공부를 더 많이 하고 있다. 금융 자산 비중을 높이려면, 부동산보다 비교적 현금 유동성이 높은 주식 투자를 피하지 말고 부딪혀 봐야겠다는 생각이 들었기 때문이다. 아직은 소액이지만 공부하면서 조금씩 주식과 채권 비중도 늘려 가고 있다. 그리고 앞으로도 절약하는 삶을 계속해서 유지하며 내 속도에 맞게 천천히 자산을 늘려 가고 싶다. 내가 감당하지 못할 만큼의 큰 돈이 갑자기 생기는 것은 행운이 아니라 독이 된다는 걸 알기 때문이다. 아직은 금융자산 10억 원은 먼 이야기이지만, 언젠가는 성공기를 들려주는 날이 오지 않을까? 상상만 해도 행복하다.

돈 이야기를 하고 있지만, 이 모든 것의 시작은 미니멀라이프였다. 그때 미니멀라이프를 만나지 않았다면 이렇게 변화된 삶을 살 수 있었을까? 물건 정리가 끝나자 돈 정리를 시작했고, 천 원, 이천 원 절약부터 시작했다. 절약에는 한계가 있다는 걸 깨닫고는 소득을 늘리기 위해 고민했다. 작지만 월 1만 원부터 10만 원, 100만 원…. 육아하면서도 내가 할 수 있는 일을 고민했고, 결국 찾아서 재미와 보람을 느끼며 일하고 있다. 그렇게 모은 시드머니로 투자까지!

나의 미니멀라이프에 대한 생각과 비움 과정, 비움 노하우 등은 전작 《하나를 비우니 모든 게 달라졌다》에 모두 기록해 두었다. 코로나 시기에 할 수 있는 게 없어 새벽마다 일어나서 글을 썼던 게 정말 큰 기록으로 남아 주었다. 이번 책 또한 미니멀라이프 그 이후의 삶에 대해 연장선상으로 기록을 남길 수 있어 감사하다. 그다음 순서인, 내가 직접 실천한 재테크 방법과 경제 공부법 등은 다음 출간될 책을 통해 더 자세히 다루겠다. 나도 계속해서 성장할 테니, 독자 분들도 함께 성장했으면 좋겠다.

시간

홍은실

✲ ✲ 시간의 단순함을 위하여 ✲ ✲

　내 나이 마흔, 백세시대에 아직 반도 오지 않은 인생이지만 '서른이 되었다!' 호들갑 떨었을 그때가 엊그제 같은데, 대학 새내기 시절 만난 친구들과 벌써 20년 지기가 되었다니. 시간은 종종 우리 손가락 사이로 빠져나가는 모래알처럼 느껴지고, 마음이 따라가기에 벅찰 만큼 더 빠르게 움직이는 것 같다.

　그래서일까. 우리는 매 순간을 최대한 활용하려고 노력하면서 업무, 책임, 관계로 하루를 꽉꽉 채우며 살아간다. 하지만 서두르다 보면 우리는 때때로 단순함의 가치를 잊어버리곤 한다. 시간은 공간과 마찬가지로 우리를 짓누르는 생각, 관계, 걱정으로 인해 어수선해지기도 한다. 그래서 우리는 사는 동안 잘 비워야 하고 좋은 것들로 잘 채워야 한다. 이것이 1부와 2부에서 나누었던 내용들의 중심이다.

　3부에서는 어떤 이야기를 나누면 좋을까, 어떤 이야기로 마무리하면 좋을까 고민하다가, 우리가 버려야 할 것과 유지하기로 선택한 것 사이의 미묘한 균형을 찾는 일이야말로 진정한 마무리가 아닐까 하는 생각에 다다랐다. 미니멀라이프는 단순히 적게 갖는 것이 아니니까.

'중도'와는 또 다른 '균형'. 균형이란 각자에게 모두 다른 의미를 가지고 있을 것이고 균형을 이루기 위해 각자마다 다른 가치관과 삶의 여러 영역의 비율이 다를 것이라 생각한다. 시간에 있어 단순함이란 단지 빈 달력을 갖는 것만을 의미하지 않는다는 것을 우리는 이미 잘 알고 있다. 우리의 시간이 어디로 가는지, 더 중요한 것을 위해 무엇을 버릴지를 의도적으로 선택하는 일이다.

우리는 종종 더 이상 우리에게 도움이 되지 않는 불필요한 걱정과 관계로 하루를 채우며 살아간다. 이것들은 우리의 하루를 조용히 잠식해 우리를 지치게 하고 성취감 없게 만든다. 불필요한 걱정과 불필요한 관계를 비울 수 있다면 우리의 하루는 어떻게 달라질까?

아이가 태어나고 자라는 시간 동안 수많은 새로운 관계들이 생겨났다. 조리원 동기들, 어린이집과 유치원 친구의 엄마, 같은 아파트 또래 엄마들…. 우리는 원하든 원치 않든 살면서 많은 관계들을 형성한다. 이렇게 만난 인연들 중에는 참 좋은 관계로 이어지는 사람이 있는가 하면, 불편한 사이가 되기도 한다. '관계'라는 뜻을 사전에서 찾아보니 '둘 이상의 사람, 사물, 현상 따위가 서로 관련을 맺거나 관련이 있다. 또는 그런 관련'이라고 나온다. 이 뜻을 보자면 우리가 물건을 비우는 것을 어려워하는 이유도 드러난다. 물건을 소유하면서부터 우리는 원하든 원하지 않든 그 물건과 관계를 맺어 버린 것이니까. 그러니 헤어짐에는 이유가 있어야 하고 물건마다의 이유를 찾고 비우자니 어려워지는 것이다.

 시간의 단순함을 위해 더욱 필요한 비움은 '인간관계' 비움이 아닐까? 물건 하나도 헤어짐이 어려운데 사람은 어떠할까. 그런데 반대로 생각해 보자. 그만큼 인간관계란 나의 감정과 시간을 할애해야 하는 영역이라는 뜻이다. 때문에 그 관계를 신중히 여기고, 필요하다면 비우는 것 또한 고려하며 살면 좋겠다.

 우리 집에는 매우 아름다운 조명이 있었다. 그 조명은 예뻤으나 모서리 부분이 굉장히 날카로웠다. 도자기로 된 장식품도 두 개나 있었는데 텔레비전 장에 예쁘게 올려 두었다. 날카로워 위험한 조명과 언제든 깨질 수 있는 도자기 두 점은 시어머니가 주신 선물이자 비싼 물건들이라는 이유로 비워 내지 않았다. 대신 아장아장 걷는 아이를 조심시켰다.

 "거기는 아야 할 수 있어! 만지면 안 돼!" "어! 거기는 가지 마!" 다행히 순하고 얌전했던 아이는 엄마의 말을 잘 들었고 위험한 일은 생기지 않았다. 그래서 한동안 그 위험한 물건들은 우리 집에 계속 머물러 있었다.

 '어이가 없다'는 말은 이럴 때 쓰는 것이리라. 아이를 조심시킬 것이 아니라 위험한 물건을 비우면 엄마 마음도 편하고 아이가 혼나는 일도 없을 것이다. 비싼 금액이 무슨 이유가 된다고, 집을 예쁘게 해 주는 것이 무엇이라고. 아이의 안전과 엄마의 편안함보다 더 중요한 게 대체 뭐라고 물건을 비울 생각조차 하지 못했을까. 우리의 인간관계도 마찬가지 아닐까? 내 시간과 나의 감정보다 무엇이 더 중요하다고 나를 찌르고 괴롭히는 관계를 정리하지 못하는 걸까? 무엇이 두려워서? 나 자신보다 소중한 관계가 과연 있을까?

꼭 나를 찌르고 아프게 하는 물건들만 비워야 하는 것은 아니다. 그렇게 위험한 물건은 오히려 비우기가 쉽다. 애매한 물건들이 비움을 더 어렵게 한다. 지금 당장 쓰지는 않지만 결국엔 쓸 것만 같고, 불편하지만 예쁘기는 한 옷, 편하기는 한데 너무 낡아서 잠시라도 밖에 입고 나가기에는 부족한 옷, 부서진 것은 아니지만 한쪽이 고장 나 사용할 때마다 불편한 가구…. 이런 물건들은 우리의 소중한 공간을 잠식하고 우리 감정을 소모하게 만든다. 날카롭지 않고 위험하지는 않지만, 그렇다고 꼭 가지고 있어야 하는 물건들일까?

이처럼 나를 찌르지 않고 위험에 빠지지 않게 하는 관계보다 더 위험한 인간관계는 '애매한 관계'일지도 모른다. 만나도 괜찮으나 전혀 생산적이지 않고 나의 기분과 시간을 소비하게만 하는 의미 없는 관계, 지금의 생활은 전혀 공유되지 않는데 오래되었다는 이유 하나만으로 끌려다니고 있는 모임, 내가 정한 루틴은 무시한 채 급하게 갖는 커피 타임, 필요한 정보를 주고받는 것으로 착각하고 있는 학부모 모임 등.

내가 원하고 내가 책임질 수 있는 관계라면, 그 안에서 더 많이 성장하고 더 많이 행복할 수 있다면, 그 관계를 귀하게 여기고 가꾸어 가면 좋겠다. 하지만 그게 아니라면, 과감하게 내려놓아도 괜찮다. 생각보다 사람들은 다른 사람의 선택에 그렇게까지 관심이 없다. 혹시

나 뒤에서 나에 대해 말을 할까 봐 두려운가? 그런 일은 드물 것이다. 아니, 그럴 수도 있지만 그 말은 나와 상관이 없다. 내 귀에 들리지 않으면 되고, 혹여나 내 귀에까지 들린다 하더라도 내가 그 말을 받아들이지 않고 거절하면 된다. 결국은 내가 더 소중하고 가치 있다고 여기며 결정한 일에 대한 불편한 결과들은 담담히 받아들이고 책임지는 태도만 지니면 된다. 그러면 두려워할 것이 없다.

남의 눈치를 보는 태도도 비워 보자. 내 삶을 누가 대신 살아 주지 않는다. 나의 결정을 책임지는 사람은 나다. 내 생각을 믿어 주고 지지해 줄 사람 또한 나다. 이렇게 하나씩 내가 원하는 모습을 선택하며 살아가면 점점 더 힘이 생기기 시작한다. 더 이상 남편 눈치, 자녀들 눈치, 부모님 눈치 보지 않아도 괜찮다. 아무리 사랑하는 남편이라도 나의 인생을 대신 살아 주지 못한다. 나를 목숨보다 아끼는 부모님이라도 내 인생을 책임져 주지 않는다. 모든 것을 다 주어도 아깝지 않은 자녀들도 나의 노후를 책임져 주지 않는다. 그러니 이제는, 남의 눈치보다 내 마음을 먼저 살피면 어떨까?

비움은 절대 '비움'을 위한 것이 아니다. 더 중요한 것들을 '선택'하는 과정이다. 단순히 물건 하나를 비워 내고 인간관계 하나를 잃거나 '손절'하는 일이 아니다. 소중하고 가치 있는 것을 남기기 위한 선택일 뿐이다. 그러니 죄책감을 가질 필요가 없다. 그저 지금에 충실하고 나에게 중요한 것을 택하는 소신 있는 삶일 뿐이다.

더 이상 거절을 어려워하지 않을 수 있다. 모든 것에 하나하나 반응하는 삶을 살지 않을 수 있다. 전화도 문자도 알림도, 그 모든 것으로부터 자유로울 수 있다. 이기적이라고 생각할 수 있지만 자신의 삶을 잘 통제하는 사람일수록 주변 사람들을 더욱 잘 챙길 수 있는 법이다. 곳간에서 인심 난다고 하지 않는가. 내가 가진 것이 있어야 베풀 수도 있다. 내 삶에 힘이 없고 내 시간의 주인이 내가 아닌 사람이 어떻게 더 나은 모습으로 가족과 이웃에게 시간이든 물질이든 베풀며 살 수 있겠는가.

수시로 나를 부르던 각종 모임의 문자메시지와 카카오톡 알림을 끊어 보자. 시도 때도 없이 울리게 놔둔 알림들을 끄고 비워 내자. 모든 알림을 켜 두었다면 '24시간 나의 시간을 방해해도 됩니다!'라고 허락한 셈이다. 내가 응대할 수 있는 시간에만 알림을 켜 두어도 충분하다. '네가 부르면 나는 언제든 달려갈게. 네가 전화하면 난 언제나 오케이야!' 이렇게 세팅해 두면 나의 시간은 늘 부족할 수밖에 없다. 나의 루틴을 잡을 수가 없다.

더 이상 반응에 반응하며 살지 않기로 선택하자. 거절하는 능력을 기르자. 'NO'라고 말할 수 있어야 한다. 이건 손절이 아니라, 나를 지키는 선택이다. 그러니 더는 눈치를 보지 말자. 내 선택이 이기적인 건 아닌지, 걱정하지 않아도 된다.

모든 관계를 깊이 맺을 필요도 없고 모든 관계를 지속할 필요도 없으며 관계를 두려워하거나 차단할 필요도 없다. 나와 상대를 사랑하는 마음으로 좋은 선택들을 하면 된다. 나의 의도와 다르게 어느 날은 아플 수도, 답답할 수도, 화가 나는 상황이 생길 수도 있겠지만, 결국은 내가 원하는 모습을 선택하며 살아갈 때 가장 후회가 적을 것이다.

둘째 아들이 6세 때의 일이다. 눈을 깜빡깜빡하기 시작했는데 나아질 거라고 여기며 한 달을 모르는 체했다. 눈 깜빡임은 나아지지 않았고 "음! 음!" 하는 소리도 내는 것 같았다. 불안이 올라왔지만 지적하면 아이가 더 불편해할 것 같아서 애써 외면하고 있는데 두 달이 지날 즈음 친정 부모님께서 "눈을 계속 깜빡이는데 병원에 데려가 보면 좋겠다" 하셨다.

애써 누르고 있던 나의 불안은 이내 터져 버렸고, 소아 정신과가 있는 병원과 틱 장애를 검색하며 불안은 점점 더 심해졌다. 병원 예약은 왜 그렇게 힘든지, 겨우 예약했지만 한 곳은 한 달, 동네 병원은 두 달, 대학 병원은 6개월이 지나야 진료를 받을 수 있었다. 제일 빠른 병원의 진료를 받기 전 어느 날, 하루 종일 눈물이 났다. 모든 것이 내 탓인 것 같고 저러다 틱이 심해져서(아직 틱이라는 진단을 받지도 않았다) 성인이 되어서도 저러면 어쩌나, 걱정은 더해져만 갔다.

결론부터 이야기하면 병원에서는 틱이 아니라고 했다. 만약 틱이라고 해도 아이가 어려서 약물 치료는 불가능하니 지켜보는 수밖에 없다고 했다. 그리고 얼마 지나지 않아 아이는 더 이상 눈을 깜빡이지 않았고 '음성 틱'이라 생각했던 부분까지 아무런 증상을 보이지 않았다. 지금 생각해 보면 나의 불안이 극도로 높아져 아이가 소리 내는 부분까지 틱으로 받아들인 게 아닌가 싶다.

결론적으로 아무 문제가 없었으니 하는 말이 아니다. 만약 틱이라고 진단받고 약물 치료가 가능한 시간까지 기다려야 한다고 했어도 나는 두 가지 중 하나만을 선택할 수 있다. A: 불안과 걱정에 떨며 계속 시간을 허비하는 것. B: 앞서가는 불안과 걱정 대신 지금 할 수 있는 대처를 하는 것. 그때의 나는 A를 택했고 일어나지 않을 일에 대해 하루 종일 눈물 흘리며 감정과 시간을 허비했다.

사람은 누구나 어려움이 닥치면 걱정과 불안이 올라온다. 그러나 분명한 사실은, 감정도 선택할 수 있다는 것이다. 만약 그때 둘째가 틱 장애를 진단받았다고 해도 달라질 것은 없다. 아이가 치료될 때까지 계속 불안해하고 걱정하며 울고 있는 엄마보다는, 아이를 위해 지금 할 수 있는 행동을 하고 즐겁게 일상을 살아가는 엄마가 아이에게 좋은 엄마일 것이다.

선택 불가한 영역에 대한 걱정과 불안을 비워 내었으면 하는 이유는 단 한 가지다. 내게 주어진 소중한 오늘 하루를 갉아먹어 버리니까. 잠시 감정이 흔들릴 수 있고 잘못된 선택을 내릴 수도 있지만 결국 감정을 선택하는 것도 습관이고 연습이라는 사실을 깨달으며 나는 '걱정'을 정말 많이 비워 낼 수 있었다.

우리는 안경을 쓰고 산다. 빨간 안경을 쓰면 세상은 빨갛게 보일 것이고 파란 안경을 쓰면 파랗게 보일 것이다. 걱정으로 바라보는 모든 면은 걱정이다. 그 와중에 할 수 있는 일을 선택하고 긍정으로 바라보면 걱정 대신 다른 선택을 내릴 힘이 생긴다.

무엇보다 다행인 것은 대부분의 걱정은 일어나지 않는다는 사실이다. 일어나지 않을 일에 대한 불안으로 현재를 잃어버리게 하는 것이 바로 '걱정'이다. 그러니 우리는 걱정을 비우기로 결정해야 한다.

만에 하나 그 걱정이 현실이 되어 버린다 해도 일어난 이후에 대처법을 고민하면 된다.

일어나기도 전에 미리 앞서서 하는 걱정으로 오히려 그 상황을 끌어당길 필요는 없다. 내일 일을 내일 걱정할 방법이 하나 있는데, 그것은 오늘을 충실히 사는 것이다. 오늘 최선을 다해 사는 사람에겐 내일 일을 당겨서 걱정할 시간이 없다. 오늘 일을 잘 처리하고 일잘러로 살기 위한 시간을 소비하기에 만족하며 잠들고 내일 일은 내일 걱정할 수 있다.

나는 걱정이 참 많았다. 처음엔 작은 질문으로 시작했지만, 생각이 많다 보니 생각이 생각에 꼬리를 물어 결론은 걱정으로 마무리되었던 과거를 생각해 보면, 그땐 시간이 너무 많아서 그랬던 것 같다. 쓸데없는 공상에 잠길 시간. 그렇게 내게 주어진 소중한 시간을 허비했다.

둘째를 임신했을 때 타지로 가는 길에 터널 속에서 5중 추돌이 일어났다. 우리 차는 세 번째 차로, 앞뒤가 다 찌그러졌다. 뉴스에도 날 만큼 큰 사고였는데 임신 중이어서 그랬는지 더더욱 사고 이후 차를 타는 것에 대한 불안이 커졌다. 원래도 조수석에 앉으면 다른 차가 지날 때 불안이 들었던지라 힘든 시간을 보냈다.

그러다 한번은 이런 생각이 들었다. '내가 불안해해도 일어날 일은 일어나고, 내가 불안해하지 않아도 일어날 일은 일어날 것'이라는 생각! 그럴 거면 나는 왜 걱정하며 불안해하지? 어차피 사고가 나려면 내 불안과 상관없이 또 날 텐데, 그냥 마음이라도 편하게 갖자고 마음먹었더니 해결이 되었다. 더 이상 차를 탔을 때 이전과 같은 불안은 생기지 않았다. 이 모든 과정에서 내게 가장 소중하게 다가오는 것은 결국 '시간'이었다. 내게 주어진 시간을 불안에 내어 주지 않고 온전히 즐기자는 의지! 시간이 내게 가장 귀한 가치였다.

그러니 비생산적인 일에 시간을 쓰는 것만큼 비생산적인 일이 있을까? 그중 탑에 드는 두 가지가 '불필요한 인간관계에 쓰는 시간'과 '걱정하는 시간'이라고 생각한다. 우리가 걱정을 거절해야 하는 이유는 비생산적인 일에 시간을 쓰지 않기 위함이다. 걱정에 소비할 만큼 우리 시간은 가볍지 않으며, 우리에겐 할 일이 많다. 아니, 하고 싶은 일들이 많고, 하고 싶은 일을 하며 살 시간도 부족하다. 불필요한 관계와 걱정을 비우며 나는 시간의 단순함을 얻게 되었다.

하루를 살아도 내게 꼭 맞는 예쁘고 편한 옷을 입고, 가볍고 기분 좋게 살아가고 싶은 건 나만의 소망이 아닐 것이다. 지금 내 옆에 있는 아이들과 웃고 떠들며 놀기, 남편과 함께 쓸모없는 이야기 나누며 서로 기대어 있기, 사랑하는 부모님과 맛있는 음식 먹기, 친구들과 맛있는 커피 한잔하며 수다 떨기. 이 모든 것에 시간을 내어 주기로 결정한다.

더 이상 눈을 깜빡이지 않는 아들, 더 이상 무섭지 않은 자동차, 일 잘러로 변화되어서 하고 싶은 일을 하고 있는 지금. 이 중에서 걱정으로 이루어 낸 것은 아무것도 없다. 걱정하든 하지 않든 일어날 일은 일어난다. 통제 밖의 영역과 싸우느라 나의 에너지와 시간을 소비하지 말자. 불안은 불안을 끌어오고 걱정은 걱정을 끌어온다. 그래서 오늘부터 걱정은 거절한다. 시간의 단순함을 위하여!

* * 의도적인 조용한 순간 * *

시간 관리에서의 '균형'이란 뭘까? 시간 관리를 통해 바라는 최종 목적은 무엇일까? 사람마다 방향과 목적이 다르겠지만, 한평생을 바쁘게만 살다 가고 싶은 사람은 없을 것이다. 바쁘게 사는 사람은 늘 바쁘게 살아간다. 물론 아무리 바빠도 여유가 있는 사람들도 있다. 바쁘게 산다고 무조건 성과 내는 삶도 아니고, 여유롭게 산다고 게으른 인생도 아니다.

의도적으로 조용한 순간을 만들 수 있는 사람은, 바쁨 속에서도 스스로 좋은 선택을 할 수 있는 사람이다. 현대인의 특징 중 하나가 '바쁨'이 아닐까 싶을 정도로 우리는 바삐 살아간다. 하루에 처리해야 할 일들이 수십 가지다. 그런데도 다 끝내지 못해 다음 날에도, 주말에도, 잠을 줄여 가며 일을 하기도 한다. 이렇게 바쁜데 하루 중 짬을 내어 의도적인 조용한 순간을 가진다? 처음에는 결코 쉽지 않다! 하지만 그거 아는가? 롱런하는 사람들, 번아웃 없이 자신만의 속도로 성과 내며 살아가는 사람들의 특징 중 하나가 '계획적인 쉼'이다.

첫 책《슬기로운 미니멀 라이프》를 낸 후, 다양한 곳에서 미니멀리즘 관련 강연 제안을 받게 되었다. 미니멀라이프가 주제이지만, 강연을 요청하는 곳들마다 소주제는 다 다르다. 재정 미니멀, 환경 미니멀, 살림 루틴, 공간 미니멀 등. 그중에서도 기억에 남는 주제는 '미니멀라이프와 쉼'이다. 맞다! 나는 미니멀라이프를 통해 진정한 쉼을 얻을 수 있었다. 공간의 쉼, 재정의 쉼, 환경의 쉼, 마음과 생각의 쉼. 비움이 주는 최대의 행복은 '진정한 쉼'일지도 모르겠다.

내 주변에는 성장을 원하는 엄마들이 참 많다. 꾸준하게 배우고 적용하고 발전하기 위해서 실행하는 엄마들을 보면 배울 점도 많고 벅차기도 하다. 온·오프라인으로 만난, 관심사가 같은 엄마들에게 꼭 하는 이야기가 있다. "쉼을 계획해 보세요!" 나도 처음부터 쉼을 계획하며 살았던 건 아니다. 나 또한 코칭을 통해 배운 것이다. 목표와 성과만 계획하는 것이 아니라 '쉼'을 계획해야 한다는 것을….

복싱 선수들이 라운드를 열심히 뛴 뒤, 다음 라운드를 준비하며 짧은 휴식을 갖는 이유는 '다음 라운드를 잘 뛰기 위해서'라고 한다. 성과를 내는 사람들도 마찬가지다. 그들은 다음을 위해 미리 쉰다. 이 말을 들었을 때, 마치 머리를 한 대 얻어맞은 듯한 충격이었다. 나도 그랬다. 대부분의 사람들처럼, 열심히 일한 뒤에야 비로소 쉴 수 있다고 생각했다. 쉼은 늘 '보상'처럼 따라오는 것이었다. 보상의 쉼은 늘어지기 쉽다. 하지만 다음을 준비하는 쉼은, 흐트러짐 없이 나를 다시 채운다.

한 끗 차이다. 쉬는 건 누구나 한다. 하지만 '쉼'에 대한 개념이 달라지니, 쉼을 대하는 태도도 달라지고, 결국 쉼의 질도 높아졌다. 양질의 음식이 있듯, 쉼에도 질이 있다.

대부분의 자기계발서가 추천하는 활동들이 있다. 명상, 요가, 산책. 모두 다른 것 같지만, 하나의 공통점을 가지고 있다. 나를 위한 시간, 나와 대화하는 시간, 조용히 나에게 집중하는 시간. 나에게는 그 시작이 산책이었다. 과격한 운동을 좋아하지 않기에 가장 부담 없는 선택이 '산책'이었다. 꾸준하게 걷다 보니 에너지가 올라왔고, 출장 후 며칠씩 가던 여독이 사라져 컨디션이 회복되기까지 허비하던 시간을 줄이게 되었다. 헬스장의 러닝머신은 같은 자리에서 반복되니 금방 지루해졌지만, 산책은 다르다. 내가 걸으면 주변의 풍경도 함께 달라진다.

비가 온 후면 풀내음이 더욱 진하게 났고, 가을이 다가오면 잠자리가 날고 풀벌레 소리가 가득한 자연을 그대로 느낄 수 있는 시간을 즐겼다. 도심 한가운데서도 자연을 온전히 느낄 수 있는 그 시간이 어느새 내게 가장 편안한 쉼이 되었다. 콘크리트로 둘러싸인 삶 속에서, 걷는 순간만큼은 자연과 연결되어 있다는 느낌. 그렇게 마음이 느긋해지고, 비로소 진짜 쉼이 찾아왔다.

어떤 계기를 통해 새벽 요가를 시작하게 되었다. 요가는 산책보다 훨씬 더 고요해서, '혼자만의 조용한 시간'이라는 매력이 깊게 다가왔다. 몇 년째 이어 오고 있지만, 여전히 요가라기보다는 간단한 스트레칭에 가깝다. 그럼에도 빼먹을 수 없는 중요한 루틴이 되었다. 새벽에 하지 못한 날엔, 아이들 등교 후 가장 먼저 이 시간을 챙기고, 혹시 오전에도 놓치게 되는 날엔, 하루를 마무리하며 거실의 불을 하나만 켠 채 조용히 몸을 푼다. 요가는 나에게 명상보다는 쉬우면서, 동시에 명상에 가까운 시간이었다. 몸을 움직이지만, 결국 마음이 고요해지는 시간. 그렇게 요가는, 내 하루 곳곳에 자리 잡은 가장 조용한 쉼이 되었다.

아직도 나에게 가장 멀게 느껴지는 건 '명상'이다. 일이 아주 바쁘고, 평소보다 유난히 지쳤다고 느껴질 땐 명상 대신 '5분 멍 때리기'를 한다. 업무 시작 전, 5분 또는 10분 타이머를 맞춰 두고 아무것도 보지 않고 듣지 않는, 말 그대로 '멍 때리는 시간'을 갖는 것이다. 그 짧은 시간이, 업무에 들어가기 전 마음과 생각을 정돈 해주는 의외의 쉼이 된다.

엄마들의 시간 관리는 무조건 '루틴'으로 하라고 외치며 사는 이유가 있다. 엄마들의 시간 관리는 일반인들과는 사뭇 다르다. 출퇴근이 없고, 24시간 대기조와 같은 삶이다. 거기에 잠은 부족하다. 컨디션은 떨어지고 감정은 널뛰는 상황에서 시간 관리가 잘 될 일이 없다. 출퇴근이 없다는 말은 '통시간'을 마련하기가 어렵다는 뜻이다. 하고 싶은 일이 있어도 어린 아기를 보는 엄마들에게는 시간이 너무 부족하다. 짬짬이 하는 일이 최선일 때, 그때에도 나만의 루틴을 만들어 두면 조금이나마 여유가 생긴다.

내가 루틴으로 시간 관리를 하라고 추천하는 이유가 하나 더 있다. 더 잘 쉬기 위해서다. 나는 누워 있는 것을 좋아한다. 할 일이 남아 있는데 찝찝하게 쉬는 것 말고, 해야 할 일을 마치고 마음 편히 쉬는 것. 진짜 휴식을 사랑한다. '뇌'까지 쉬어야 진정한 '쉼'이다. 종종 엄마들의 하소연을 들을 때가 있다. 집에서는 할 일이 많아 쉴 수가 없다고. 일을 하려고 해도 집중이 잘 되지 않는다고 말이다. 그런데 루틴 생활을 배운 엄마들은 모두 말이 바뀐다. 이제는 집에서도 온전히 쉴 수 있고, 카페에 가지 않아도 집중하여 업무도 할 수 있다.

그렇다! 아침 루틴이 몸에 배면 아이들 등교 전에 집 돌보기가 완료되니 아이들과 남편이 각자의 자리로 가고 나면 온전히 나만의 조용한 공간과 시간이 기다린다. 이 시간 동안에 나는 어떠한 일을 해도 온전히 즐길 수 있다. 나를 신경 쓰게 하는 일들이 다 마무리되었기에 집에서도 집중하여 업무를 할 수도 있고 마음 편하게 쉴 수도 있다. 이것이 내가 생각하는 진정한 균형 잡힌 시간 관리다. 해야 할 일들로 가득 채워 버린 허덕이는 삶이 아닌, 시간도 물건처럼 제자리 정리를 해 두어 언제든 내가 원할 때 의도적인 조용한 시간을 가질 수 있는 것.

의도적인 조용한 시간을 가지는 유익은 바로 '진정한 원함'을 깨닫고 '행할 힘'이 생긴다는 것이다. 우리는 모두 건강하게 살고 싶다. 그래서 운동 계획을 하지만 운동 갈 에너지가 없다. 그렇게 작심삼일도 채우지 못한 채 운동과 다이어트는 늘 다음 생으로 미루어진다. 그럴 땐 질 좋은 쉼을 먼저 챙겨야 한다. 그러면 저절로 에너지가 올라온다. 그때가 바로 원하는 어떠한 것도 채울 수 있는 상태이다.

나를 너무 다그치지 않았으면 좋겠다. '내가 그럼 그렇지, 무슨 운동을 한다고!' '이번에도 역시…. 나는 꾸준하지 못해! 태생이 그래' '나는 게을러서 문제야, 문제' 그렇지 않다. 우리는 계획적인 쉼을 가지지 않아 질 좋은 쉼을 누리지 못했다. 내게 필요한 것은 당장의 운동이 아니라 운동을 할 수 있을 정도의 에너지일지도 모른다. 스스로

에게 물어보았으면 좋겠다. '요즘 잘 자고 있어? 잘 먹고 있어? 잘 쉬고 있어?'

누가 그렇게 하라고 시킨 것도 아닌데 결혼을 하면 자연스럽게 남편을 먼저 챙기고 아이를 낳으면 아이부터 챙기게 되는 것 같다. 남편도 아이도 중요하지만 그만큼 '나'도 중요한 사람이다. '내'가 없으면 가족도 없다. 내가 우선인 삶을 이기적인 것이라 여기지 않았으면 좋겠다. 나를 조금 더 다정하게 바라봐 주길, 조금 더 사랑의 눈길로 보듬어 주길. 언제나 격려하고 지지하는 부모가 되고 싶은 것처럼, 스스로를 격려하고 지지해 주기를! 그때 비로소 나를 위한 선물을 줄 수 있게 된다.

그 선물의 첫 번째가 '쉼'이면 어떨까? 좀 쉬어도 된다고, 편안히 누리라고, 너그럽게 허락해 주면 좋겠다. 예쁜 카페에 가서 좋아하는 디저트도 하나 사 주자. 가족과 친구와 함께 있을 때 고르는 디저트와 다를 수 있다. 내가 어떤 것을 좋아하는지 스스로에게 물어봐 주자. 혼자만의 조용한 시간은 나의 취향을 존중할 수 있는 시간이다.

살다 문득 슬퍼질 때가 있다. 누군가 나에게 '너는 뭘 좋아해?'라고 물었을 때, 내가 무엇을 좋아하는지 뭐가 되고 싶은지 대답을 하지 못할 때. 스스로에 대한 관심을 놓고 살아온 시간이 생각보다 오래되었다는 걸 문득 깨닫는 순간, 그게 가장 슬픈 게 아닐까. 이런 물음을 스스로에게 하기 위해서는 의도적인 조용한 시간을 가져야 한다. 한 달에 한 번 나와의 데이트도 좋고, 매일 새벽 요가도 좋고, 일주일에 한 번 피드백 시간을 주기적으로 가져 보는 것도 좋다. 방법은 여러 가지다. 나에게 맞는 방식들을 찾아보는 노력이 필요하다.

부모가 해야 하는 일은 아이들의 관심사가 어디에 있는지 관찰하고 발견해 주는 일이라고 들은 적이 있다. 내가 원하는 모습을 아이에게 강요하는 것이 아니라 이것저것을 경험하게 도와주면서 아이가 어떤 영역에 흥미와 재능이 있는지를 발견하는 것. 그리고 그 부분을 잘 도와주는 것. 어른이 된 지금의 나에게도 필요한 관심이다. 30대의 나는 어디에 관심이 있는지, 마흔이 된 지금의 나는 무엇을 좋아하는지. 사랑의 눈으로 나를 바라보다 보면 삶의 일부가 변화될 것이고, 그 조그만 변화가 지금까지와는 다른 기분을 줄 것이고, 그 기분들이 모여 좋은 기운을 만들어 주리라 생각한다.

나는 주말이면 식단표를 쓰고 주말 장보기와 식재료 준비를 해 두는데, 사람들 눈에는 이렇게 주말까지 챙기는 삶이 신기해 보이고 대단해 보이기도 하나 보다. 실상은, 주말의 작은 준비로 주중의 나에게 여유를 선물해 주는 일이고, 이것이 선순환이 되어 주중의 여유가 주말까지 다시 이어지는 것이다. 그래서 나는 주말 루틴으로 식단표를 쓰는 것이 전혀 힘들지 않다. 오히려 미리 식단을 준비하지 못해 주중에 고민이 쌓이는 것이 내겐 더 어려운 일이 되어 버렸다. 어차피 해야 하는 집밥이 조금이라도 편해지길 바라며 메뉴 고민이라도 덜어 주는 것! 내가 나를 돕는 일이다. 그래서 나는 일요일 오후 2시간을 나에게 선물한다. 집 앞 단골 카페에 가서 늘 동일한 자리에 앉아 주말 루틴을 즐긴다. 일주일을 돌아보며 피드백을 하고 다음 주 계획을 세우며 식단표도 작성하고 살림과 업무 모든 영역에 여유를 더한다. 당연히 그 2시간은 나에게 참 좋은 조용한 시간이다.

성장도 중요하지만 우리 삶의 균형을 위해서 필요한 것이 '쉼을 계획하는 일'이다. 계획된 휴식과 질 높은 쉼이 중요한 이유는 간단하다. 결국은 다음 스텝을 잘하기 위해서다. 더욱 일잘러가 되고 원하는 성장을 이루기 위해서 계획적으로 질 높은 휴식을 가져야만 한다. 눈은 반쯤 풀리고, 피부는 푸석해 보이며, 마치 밤새워 일한 듯한 모습의 직장인을 떠올려 보자. 늘 피로에 시달리고 잠이 부족하고 휴식이 절실해 보이는 사람. 그에 반해 단정한 모습으로 미소를 띠고 밤새 잘 잔 듯 에너지 넘치게 사무실로 들어오는 한 사람. 여러분은 어떤 모습이길 원하는가?

휴식을 계획하는 한 가지 Tip

주말 중 한 블록 정도는 나만을 위한 시간으로 정해 둔다.
- 예) 카페나 도서관에 가서 한 주 계획하기
- 예) 주말 저녁 시간, 다음 주를 위한 식재료 준비하기

몇 년 전의 나는 늘 피로에 시달리고 잠이 부족하고 휴식이 절실하게 필요해 보이는 사람이었다. 그렇다고 해서 하루 시간을 지금처럼 생산적으로 산 것도 아니었다. 쉴 시간이 많았지만 활력이 넘치지는 않았다. 모든 것이 대충대충이었다.

그에 반해 지금은 제대로 된 휴식과 적당한 운동을 하며 전혀 다른

모습으로 살고 있다. 하고 싶은 일들이 많아 시간을 허비하지 않으려 애쓰고 열심히 살지만, 그럼에도 불구하고 열정적이고 활력이 넘친다. 열심히 일하게 되면서 크게 달라진 모습은 우리 집 주말 풍경이다. 이전에는 주말이 되면 더욱 늘어져 있었다면, 지금은 야외로 나가 시간을 보내고 에너지를 가득 채워 온다. 단순히 체력 문제가 아니다. 열심히 일하니 그만큼 더 열정적으로 놀고 싶어졌다.

예전에 선생님들이 '공부 잘하는 애들이 놀기도 잘한다'고 하셨는데, 이제 그 말이 이해가 좀 된다. 공부할 때 열심히 공부만 하기 때문에 노는 시간이 꿀 같고 귀하니 제대로 놀 수밖에 없는 것. 지금 여기에 집중하고 지금 할 일에 최선을 다하면 주어진 쉼도 열정을 다해 즐길 수 있는 법이다. 물론 나도 아직 완벽하지 않기에 지금보다 질 높은 휴식을 위한 노력과 연습을 지속할 작정이다.

질 높은 휴식 Tip

● **짧은 텀으로 휴식하는 법**
1. 업무 한 시간마다 일어서서 허리 돌리기
2. 업무 시작 전 5~10분 명상하기
3. 틈틈이 심호흡하기

● **긴 텀으로 휴식하는 법**
1. 자연을 만끽할 수 있는 근교로 드라이브 가기
2. 가족들과 주말에 산책하기
3. 낮잠 20분 자기 혹은 점심시간에 눈 감고 20분 명상하기
4. 눈과 귀가 쉴 수 있는 곳으로 워케이션이나 캠핑 떠나기

✶ ✶ 시계 너머의 미니멀리스트 생활 ✶ ✶

　미니멀리스트들의 공간은 예측이 되는데, 미니멀리스트들의 시간은 어떤 모습일지 상상해 보았는가? 자신은 미니멀라이프를 추구하지 않을지언정 미니멀한 공간을 싫어하는 사람은 별로 없는 것 같다. 요즘은 자연이 보이는 통창으로 만들어진 하얀 여백이 있는 대형 카페들이 대세다. 이런 트렌트는 '현대인들의 피로'와 연관이 있다고 생각한다. 물건으로 가득한 우리 집 대신 주말이라도 잠시 아무것도 없는 공간에서 짬 내어 쉬고 싶은 마음들이 만들어 낸, 필요에 의한 미니멀한 공간.

　공간의 쉼은 '빈 공간', 시간의 쉼은 '빈 시간', 신체의 쉼은 '공복, 잠, 명상'이 아닐까 생각한다. 물건을 비워 내면 그 공간은 쉼을 얻는다. 일정을 비워 내면 쉼을 가질 시간이 생긴다. 음식을 덜어 내고 생각을 비워 내면 우리의 신체는 쉼을 얻는다. 즉, 쉼을 얻기 위해서는 '비움'이 필수다. 미니멀리스트들은 다른 이들보다 더 많은 '빈 공간'을 확보함으로써, 더 깊은 '공간의 쉼'을 누리고 있을 것이다. 그런데 물건을 비워 내고 중요한 것만을 남기는 선택들을 하다 보면 비단 '물건과 공간'에만 적용되지 않더라. 물건을 비워 내니 시간이 비워지고, 마음의 여유가 생겨나고, 삶의 선순환이 일어나기 시작했다. 적어도 나는 그랬다.

　공부할 시간을 확보하기 위해 정리할 물건들을 비워 내다가 소비 습관이 달라지며 저절로 카드값이 줄어들게 되었고, 그토록 정리하고 싶었던 신용카드를 정리할 수 있게 되었다. 그뿐만이 아니다. 시간 미니멀, 공간 미니멀 이후 환경 미니멀까지. 이 과정 중에 내게 남은 것은 '주체적인 삶의 힘'이었다. 그전에는 내 시간이 내 것이 아니었고, 내 공간이 내 것이 아니었다. 내 공간에서 편히 쉴 수 없었고, 내 시간을 내가 마음대로 운용하지 못했다. 이리저리 끌려다니는 삶이었다. 그러나 미니멀라이프를 안 이후, 달라졌다. 내 삶의 주인이 내가 되었기 때문이다.

말을 잘하고 싶다면 스피치 연습을 할 수도 있지만, 먼저 생각 정리를 잘해야 한다. 생각 정리를 잘하는 사람은 말도 잘할 수 있다. 미니멀리스트들의 삶이 모든 부분에서 완벽할 거라 예측할 수는 없지만, 물건 정리를 잘하는 사람은 다른 선택들도 잘할 가능성이 크다. 보이는 '물건'도 정리를 못 한다면 보이지 않는 것들이라고 다를 바 없다. 비움의 원리는 모두 같다.

우리가 죽을 때까지 평생 하는 행동이 하나 있다면 그것은 '선택'일 것이다. 아침에 눈을 뜨면서부터 저녁에 잠들기까지 하루에도 수백 가지 선택을 하며 살아간다. 이거 해? 말아? 이 말을 해? 하지 마? 이걸 사? 다음에 사? 이걸 버려? 남겨? 이런 고민을 할 때 하나 생각해야 할 것이 있다. '이 질문이 내 삶에서 진정으로 중요한가?'

정말 중요하지 않은, 하등 고민할 필요가 없는 것까지도 선택하지 못하고 망설일 때도 있다. 그럴 땐 첫 번째 선택지를 선택하면 심플해진다. 어떤 것을 선택해도 상관없는 문제에 시간을 허비하지 않을 수 있다.

여기서 잘못 이해하면 '시간을 허비하면 안 된다' '낭비 없이 타이트하게 살아야 한다'라는 뜻으로 오해할 수 있지만, 지금까지의 글들을 읽어 왔다면 그런 맥락이 아님을 알 것이다. 오히려 반대다. 쓸데없는 생각과 일에 시간을 소모하며 진정으로 필요한 쉼을 얻지 못하는 일은 없길 바라는 마음이다. 속도를 높이는 것 대신 속도를 늦추고, 중요하지 않은 일 대신 진정으로 중요한 일에 집중함으로써 미니멀라이프를 받아들이면 좋겠다.

나는 구속 안에 자유가 있다고 생각한다. 아침 루틴이라는 구속을 통해 통시간이라는 자유가 주어지듯 말이다. 내가 존경하는 사업가 한 분이 계신데, 그분은 하루에 최소 6시간의 업무 시간이 필요하다고 하셨다. 골프를 좋아하시는데 라운딩을 자유롭게 다니니 다른 사람들은 다들 노는 줄 안다고. 하지만 실제로는 좋아하는 라운딩을 즐기기 위해 새벽에 출근할 때도 있고, 새벽 라운딩이 있으면 다녀온 후의 6시간을 확보한다고 하셨다. 무조건 그 6시간만 지켜 내면 업무에는 아무런 지장이 없는 것이다. 6시간의 구속 덕분에 나머지 시간은 자유를 얻는 것이다.

이것이 바로 끊임없이 시간에 쫓기는 대신 의도와 목적을 가지고 살아갈 수 있는 루틴을 만들어야 하는 이유이고, 시간을 통제하려는 대신 시간과 함께 사는 법을 배워야 하는 이유이다.

나는 하나의 일을 마무리한 후 새로운 일을 시작하는 편이다. 여러 일정이 있을 때도 한 번에 하나씩 중요한 일을 처리한다. 누군가의 눈에는 답답하게 보일 수 있고 욕심이 없어 보일 수도 있다. 하지만 나는 '시계 너머의 미니멀리스트'로 살아가고 있다. 물건을 줄여 공간의 산만함을 줄이는 것처럼, 스스로에게 일정의 산만함을 주지 않는 선택. 산만함을 거절하는 것이야말로 시계 너머의 미니멀라이프가 아닐까?

물건을 사는 것은 쉽지만 버리는 것은 쉽지 않다. 아까워서 고민이 된다. 일정도 마찬가지다. 일정을 제거하는 것보다 일정을 하나 더하는 것이 훨씬 쉽다. 그렇게 쉬운 선택을 하다 보면 우리의 삶은 나도 모르는 사이 산만함으로 뒤덮이게 된다. 몇 분마다 휴대폰을 확인하거나, 통제할 수 없는 일에 대해 걱정하거나, 나에게 도움이 되지 않는 활동에 참여하는 등 별로 중요하지 않은 일에 휩쓸리기 쉽다. 이러한 방해 요소를 버리면 정말 중요한 일에 시간과 에너지를 투자할 수 있는 것이다.

물론 그렇게 살다가도 흔들릴 때가 온다. 특히 나보다 더 잘 나가는 사람들을 보면 흔들린다. 나도 더 빠르게 속도를 내어야 하는 것은 아닐까? 더 많은 것을 해야 하는 게 아닐까? 그럴 때마다 내가 원하는 미래의 내 모습을 떠올려야 한다. 단지 오늘만을 사는 것이 아니라 점차 나아질 내 모습. 방향성 없는 하루의 벅참 대신, 균형을 이루어 안정감 있게 살아가는 나의 미래의 모습. 가정에서도 일터에서도 작은 일에 흥분하지 않고 큰일 앞에 차분하며, 주어진 시간에 집중하고, 결과에 만족하는! 상상만 해도 벅차지 않은가.

기억에 남는 숏츠 하나가 있다. 어떤 며느리가 시아버지에 대한 이야기를 하는 영상이었는데, 아버님은 당신의 루틴에 맞게 매일 반복하는 일정과 방문하는 장소가 있다고 했다. 아침에 일어나셔서 아침을 건강하게 챙겨 드시고 운동을 하신다. 오전 볼일이 끝나면 걸어서 광화문 교보문고에 들러 책을 좀 보시다 찬거리를 사서 집에 돌아오신다. 생선 한 마리를 굽고 며느리가 챙겨 둔 반찬 몇 가지와 함께 저녁을 드시며 하루를 마무리하신다고 한다. 짧은 영상이었지만 80대 어르신의 간결한 그 삶이 참 멋지단 생각과 함께, 그분은 어느 날 갑자기 그렇게 사시는 것이 아니라, 아주 오래전부터 해 오던 루틴이 있었을 거란 확신이 들었다.

이처럼 지금의 내 시간과 에너지를 어디에 집중하는가에 따라 내일과 모레, 그리고 미래가 만들어진다는 것은 진리이다. 오늘 내가 내리는 선택들이 쌓여 내일의 내가 어떤 사람이 될지가 결정된다. 모두가 미니멀라이프로 살아야 한다고 말하고 싶지 않다. 각자의 라이프는 각자의 가치와 소신에 따라 선택하는 것임을 알고 있다. 다만 나는 시계 너머의 미니멀리스트 생활을 선택했고 당장의 속도를 늦추어서라도 정말로 중요한 것에 집중하고 싶다.

바쁘게만 살아가지 않아도 되노라고. 나를 돌아보고 이 하루를 온전히 누려도 된다고. 시계를 보며 시간 관리를 하지 않아도 된다고. 시계 너머의 원함을 바라보며 오늘도 좋은 선택 하나를 하자고. 단순한 것에서 더 깊은 기쁨을 누리길 바라는 마음과, 서두르지 않을 때에 만날 수 있는 찰나의 순간들의 소중함을 놓치지 말자고.

김서연

** 몸과 마음의 균형 **

몸에서 일어나는 일은 반드시 이유가 있다. 우리 몸은 끊임없이 항상성을 위해 움직이는데 몸과 마음 그 어느 한쪽이든 균형이 깨졌을 때 몸은 신호를 보낸다. 이 신호를 어떤 마음으로 받아들이느냐에 따라 결과 역시 달라질 수 있다. 몸과 마음이 보내는 신호를 알아차리고 스스로 균형을 맞추려 한다면 몸이 가진 본래의 치유력을 활성화할 수 있다. 약으로 일시적인 도움을 받는 것이 'sickcare'라면 나 자신을 누구보다 잘 아는 내가 평소에 해야 하는 것은 'health-selfcare'라고 할 수 있다.

health-selfcare는 몸과 마음 두 가지를 모두 포함한다. 그건 다른 누구도 아닌 나만이 할 수 있는 일이다. 나의 몸을 어떻게 고칠까? 하는 질문보다 중요한 것이 있다. 내 몸이 왜 이런 신호를 보내고 있을까? 어느 부분의 균형이 깨진 걸까? 하는 질문을 먼저 해 보아야 한다. 내 몸의 주체는 반드시 내가 되어야 한다.

✼ ✼ 소화력의 균형 ✼ ✼

오랜 시간 동안 나는 빨리 먹는 습관을 달고 살았다. 직업상으로도 짧은 시간 안에 식사를 마치고 업무를 해야 했다. 식사 시간도 불규칙했고, 저녁에는 한꺼번에 많은 양을 몰아서 먹곤 했다.

몸의 오장육부(오장: 간장 심장 비장 폐장 신장, 육부: 쓸개 소장 위 대장 방광 림프)의 균형이 깨지면 불균형이 시작된다. 그 시작은 입이다. 특히 소화기계 불균형은 전신에 영향을 미친다. 빠르게 먹고 과하게 먹는 습관은 위장 안에 음식물이 머무르는 시간이 길어지게 만든다. 저위산증이 있거나 위장운동 기능이 점점 떨어지면서 먹은 음식들은 제대로 소화되지 못한 채 오래 머무르며 많은 독소들을 유발한다. 배출하는 기능이 떨어지는 몸은 제때 독소 배출이 되지 않으니 더욱 병들어 간다.

특히 가공식품은 소화 시간이 상대적으로 굉장히 길다. 염증을 줄이고 싶다면 소화가 어렵지 않은 음식을 단순한 가짓수로 섭취하여 소화에 드는 시간과 에너지를 줄이자. 장의 건강도 위에서부터 시작된다. 특히 위산이 부족하면 소화가 잘 되지 않는다. 위산의 분비가 적절하지 않으면 소화 장애와 영양소 흡수 불량이 발생할 수 있으며, 위산 과다 시에는 소화기 문제를 일으킬 수 있다. 또한 음식물이 소장으로 이동할 때 췌장에서 나오는 소화 효소를 자극하는 신호를 보내는 역할도 한다.

식사의 반찬 가짓수를 줄이되 좋은 단백질을 매끼 넣어 꾸준히 섭취하면 위산을 늘리는 데 도움이 된다. 그리고 1부에서 언급한 '따소한꼬'를 적절히 섭취하면 위산 생성에 필요한 염화물의 공급원이 되어 소화에 도움이 된다. 좋은 소금은 염화물(Chloride)의 공급원이며, 염화물은 위산(염산)의 주성분이기 때문이다.

✳ ✳ 에너지 균형 ✳ ✳

"천천히 꼭꼭 씹어 먹어" 아이들에게 제일 많이 하는 말이다. 천천히 음식을 먹는 게 얼마나 중요한지 모르는 사람은 아마 없을 것이다. 그런데 대부분의 엄마들은 아이들에겐 꼭꼭 씹어 먹으라고 말하면서 정작 본인은 허겁지겁 먹는다.

우리 몸의 에너지와 의지력은 한정되어 있다. 하루 세 끼를 모두 소화해 내는 것은 마치 마라톤 풀코스를 뛰는 에너지와 맞먹는다. 우선 먹기 전에 요리를 천천히 바라보자. 잠시 음식 앞에서 바라만 볼 뿐인데 몸속에선 이미 위산 분비가 시작되고 뱃속 소화과정을 자극한다. 충분히 음식을 받아들일 준비가 된다.

대충 씹어 삼키는 대신, 최소 10번 더 씹는 것만으로도 소화에 드는 불필요한 에너지가 줄어든다. 음식을 입에 넣으면 침에 있는 효소가 분해를 시작한다. 입안에서 음식을 여유롭게 씹는 동안 혀에 존재하는 수많은 돌기의 미각세포가 식재료 고유의 맛을 느끼기 시작한다.

하지만 요즘 우리는 그 순간이 오기도 전에 빠르게 삼켜 버리고 만다. 맛과 영양이 아닌 배를 채우기 위한 식사가 대부분이다. 그러고선 충족되지 않는 맛을 위해 또 다른 음식을 탐닉한다. 소화에 드는 에너지로 인해 진짜 필요한 일에 에너지를 쓰지 못한다.

과식으로 오후를 비몽사몽 보내는 사람들도 많다. 천천히 먹으면서 오감에 집중하는 동안 무뎌진 몸의 감각이 깨어나고 소화에 드는 불필요한 에너지가 줄어든다. 그러니 중요한 결정을 하거나 생산적인 일을 할 때에는 가급적 소식을 하거나 몸을 비워 소화에 드는 에너지를 더 중요한 일에 쓰자.

천천히 먹는 것의 더 좋은 효과는 마음의 안정이다. 놀랍게도 음식을 씹고 맛을 음미하는 과정에서 부교감신경이 활성화된다. 현대인들은 대부분 교감신경이 과하게 올라가 부교감신경과의 균형이 깨져 있는 경우가 대부분이다. 천천히 먹으며 오감에 집중하는 시간 동안 무뎌진 몸의 감각이 깨어난다. 오감이 활성화되면 불필요한 행동이 잦아든다.

일상도 식사와 마찬가지다. 빨리빨리 해치우기만 하던 일들을 이제 천천히 집중해서 해 보자. 집중하면 늘 하던 설거지도 달라진다. 흐르는 물소리, 그릇마다 다르게 들리는 달그락 소리, 손에 닿는 거품 감촉 등을 느끼면서 감각을 집중시키기만 해도 행위는 전혀 다른 의미가 된다.

몸은 여기에 둔 채로 생각은 과거나 미래에 두지 말자. 몸과 생각을 동시에 같은 일에 집중해 보자. 생각을 줄일수록 부교감신경과 교감신경의 균형이 맞춰지면서 몸도 편안해진다. 끊임없이 생각하느라 뇌에 몰렸던 혈액이 온몸으로 골고루 흘러가면서 위장 기능도 서서히 좋아진다.

✱ ✱ 목표의 균형 ✱ ✱

나는 식이지도 클래스를 시작할 때 먼저 수강생과 함께 목적과 목표를 설정한다. "어떤 목표가 있으세요?"라고 물으면 열에 아홉은 이런 목표를 말한다. "4주 안에 10kg을 빼고 싶어요" "한 달 동안 외식을 절대 하지 않을 거예요" 안타깝지만 이런 목표는 이루어지지 않을 가능성이 크다. 이런 목표의 특징은 스스로 컨트롤할 수 없다는 것이다. 어느 날 갑자기 찾아온 손님으로 인해 외식을 하게 될 수도 있고, 변수가 많은 육아 특성상 부득이한 스케줄로 밖에서 먹어야 하는 경우가 생길 수 있다. 20일간 집밥을 잘 해 먹었더라도 한 번 외식을 했다면 그 목표를 실패라고 볼 수 있을까? 4주 동안 5kg을 감량했다면 10kg을 뺀다는 목표는 실패한 것일까? 이런 목표를 세우는 사람들은 일단 목표를 달성해야 하는 목적이 부재해 실패한 경험이 많다. '역시 나는 안 돼'라는 생각과 더 높아지는 목표 간에 갈수록 깊은 괴리가 생긴다. 목표를 세우기 전에 다음 4가지에 중점을 두면 좋다.

첫째, 목표를 세우기 전에 '정체성'이라는 목적을 먼저 세운다. 먼저 목적과 목표의 정확한 차이를 살펴보자. 목표는 사격의 과녁(target), 축구의 골(goal)처럼 도달해야 하는 구체적인 대상(objective)을 말한다. 목적은 목표처럼 쓰일 때도 있지만, 좀 더 근본적인 '이유'에 가깝다. 목표가 도달할 구체적인 지점이라면 목적은 나아갈 방향이다.

'한 달 안에 10kg을 빼야지' 하는 생각은 방향이라는 목적이 없으면 작은 유혹에도 실패하기 쉽다. 체지방뿐만 아니라 많은 것을 담고 있는 체중의 특성상 컨트롤하기 쉽지 않기 때문이다. 10kg을 감량하더라도 달성하는 즉시 가야 할 길을 잃어 요요가 오기 쉽다. 한참 유행했던 미라클 모닝도 마찬가지다. 5시 기상이라는 숫자를 목표로 세우고 5시 30분에 일어났다면 그날은 실패인가? 그렇지 않다. 미라클 모닝을 통해 내가 이루려는 방향을 정확히 안다면 6시에 일어나더라도 자책하지 않고 내가 가야 할 목적의 중요 일과를 수행하면 성공인 것이다.

목표를 세우기 전에 정체성이라는 목적을 먼저 세워 보자. 건강해지는 식사를 하는 사람, 건강한 습관을 만드는 사람이라는 정체성을 정해 두면 매일 아침 체중계 숫자에 일희일비할 필요가 없다.

성장을 원한다면, 나는 어떤 정체성의 목적을 가지고 싶은 사람인지 생각해 보자. 나이, 이름, 사는 지역이 아닌 나를 표현하고 싶은 문장을 적어 보자. 그것을 단 한 문장으로 정리해 보자. 짧아질수록 선명해진다. 그것이 나와 타인의 문제를 함께 해결해 줄 수 있는 것이라면 더할 나위 없이 좋을 것이다.

둘째, 목표는 작은 것부터 세운다. 나는 사실 굉장히 끈기가 부족하고 변덕도 심하다. 다이어리는 항상 1월에 쓰다가 멈췄고, 세운 목표를 이루는 것이 너무 힘든 사람이었다. 그런 나 자신을 참 많이 자책하며 살았다. 그런 내가 달라지기 시작한 것은 목표를 아주 시시할 정도로 작은 것부터 세우고 이루어 가면서부터다. 나는 그것을 '핀셋 목표'라고 부른다.

아주 작아도 무언가 해냈다는 성취감의 반복은 인간의 뇌를 바꾼다. 우리 뇌에는 신경가소성이라는 것이 있다. 즉 우리의 신경회로는 평생 고정되어 있는 게 아니라 기분 좋은 성취를 반복하면 바뀔 수 있다는 것이다. 그래서 일상에서 작은 성취감을 자주 맛보는 것이 중요하다. 하다못해 화장품 샘플을 바닥까지 비워 보는 경험이라도 반복해 보는 것이 좋다. 나 자신과 한 아주 작은 약속을 지켰을 때 오는 성취감은 사람을 조금씩 변화시킨다.

실제로 나의 수강생 중 한 분은 자신을 '운동을 등록하면 단 한 번도 성공하지 못하고 포기하는 사람'이라고 소개했는데, 그런 그녀가 클래스가 끝날 때엔 전혀 다른 사람이 되었다. 스스로 엘리베이터 대신 계단을 선택하고, 아침 운동이 일상이 되어 놀랐던 경우다. 그 시작은 아주 작은 단 하나의 목표, '매일 딱 5분만 스트레칭을 한다'였다. 스트레칭만 성공했을 뿐인데 기분 좋은 향으로 샤워하고는 건강하게 먹는 아침 식사가 따라왔다. 그녀의 하루는 이미 성공이었던 것이다.

이런 것도 목표로 해도 될까 싶을 정도로 아주 작은 것부터 시작해 보자. 육아와 살림에 지쳐 의외로 나의 에너지와 의지력이 그리 크지 않을 수 있다. 정체성이라는 목적을 설정했다면 목표는 더 쪼갤 수 없을 정도로 아주 작은 핀셋 목표부터 설정해 보자.

> **핀셋 목표**
>
> - 구체적이고 명확해야 한다.
> - 작은 단위로 나눠 부담을 완전히 줄인다.
> - 달성 여부를 객관적으로 확인할 수 있어야 하므로 매일 체크해 본다.

성공과 실패의 결과는 있는 그대로 수용하자. 실패와 성공이 곧 나 자신이 아님을 기억하자. 많은 향수의 원료들은 어떻게 섞느냐에 따라 악취가 되기도 하고, 좋은 향이 될 수도 있다. 이처럼 모든 일에는 동전처럼 양면이 존재한다. 당장의 실패가 꼭 평생의 실패를 의미하지는 않는다.

같은 결과를 두고 어떤 사람은 삶의 거름으로 사용하여 성장하고, 어떤 사람은 부패시켜 삶의 쓰레기로 만들어 스스로를 망가뜨린다. 결과에 대한 감정은 결과 자체가 아니라 내 머릿속에서 펼쳐진 나의 해석으로 생겨나는 것이다. 결과를 통해서 내가 무엇을 배우면 되는지, 그 결과가 나에게 건네는 이야기에만 귀를 기울이자. "아무것도 하지 않는 것이 가장 큰 실패"라는 말도 있듯이 모든 일은 경험일 뿐이다. 좋아지는 느낌에 집중하자.

셋째, '어떻게'보다는 '왜'에 집중한다. 《타이탄의 도구들》 저자 팀 페리스는 "당신이 품고 있는 질문의 수준이 당신의 삶을 결정한다"고 했다. 오랜 세월 몸에 밴 성격이나 습관에는 그 사람만의 신념이 깔려 있다. 그 신념이 행동을 만들고 그 행동이 성격과 습관으로 굳어지는 것이다. 그런데 자기 자신을 그 '성격과 습관'이라는 틀 안에 가두는 사람을 종종 만난다.

'전 원래 성격이 예민해요. 걱정이 많은 편이에요. 할 줄 아는 게 전혀 없어요. 원래 많이 먹어요. 움직이는 걸 싫어해요. 전 커피 없이 못 살아요.' 등등 자기 자신을 절대 변하지 않는 어떤 사물처럼 여긴다. 하지만 성격과 습관은 자기 자신이 아닌, 그저 우리에게 익숙하고 편안하게 자동화된 신념과 패턴일 뿐이다.

예를 들어 '좋은 엄마는 희생을 한다'는 기본 신념이 있으면 무엇을 해도 아이에게 더 많이 희생하지 못하는 자기 자신이 부족하게 느껴질 것이다. 아이를 잠시 우선순위에서 미루는 것마저 죄책감이 들게 한다. 나의 성장을 위한 시간에는 죄책감을, 아이와 함께하는 시간에는 조급함을 느낄 것이다.

이제부터 내가 가진 신념에 '왜'라는 질문을 던져 보자. 나를 '어떻게'든 바꾸려 하기보다 '왜' 그러한 신념이 생겼는지 어린 시절부터 기억을 반추해 보는 것이다. 나의 신념과 습관에서 한 발짝 떨어져 바라본다. 희생하는 엄마가 좋은 엄마라고 굳게 믿어 온 삶의 방식에서 '성장하는 엄마를 보는 아이는 함께 성장한다'는 신념으로도 바뀔 수 있다.

나는 몸을 비우는 시간 동안 "내 몸의 문제를 어떻게 없애지? 어떻게 바꾸지?"보다는 "왜 이런 증상이 생겼을까? 왜 자꾸 같은 습관을 반복하게 될까"라는 질문을 수없이 던졌다. '어떻게'라는 질문이 방법을 묻는 것이라면 '왜'라는 질문은 좀 더 근본적인 답을 요구한다. 그래서 나의 일상을 몸의 관점에서 바라보니 답을 구할 수 있었다.

내 몸은 내 것이라는 착각에서 벗어나 조금 더 관찰자적 입장에서 바라보게 되었다. 덕분에 나 자신과도 많은 대화를 할 수 있었다. 나를 알고 나니 아이와 나와의 관계도 새롭게 바라볼 수 있었다. 몸을 이해하면서 삶도 함께 이해하게 되었다. 자기 자신에 대해 아는 만큼 비로소 성장할 수 있다. 내가 어떤 사람인지 '왜'라는 질문을 자주 던져 보자. 한 발짝 떨어져서 마주하고, 새로운 관점에서 바라보는 내 모습을 수용할 때 좀 더 실현 가능한 목표를 세울 수 있다.

넷째, 나의 에너지 한계치를 알자. 예전의 나는 나를 너무도 몰랐기에, 내가 하루에 잘 처리할 수 있는 일의 양이 얼만큼인지 알지 못했다. 언제나 좋은 사람, 좋은 동료, 좋은 엄마, 좋은 며느리, 좋은 아내가 되려고 노력만 했지 내가 어떤 것까지 감당할 수 있는 사람인지는 잘 몰랐던 것이다. 내가 가진 에너지가 바닥난 줄도 모르고 그보다 더 많은 것을 잘하기 위해 애썼다. 목표들을 세울 땐 고려하지 않았던 나의 에너지 상한선이 있었다. 나도 모르게 방전되어 음식에 나를 밀어 넣고 있다면, 내가 하고 있는 것들의 범위를 줄이고, 나의 에너지 적정치를 찾아가 보자. 나의 에너지 상한선을 알면 나에게 맞는 목표를 세울 수 있다. 누군가와 비교하며 나를 게으르다 몰아치지 말자. 의외로 사소한 것들이 나의 에너지를 갉아먹는다. 달고 사는 커피, 끊임없이 울리는 카톡, 수시로 보는 숏폼 영상, 진짜 원해서 하는 건지 남들이 하니까 따라 하는 건지 모를 공부, 미납된 공과금과 날아오는 카드 고지서들, 정리되지 않은 집 안은 하루 종일 켜져 있는 전등처럼 나의 배터리를 알게 모르게 방전시킨다.

아침에 핸드폰을 얼만큼 보느냐에 따라서도 나의 피로도가 달라진다. 아이 어른 모두에게 많은 에너지를 빼앗아 가는 미디어 사용 시간을 줄인 몇 가지 나의 팁을 적어 본다.

미디어 사용 시간 줄이는 Tip

● **휴대폰 알림 요약 시간 지정 설정**
안드로이드, 아이폰 모두 가능하다. 내가 지정한 시간에 휴대폰 모든 알림을 한 번에 받는 기능이다. 이로써 끊임없이 울리는 알림에서 해방되었다. 특히 오후 4시~8시까지는 오직 아이들과의 시간으로 정해 두고 방해받지 않았다.

● **유튜브 추천 영상 사용 설정**
휴대폰을 끝없이 보게 되는 이유는 나의 관심사를 너무 잘 알고 있는 알고리즘 추천 때문이기도 하다. 보다 보면 끝이 없었다. 특히나 짧은 숏폼 영상을 보기 시작하면 2시간은 훌쩍 지나갔다. 설정에서 알고리즘 추천 영상을 받지 않게 설정해 두었다. 그리고 내가 필요한 것만을 검색해서 보면 알고리즘의 늪에서 빠져나올 수 있다.

✳ ✳ 감정의 균형 ✳ ✳

오랜 시간 불안은 나와 뗄 수 없는 단어였다. 결혼 전엔 부모님의 별거, 출산 후엔 육아, 그 외에도 내가 살면서 만들어 온 크고 작은 신념들로 인한 스트레스는 꽤 오랜 시간 나를 불안하게 만들었다. 그 불안을 해소하고자 나는 많은 것들을 의지했다. 젊은 날엔 술로, 직장인 시절엔 소비로, 결혼하고서는 폭식으로.

아이를 출산하는 그 순간부터는 그것조차 마음대로 하지 못했다. 할 수 없다는 게 더욱 힘들었다. 잠을 자는 시간도, 밥을 먹는 시간도, 그 어떤 시간조차 나에게 선택의 자율은 주어지지 않았다. 그것이 나를 무기력하게 만들었다.

더 절망적인 것은 자연스레 전업맘이 되어야 했다는 것이다. 잠시라도 주변에 아이를 맡길 곳이 없었던 나는 세상이 말하는 경단녀였고, 결혼 전 나의 커리어는 출산과 동시에 연기처럼 흩어져 버렸다. 말이 주는 힘을 새삼 깨달았다. 전업(專業)이라고 말하니 스스로가 한없이 작아지는 느낌이었고, 엄마와 아내 역할을 드라마 속 현모양처만큼 완벽하게 해야 할 것 같았다.

남편 수입의 돈 관리를 내가 했음에도 작은 화장품 하나 사는 것조차 어쩐지 미안해졌다. 출근과 퇴근의 경계마저 없었다. 기상이 곧 출근이고 아이의 밤잠 시작이 퇴근이었다. 아, 퇴근 후 집안일은 잔업이었다. 나는 아이로 인해 너무 많은 희생을 하고 있다고 생각했다. 점점 나라는 존재가 없어졌다. 생산적인 활동조차 할 수 없는 무

가치한 존재라는 생각마저 들었다. 지금 떠올리면 너무 아찔한 착각이었지만.

아이의 행동 하나에도 감정이 출렁였다. 화는 참고, 두려움은 회피하고, 죄책감은 눌렀다. 그 수많은 감정들을 자연스럽게 흘려보내지 못하고 꽁꽁 싸매 숨겨 두었다. 사람의 감정이 억지로 숨긴다고 숨겨지지 않으니, 자연스레 다른 형태로 터져 나왔다. 들여다봐 주지 않은 마음에 먼지가 켜켜이 쌓이고 있었다.

감정은 고정되어 있는 것이 아니라 끊임없이 움직이는 에너지이므로 그때그때 상황에 따라 다르게 올라오게 된다. 알아차리고 해소하면 그 감정은 자연스럽게 물이 흘러가듯 떠난다. 하지만 회피하고 억누르고 부정해 버린 감정들은 흘러가지 못하고 몸 안에 그대로 남아서 나의 에너지를 갉아먹는다.

괜찮은 척 애쓰며 살아가려 힘이 들어가기 시작하고, 사랑받기 위해 늘 좋은 모습과 긍정적인 모습만 보이려 한다. 찌질하고 연약하고 무기력한 내 진짜 모습은 저 깊숙한 뒤편에서 절대 나오지 말라고 꽁꽁 숨기면서 살아가게 된다. 그래서 평소에 정말 밝은 사람이라고 생각했던 사람들이 알고 보니 우울증으로 고생을 하고 있는 경우도 꽤 많이 본다. 자기도 모르게 밝은 모습의 정체성만 옳다고 생각해 점점 강화하고, 이면에 있는 수치스러운 자아는 숨긴 채 살아왔기 때문이다.

어릴 때부터 조건화된 사랑을 학습한 아이는 성인이 되어서도 자신을 조건적으로 사랑하고 자신의 진실 일부와 단절된 삶을 살아가게 된다. 어린아이에게 있어 사랑을 받는다는 건 곧 생존과 직결되는 문제이기 때문에 어린이들은 맥락 없이 부모의 조건화된 사랑이 곧 나 자신이라 믿는다. 어렸을 때부터 생존 본능의 일환으로 부모가 주는 사랑의 기준에 나 자신을 맞추게 되는 것이다. 예를 들면 자신을 드러내지 않고 묵묵히 노력하는 것을 긍정적으로 여기는 집안에서 자란 아이는 자신을 표현하기보다 착한 아이가 되었을 때 칭찬과 사랑을 듬뿍 받았을 것이고, 도전하는 걸 긍정적으로 여기는 집안에서 태어난 아이는 본인의 기질과 상관없이 야심차게 자신의 목표를 향해 달려 나갈 때 부모에게 사랑을 받았을 것이다.

이렇게 부모와 사회로부터 학습된 조건부 사랑은 성인이 되어서도 그대로 영향을 미치게 된다. 하고 싶지 않은 일을 참아 가면서 평생을 살아온 부모는, 하고 싶지 않은 일을 견디지 못하는 아이의 마음을 공감해 주기 어렵다. 그 부모 역시 하고 싶지 않은 것을 해내기만 하는 강한 자아만 강화하고, 하지 못할 수도 있다는 자아는 내면에서 허용하기 어렵기 때문이다. 그 아래에 있는 더 큰 나의 두려움을 마주하기 어렵기 때문이다. 누군가를 자신만이 쓴 안경으로 보는 것이 얼마나 좁은 시야를 불러오는지. 아이를 키우면서 나는 더 많이 배우고 나를 더 많이 알게 되었다.

내가 아이에게 원했던 모든 것은 결국 내 것이었다. 내 마음에 있는 것을 아이는 끊임없이 짚어 주고 비춰 주었다. 아이의 말과 행동에 화가 나는 건 내 안에 그것이 있기 때문이었다. 그것을 깨닫고 난 뒤부터는 화가 올라올 땐 화를 던지지도 참지도 않고 느껴 주었다.

그 화가 어디서 시작하는지 어디까지 타고 가는지 바라보기 시작했다. 사랑은 안에서 차올라야 밖으로도 흘러나온다. 매 순간 어떤 것이 사랑인지를 알아차리고 선택했다. 아이에게 사랑을 주려면 먼저 내 안에 사랑이 차올라야 했다. 먼저 가져야 줄 수도 있다.

사람들은 다이어트를 식단 80, 운동 20이라고 하지만 나는 마음이 80이라고 말한다. 아무리 좋은 식단을 먹겠다고 다짐해도 마음이 자주 무너지면 제일 먼저 식사가 무너진다. 그래서 비만이나 질환으로 고생하는 분들에겐 특히 마음 균형이 가장 중요하다. 그래서 나의 식이지도 클래스엔 집의 정리정돈을 비롯해 스스로의 내면을 들여다보는 시간과 나의 어린 시절의 자아를 만나는 시간이 꼭 포함된다. 마음을 알지 못하고서는 몸과의 균형을 맞출 수 없다. 대부분의 몸이 보내는 신호는 그 이전에 마음이 깨지면서 몸으로 나타나는 경우가 훨씬 많다. 스탠퍼드대학의 데이비스 피겔 교수에 따르면, 유방암 생존자를 추적해 보니 마음과 감정의 치료를 병행했을 때 생존율이 2배 이상 높았다고 한다.

분노, 슬픔, 짜증, 불안함, 두려움, 배신감 등 어떤 부정적인 감정도 사실 나쁜 것은 아니다. 빛이 있으면 어둠이 있는 것처럼 긍정적인 감정만큼 부정적인 감정이 생기는 것도 자연스러운 일이다. 느껴 주지 못하고 꽁꽁 눌러 숨겨 버리면 뭉치고 뭉쳐서 나의 에너지를 갉아먹는다. 신체적으로도 교감신경을 끊임없이 올리고, 그로 인해 탈수가 되고, 과한 활성산소로 염증을 일으키고, 장이 민감해져 과민성 대장 증후군에도 시달린다.

모든 감정은 자연스럽다. 내가 나에게 일어나는 이 감정들을 어떻게 다뤄 주느냐에 따라 감정을 수용하고 흘려보낼 수도, 꽁꽁 억누르고 쌓아 둔 채로 살 수도 있다. 내가 지금 어떤 감정인지 계속 물어야 한다. 내 안의 마음 상태도 잘 모르는데 바깥만 쳐다보며 신경을 쓰면 마음의 균형은 깨지고 만다. 밖에서 일어나는 일에는 에너지를 최소화하고 내 안에 '마음이'와 많은 대화를 나눠 진짜 내 '마음이'가 말하고 싶은 이야기를 들어주어야만 한다.

나의 마음이는 나의 '어린 시절 서연'이다. 7살 시절의 서연과 14살의 서연을 만나 많은 이야기를 나누다 보면 결국 나의 진짜 감정을 마주하게 된다. 앞서 말한 것처럼 나의 선택에 따라서 뇌는 끊임없이 변화하고 있다. 정신적 경험 하나만으로도 그 구조가 바뀔 수 있는데, 의식적으로 새로운 감정을 자주 느낄수록 옥시토신, 도파민, 세로토닌 등이 그 주변부로 흐르기 시작하면서 뉴런은 고통스러운 기억에 연결된 감정들을 제거하려고 한다.

이런 반복되는 과정들을 통해서 우리는 새로운 기억에 새 연결 고리를 형성하게 되는 것이다. 자라 보고 놀란 가슴 솥뚜껑 보고 더 이상 놀라지 않도록, 자라 보고 행복해지는 기분을 반복적으로 느끼면 더 이상 솥뚜껑은 나에게 불안한 대상이 아니게 된다.

식이지도를 하다 보면 자신의 몸을 원망하는 이들을 많이 만난다. 살이 찐 나를 미워하고 원망하면서 또다시 음식 속에 나를 눌러 버린다. 지방이 늘어나는 것도 몸의 입장에서는 생존을 위한 고마운 현상이다. 독소를 지방 안에 가둬 내가 위험하지 않도록 도와주는 것이다

(그래서 체지방이 과하게 많으면 그만큼 독소가 많다고 생각해야 한다). 얼마나 고마운가. 내 생활 습관으로 인해 늘어나는 염증 독소들을 두 팔 벌려 껴안아 주는 고마운 체지방이다.

무조건 없애려고 하기보다 왜 그런지, 무엇의 균형이 깨졌는지를 잡아 줘야 근본적인 해결이 된다. 세포는 나의 말을 직접적으로 알아듣지는 못하지만 나의 생각과 감정의 기운은 알아차린다. 늘 주눅 들어 살아가는 사람의 굽은 어깨는 소화를 방해하고 교감신경과 부교감신경의 균형을 깨뜨려 몸의 병으로 오기도 한다. 불안을 오랜 시간 외면하면 세포가 불안정해지고 균형이 깨져 암이나 혹이 생기기도 한다(암의 유전자가 있다고 해도 그 방아쇠를 당기는 건 나의 식사와 습관이다). 마음을 안다는 것은 약으로 증상을 없애는 것 그 이상의 치료다.

이런 감정을 살펴 주지 않고 스트레스가 쌓여만 가는 일상의 반복은 나의 호르몬의 균형을 깨뜨린다. 호르몬은 우리 몸의 방향성을 결정하는 아주 중요한 역할을 하는데 교감신경과도 밀접하기 때문에 마음 균형을 살피는 일은 몸의 건강과 연결되는 것이다. 그러니 건강해진다는 것은 호르몬의 균형을 찾는 일이고 호르몬의 균형이 잡히는 것이 곧 삶의 방향성을 잘 잡는다는 뜻이기도 하다.

스트레스가 비만과 연결되는 이유도 바로 코티솔과 인슐린 저항성과의 밀접한 연결 때문이다. 식단도 운동도 잘하는데 살이 안 빠지거나 혈당 조절이 어려운 사람이 있다. 그런 경우 상담을 해 보면 대부분 스트레스가 굉장히 많은 상태에 놓여 있다. 자율신경인 부교감신경과 교감신경의 균형이 깨지면서 감정이 예민해지고, 스트레스 호르몬인 코티솔은 고갈되어 부신피로 증후군으로 발전한 것이다.

인슐린 저항성이 생기는 이유는 좋지 않은 식사의 문제도 크지만, 정작 그런 식사를 먹게 하는 것은 첫째도 둘째도 스트레스다. 어떤 상황이든 스트레스를 받아 위급 상황이라고 느끼면 몸은 모든 세포들에게 명령을 내린다. 근육에 비축된 당도 모두 꺼내고 뇌에 포도당을 더 많이 먹으라는 명령을 내린다. 특히 뇌는 포도당을 에너지로 쓰기 때문에 더욱 단것을 먹게 된다. 그래서 스트레스를 받으면 먹지 않아도 몸에서 꺼내는 당으로 혈액 중에 당이 치솟게 되고 췌장에서는 자연스럽게 인슐린을 분비한다.

문제는 코티솔 호르몬이 너무 많이 나오기만 하는 것이다. 잘 쉬고 풀어 주고 채워 주는 균형이 없으면 코티솔 호르몬은 고갈되어 스트레스 상황에도 더 이상 제 역할을 하지 못한다. 그것을 '부신피로'라고 한다. 스트레스를 받는데 코티솔이 바닥났으니 뇌는 살기 위해 단것을 당기게 만든다. 그럴 때 우리는 코티솔이 해 주지 못하는 역할을 커피로 대신하고 달콤한 음식으로 채우면서 다이어트 의지력을 상실하게 되는 것이다. 자연스럽게 대사 증후군과 당뇨로 가기 쉽다. 코티솔 호르몬이 너무 많아도, 너무 바닥나도 당이 오르니 균형이 얼마나 중요한가.

반대로 인슐린 저항성인 경우에도 고인슐린혈증으로 교감신경이 높아진다. 그래서 이미 인슐린 저항성인 사람도 역시 감정적으로 예민해지고 자꾸 단것을 먹게 된다. 이렇게 스트레스 관리는 혈당 관리이며 부신 및 신장 관리와 연결된다. 우리 몸과 마음은 연결되어 있다. 몸은 마음을 지키고 마음은 몸을 만든다.

스트레스를 비워 줄 작은 쉼표를 찍어 보자. 물 한 잔을 온전히 마시는 시간도 좋고, 눈을 감고 오직 호흡에 집중하면서 아무것도 하지 않는 1분도 좋다. 햇볕을 받으며 가볍게 산책하면 더할 나위 없다. 느긋하게 편안하게 몸과 마음의 균형을 잡아 보자. 몸을 소유한다는 건 돌볼 책임이 있다는 것이다. 스트레스는 통제할 수 없지만 나의 반응은 통제할 수 있다. 자존감은 소유가 아닌 책임지는 태도에서 나온다.

* * 몸도 마음도 기승전 장이다 * *

오래전 방문했던 병원에서 뇌파 검사를 한 적이 있는데 그 당시 굉장히 놀라운 검사 결과를 받았다. 정상이라면 초록색이어야 할 뇌파의 색이 대부분 빨갛거나 파란색으로 나타난 것이다. 단순히 기분이 우울해서 집중력이 떨어진다고 생각했는데, 실제로 뇌의 상태도 그러했다. 이를 계기로 기분의 호르몬인 세로토닌과 장-뇌의 연결에 대해 자세히 알 수 있었다. 세로토닌의 약 90%가 장에서 생성된다는 것을.

장은 뇌를 제외하고 자체 신경계를 가진 유일한 기관이다(뇌와 동일한 배아 조직에서 생긴다). 소장 하나만에도 굉장히 많은 뉴런이 분포되어 있다. 행복을 느끼는 물질인 세로토닌의 95%가 장 신경세포에서 만들어지며 이것은 뇌와 연결된다. 바로 장-뇌 축(gut-brain axis)이다.

  소장은 소화 및 영양소 흡수에 매우 중요한 역할을 하는 동시에, 소장 내벽에 많은 면역세포가 있어 외부로부터 들어오는 병원균을 탐지하고 이에 대한 면역 반응을 일으킨다. 다양한 미생물과 상호작용하며, 소장 내 미생물 균형은 감정, 신진대사에도 영향을 준다는 것은 이미 다수 연구 결과들로 알려져 있다.

  실제로 우울증은 더 이상 개인적인 감정의 문제가 아닌 신체적인 문제와도 연결지어 보는 것이 현재 일반적인 견해이다. 나 역시 집중력 저하와 관련해 지연성 알레르기 검사를 받아보고, 알레르기가 피부로 드러날 때가 있는 아들에겐 세균과 염증을 줄이는 식사의 방향으로 신경 쓰는 편이다.

  장에 곰팡이 균이 많거나 장 누수 증후군이 있는 경우 음식을 제대로 소화하지 못한다. 그 가스들은 혈액 속에 누수되어 각종 염증을 일으킨다. 아프고 살찌고 염증을 일으키고 우울하고 기억력과 집중력이 감퇴되고 치매까지 유발하는 큰 원인 중 하나는 장이 건강하지 못한 것이다.

  변비가 심하거나 장이 안 좋으신 분들은 위도 안 좋은 경우가 대부분이다. 물론 장에 가스가 넘쳐서 소화가 안 되는 것도 있지만 위산 분비 능력이 떨어져 있으면 장에 미치는 영향도 크다. 위산은 너무 많이 나와도 문제, 너무 적게 나와도 문제다. 위산이 적절히 잘 나와야 소화가 잘되어 장으로 넘어가는데 저산증인 경우 위산이 적으니 음식이 위에 오래 머문다. 그 결과 위가 쓰리고 위벽이 얇아지기도 한다.

최근에는 체액 부족으로 인한 저산증이 훨씬 많은 편이다. 속이 쓰리다고 무작정 위산 억제제를 먹거나 시중 판매하는 효소들에 매달릴 것이 아니라 얼마 남지도 않은 위산들이 너무 과도하게 분비되지 않도록 작게 썰어 천천히 먹는 습관, 질 좋은 단백질과 위산의 원료가 되는 좋은 소금을 필요한 만큼 먹는 것이 선행되어야 한다.

✻ ✻ 폭식증에서 경단녀 졸업까지 ✻ ✻

시작은 육아 외에 집중할 것이 필요해서였다. 내 삶에도 균형이 필요하다고 느꼈다. 우연히 시작한 SNS에 나의 미니멀라이프 경험과 생각을 솔직하게 담았다. 단순한 사진과 경험이 아웃풋을 통해 생산되는 순간이었다. 미니멀라이프라는 태그를 통해 같은 관심사를 가진 이들이 조금씩 모이기 시작했다. 질문을 하고 경험의 답을 드리고 마음을 나눴다. 그리고 나는 깨달았다. 내가 쉽고 즐겁다고 생각하는 일이 누군가에겐 어려운 일이라는 것을. 나는 점점 더 그들에게 선명한 도움이 되고 싶었다.

데일 카네기의 《인간관계론》에는 이런 구절이 나온다. "세상에서 유일하게 다른 사람에게 영향을 미칠 수 있는 방법은 그들이 원하는 것에 대해 이야기하고 어떻게 하면 그것을 얻을 수 있을지 보여주는 방법뿐이다" 나는 어렴풋이 그 원리를 깨닫고 있었던 듯하다.

나처럼 단순한 삶을 살고 싶은 사람들에게 나의 경험과 노하우를 보여주기 시작했다. 그렇게 10여 년간 지속해 온 미니멀라이프와 정리정돈 노하우를 가지고 '온라인 공간 컨설팅'을 창업했다. 기존의 오프라인 정리수납 업체의 단점이 스스로 정리하지 않기 때문에 정리 요요가 올 수 있다는 점인데, 그것을 보완해 직접 나와 함께 스스로 정리할 수 있도록 도왔다. 정리정돈뿐만 아니라 공간 효율을 극대화하며 동선을 편리하게 만드는 공간 컨설팅을 더해 집에 살고 있는 사람이 공간의 주인이 될 수 있도록 만들었다.

내가 가진 경험과 노하우에 기존 방식을 보완하는 장점이 더해져 수요는 폭발적이었다. 온라인의 가장 큰 장점으로, 해외 고객 분들까지 함께할 수 있었다. 비우는 게 이리 어려운 일인지 몰랐다며, 비우고 나니 정말 중요한 것만 남았다고 하는 분들을 보며 더할 나위 없이 기뻤다. 정리된 공간에서 사는 것만으로 일상이 얼마나 달라질 수 있는지 너무 늦게 알아서 아쉽다며 즐겁게 투정을 부리는 분도 있었다.

남의 손이 아닌 직접 내 손으로 하는 정리 방법과 원리를 배우다 보니 신중한 소비로 이어져 생활비 절약까지 달성하는 분들이 점점 늘어났다. 불편한지도 모르고 살았던 살림 동선을 수정해 효율을 높이니 집안일에 쓰는 시간이 줄어 자기계발도 시작했다고 했다. 올라간 자존감 덕분에 새로운 커리어로 출발하게 되었다는 감사의 인사도 참 많이 받았다. 모두가 나의 경험을 SNS에 기록하기 시작하면서 생긴 일이다. 대단한 지식이나 화려한 경력보다 더 필요한 것이 용기다. 딱 한 발짝 내딛는 용기면 된다.

✽ ✽ '넘버원'보다 '온리원' ✽ ✽

'온라인 공간 컨설팅'을 통해 나뿐만 아니라 집과 돈과 시간과 몸이 얼마나 밀접하게 연결되었는지 고객 분들의 경험을 토대로 확신했다. 긴 시간 몸과 마음 공부 끝에 '자연스런 클래스: 자연클'로 몸과 마음을 회복하는 일도 돕기 시작했다.

공간이 변화되도록 돕는 일도 좋았지만, 언니를 암으로 떠나보낸 경험은 나에게 또 다른 목적을 갖게 하는 데 가장 큰 계기가 되었다. 마음이 가장 밀접하게 연결된 몸이야말로 집과 함께 잘 비우는 것이 중요하다는 생각이 들었다. 다시 20대로 돌아간다면 하루 종일 공부만 해도 즐거울 것 같은 분야가 바로 몸과 마음 관련 공부다.

나는 다이어트를 넘어 대사질환으로 인해 감량이 필요하거나 폭식이나 요요가 반복되는 분들을 위한 식이지도를 하고 있다. 업계의 넘버원은 아니다. 그러나 나만이 가진 경험은 단순한 다이어트 수업이 아닌, 마음의 건강까지 회복하면서 감량을 이루어 주는, 이 분야의 온리원이 되었다. 암 수술 후 건강한 감량이 필요한 분들은 물론, 다양한 대사질환자들, 우울증과 폭식증으로 감량이 필요한 분까지 몸과 마음의 균형이 깨진 모든 분들의 감량을 돕는다.

그렇게 만난 분들이 벌써 1,000여 분이 훌쩍 넘었다. 수없이 많은 분들의 자연스러운 체중 감량, 지금도 매달 연락을 해 오는 암수술 후 식이 관리 고객분들, 고혈압, 고지혈증, 폭식 등 대사질환도 함께 개선된 분들이 공통적으로 하는 이야기가 있다. 자연클을 하면서 화가 덜 나고 마음이 훨씬 여유로워 졌다는 것이다. 집을 비우면 따라오는 효과들처럼 몸을 건강하게 비우면 체중 감량은 집착하며 노력하지 않아도 선물처럼 저절로 따라온다.

몸이 가벼워지니 방치하던 집을 비우고 싶어진다고 하고, 나와 함께 집을 비웠던 분들은 이제 몸을 비우고 싶다고 말한다. 가벼운 삶을 지향한다면 어느 것으로 시작해도 결국 모든 것은 연결된다. 나는 그렇게 몸과 마음과 집의 비움을 넘나드는 온리원이 되었다.

이처럼 누구에게나 온리원의 경험들이 있다. 그 경험은 반드시 나와 같은 문제를 가졌던 누군가를 돕는 데 쓰일 수 있다. 아직도 자신의 경험이 그저 의미 없는 과거일 뿐이라 생각하는가? 나의 경험을 기록해 보자. 특별하기 때문에 기록하는 게 아니라 기록하면서 특별해지는 것이다. 나는 그것을 삶에 적용했고 5년 전에는 상상하지 못했던 날들을 살고 있다. 타인의 삶이 변화되도록 돕는 것과 내 삶의 균형을 맞춰 나가고 있다. 이 모든 것은 공간과 몸과 마음을 잘 비워내고 잘 채우면서부터 시작되었다.

✳ ✳ 단순한 식사로 완성한 미니멀라이프 ✳ ✳

돌이켜 보니 나는 내 마음도 잘 모르는 어린아이인 채로 덜컥 엄마가 되어 버렸다. 나의 기억 속 부모님은 늘 바쁘셨고, 자주 다투셨다. 그 속에서 나는 어떻게든 성취하고 잘해야만 사랑받을 수 있다고 생각했다. 그리고 외로움을 책으로 해소했다. 도서관에 있으면 시간 가는 줄 몰랐다. 책을 읽고 있을 땐 잠시 현실을 잊을 수 있어서 그랬던 걸까. 덕분에 공부도 적당히 잘해서 적당히 좋은 대학에 붙었고, 그렇게 남들 보기에 적당한 성인이 되었다.

하지만 몸만 자랐을 뿐 마음은 여전히 외롭고 두려운 어린아이였다. 나의 전부를 줘도 아깝지 않을 아이를 낳았지만 조건 없는 사랑을 주는 것에는 많이 서툴렀다. 그러던 어느 날 언니를 잃고 정신이 번쩍 들었다. 더 이상 과거에 살 수 없었다. 언니는 그토록 간절히 원했던 삶의 시간이었는데 나는 음식과 술로만 채울 수 없었다. 나의 작은 내면의 아이에게 매일 말을 건넸다. 그리고 어린 시절 내가 가장 듣고 싶었던 이야기를 나 자신과 내 아이들에게 들려주기 시작했다.

"힘들면 쉬어 가자. 완벽하지 않아도 괜찮아. 감정은 자연스러운 거야. 마음엔 틀린 게 없어. 하고 싶은 것을 해 봐. 어떤 순간에도 널 응원해. 네 마음은 어때? 그럴 수 있지. 고맙다"

조건부 사랑이 아닌 조건 없는 애정을 나에게도 주기 시작했다. 다섯 살 아이에게도 일흔인 어른에게도 감정은 똑같이 존재한다. 다만 어른이 될수록 억누르며 살 뿐이다. 용수철처럼 억눌려진 감정은 눌린 만큼 튀어 오르게 되어 있다. 이제는 울고 싶을 땐 울고 즐거우면 가능한 신나게 웃는다. 어떤 감정도 못 본 척하거나 꽁꽁 억누르지 않는다. 거절도 제법 잘하게 되었고 생각이 많은 날엔 늘 일기를 쓴다. 다음 날이면 마음이 좀 더 가벼워진다.

날씬한 몸만 사랑해 줄 거라 다짐했던 마음도 비우려 한다. 조금 더 먹어도 조금 게을러져도 그저 고마운 나의 몸에게도 인사를 건넨다. 오늘도 아름다운 계절을 볼 수 있게 해 줘서 고마워. 편안히 잘 수 있어서 감사해. 맛있는 음식을 먹을 수 있는 내가 행복해. 자기 전 아이들에게도 역시 같은 이야기를 들려준다. 하루하루 새로운 기억을 선택할 기회가 매일 찾아온다. 자연스러운 행동과 말과 표정이 나오려면 결국 어떻게 사는지가 중요하다. 좋은 글을 쓰는 가장 좋은 방법이 그러한 삶을 살아가는 것이듯.

나는 지금도 매일 아침 좋은 소금 한 꼬집 넣은 따뜻한 물을 마시고, 든든하게 먹고, 틈틈이 산책하고, 편안하게 잠드는 일을 가장 소중하게 여긴다. 그동안 불행하다고만 생각했던 과거는 나에게 주어진 배움의 여정일 뿐이었다. 호사다마라고 했던가. 과거의 시간들로 인해 누구보다 많은 시행착오를 겪고 많은 책을 읽었다. 배려 깊은 남편과, 엄마를 성장시켜 준 아이들 덕분에 가장 행복한 지금을 살고 있다.

습관이 잡히고, 컨디션이 좋아지고, 공간과 시간이 안정화될수록 자신을 더 좋아하게 되고 잘 돌보고 싶어진다. 외부 평가와 결과에 매여 초조했던 내면이 점점 가라앉고 마음 깊숙한 곳에서 정말 하고 싶었던 일들이 보일 것이다. 목표를 달성하는 그 찰나의 순간보다 중요한 건, 그 여정이 어땠느냐이다.

몸 비움에서만큼은 어떤 경험들로 그 과정을 채웠는지가 결과보다 중요하다. 어떤 생각과 감정이 나를 지나갔으며, 나 자신과 어떤 이야기를 나누었는지가 중요하다. 마음이 충분한 상태가 몸 비움의 진짜 목적이 되길, 한순간 숫자로 만족하는 다이어트가 아닌 지속적으로 몸과 마음의 균형을 잡아 가는 여정이 되길 바란다.

미니멀라이프를 지향하는 사람들의 시작은 제각각이겠지만, 결국 삶의 모든 부분이 간소해질 것이다. 나의 경우엔 물건이 시작이었는데, 그것이 시간 정리, 돈 정리로 연결되었고, 음식을 바꾸자 몸이 정리되면서 또 한 번 삶이 달라졌다. 어느 것 하나도 따로 떼어 놓고 생각할 수 없다. 모두 하나의 원으로 선순환이 된다.

'더 빨리, 더 열심히, 더 많이'보다는 '더 웃고, 더 걷고, 더 사랑'하고 싶다. 많은 것을 '가지는' 삶보다는 많은 것을 '하는' 삶을 살고 싶다. 이제는 나의 삶의 미션이 된 '몸과 마음의 균형을 잡도록 돕는 일'을 올바르고 소중하게 전할 수 있으면 좋겠다. Eat well, shop wisely, learn live. 잘 먹고, 현명하게 소비하고, 경험을 통해 배우는 삶. 이것이 마지막 단순한 식사로 완성된 나의 미니멀라이프다.

에필로그

✶ ✶ 완벽함을 버리면 ✶ ✶

우리 셋은 알고 보면 꽤 다르다. 집의 크기도, 소유한 것들도, 가족 구성도 제각각이다. 하지만 가볍게 살고 있다는 사실만큼은 동일하다. 모든 것을 품을 수 없고 모든 관계를 붙잡을 수 없는 삶의 한계를 인정하며, 가장 소중한 것들만 남기려 노력해 온 과정 속에서 선물을 받은 셈이다. 물론 지나온 모든 순간이 좋았던 건 아니다. 한때는 '내가 잘 비워서, 내가 잘 채워서'라는 우쭐함도 가진 적이 있었다.

가정 안에서 하는 미니멀라이프는 때론 웃음과 눈물과 실랑이가 함께 섞여야 한다. 아이들은 어른과는 다른 시선으로 세상을 바라보며, 그들만의 소중한 물건과 공간도 존재한다. 어디까지가 적절한지 함께 고민하고 조율하는 시간이 쌓이며 아이도 자란다. 좋은 대화는 그 순간에 잘 머무르게 만든다. 물건에 담긴 생각을 들으며 상대의 진짜 속마음을 발견하기도 한다. 내가 미처 알지 못했던 각자의 필요를 인정하며 남편과 아이들을 더 많이 이해하게 된다.

그 관점에서 인간관계를 바라보니, 모든 사람에게 나를 끼워 맞추려 애쓰거나 불필요한 기대와 부담을 짊어질 필요가 없다는 것을 알게 되었다. 관계의 본질은 '서로를 위한 적절한 거리'라는 것을 자연스럽게 체득했다. 관계에서 얽힌 복잡한 감정들, 나를 옥죄는 과도한 책임감, 그리고 스스로를 닦달하는 스트레스를 점점 덜어 내고 나니, 마음에 진정한 여유가 생기고 타인과의 관계에서 더 건강한 거리를 둘 수 있었다. 더 많은 관계가 더 좋은 삶을 의미하지 않음을 알게 되었다. 다 붙잡으려 애쓰지 않고, 나와 닿는 부분을 조율하는 경험 역시 미니멀라이프 덕분이었다. 좋은 비움은 그 발걸음을 더 멀리 가게 만든다.

"진짜 미니멀라이프의 끝은 완벽한 비움과 채움이 아니라 그 너머에 담긴 조화와 균형을 볼 줄 아는 눈을 가지는 것 아닐까"라는 결론에 우리 셋은 한마음으로 고개를 끄덕였다. 그리고 우린 만장일치로 이 책의 마지막 파트를 채웠다. 밝은 에너지로 사람들을 격려하고 늘 용기를 주는 초아와, 규칙적인 루틴 속에 따뜻한 에너지를 담는 리나, 조용하지만 묵직한 통찰력 만렙 서연. 너무 달랐던 우리 셋 역시 오랜 시간 함께하며 균형이 잡힌 조화로운 조합이다. 그래서 우리 '서초리'의 미니멀라이프 모토는 '완벽보다 균형'이다.

잠시 멈추어 비움·채움·균형 그중 나는 어디쯤에 서 있는지 한번 생각해 보자. 무엇부터 뺄지, 그 자리에 무엇을 채울지는 모두 제각각이겠지만 그 선택의 날갯짓은 점차 삶의 모든 영역에 확장되기 시작할 것이다. 그 길에서, 물건 너머의 진짜 소중한 것을 발견하는 삶을 만나게 되기를 마음 깊이 응원해 본다.

　마지막으로 모든 과정을 함께해 준 가족, '서초리'를 온·오프에서 응원해 주신 여러분께 깊은 감사를 전한다.